大工法学·专业综合改革·系列教材

费艳颖 主编
张万彬 王越 副主编

民法总论

知识产权出版社
全国百佳图书出版单位
——北京——

图书在版编目（CIP）数据

民法总论／费艳颖主编． -- 北京：知识产权出版社，2020.3
ISBN 978-7-5130-6755-3

Ⅰ.①民… Ⅱ.①费… Ⅲ.①民法—中国—高等学校—教材 Ⅳ.①D923

中国版本图书馆 CIP 数据核字（2020）第 009583 号

责任编辑：齐梓伊　　　　　执行编辑：凌艳怡
责任校对：谷　洋　　　　　封面设计：SUN 工作室　韩建文
责任印制：刘译文

民法总论

费艳颖　主编

张万彬　王　越　副主编

出版发行：知识产权出版社有限责任公司	网　　址：http://www.ipph.cn
社　　址：北京市海淀区气象路 50 号院	邮　　编：100081
责编电话：010-82000860 转 8176	责编邮箱：qiziyi2004@qq.com
发行电话：010-82000860 转 8101/8102	发行传真：010-82000893/82005070/82000270
印　　刷：北京嘉恒彩色印刷有限责任公司	经　　销：各大网上书店、新华书店及相关专业书店
开　　本：787mm×1092mm　1/16	印　　张：17.75
版　　次：2020 年 3 月第 1 版	印　　次：2020 年 3 月第 1 次印刷
字　　数：271 千字	定　　价：70.00 元
ISBN 978-7-5130-6755-3	

出版权专有　侵权必究

如有印装质量问题，本社负责调换。

前　言

民法总论作为民法学的重要内容，系高校法学专业本科生和硕士研究生的必修核心课程。《中华人民共和国民法通则》（以下简称《民法通则》）自1987年1月1日施行以来，迄今为止已走过30余年。其间，顺应时代变化，《中华人民共和国合同法》《中华人民共和国物权法》《中华人民共和国侵权责任法》等重要的民事法律先后出台，特别是2017年10月1日《中华人民共和国民法总则》（以下简称《民法总则》）的施行，标志着我国的民事立法迈上了一个新的台阶。民事立法的重大变化呼唤法学研究的与时俱进。有鉴于此，编著民法总论教材势在必行。经过两年多的酝酿，一年的撰写和修改，本书终于定稿。

从某种意义上说，民法是民事法律关系法，民法学是民事法律关系法学。也就是说，民事法律关系是民法的核心概念，是构建民事法律规范体系结构的基石。因此，本书以民事法律关系为主线，对其相应理论进行编排，具体分为五编：第一编是民事法律关系与民法；第二编是民事法律关系的主体；第三编是民事法律关系的客体；第四编是民事法律关系的内容；第五编是民事法律关系的变动。

本书对民法的基本原则进行了重新梳理。《民法总则》第4至9条规定了民法的基本原则，具体包括：平等原则、自愿原则、公平原则、诚实信用原则、公序良俗原则、绿色原则。鉴于权利不得滥用原则不仅限于民法，且其宗旨在于通过限制私权，维护社会良好秩序，难免与公序良俗原则及特定情形下的绿色原则相重合。因此，为了与《民法总则》立法保持一致，本书未将权利不得滥用原则列为民法的基本原则。

在民事法律关系主体部分，因《民法总则》较《民法通则》变化较大，所以，本书对自然人、法人及非法人组织三部分内容的体系结构进行了较大调整。在民事法律关系客体部分，除物、有价证券、智力成果之外，本书又大篇幅补充了行为和人身利益的相关内容，以适应现代社会服务业兴起、人权意识增强的时代需求。

目 录 Contents

第一编 民事法律关系与民法 …………………………………………… 1

第一章 民法概述 …………………………………………………… 1
　第一节　民法的概念和调整对象 ………………………………… 1
　第二节　民法的性质 ……………………………………………… 5
　第三节　民法的沿革 ……………………………………………… 9
　第四节　民法的基本原则 ………………………………………… 15
　第五节　民法的渊源 ……………………………………………… 25
　第六节　民法的效力 ……………………………………………… 29

第二章 民事法律关系总述 ………………………………………… 31
　第一节　民事法律关系在民法学中的地位 ……………………… 31
　第二节　民事法律关系的特征和分类 …………………………… 37
　第三节　民事法律关系的构成 …………………………………… 41

第二编 民事法律关系的主体 …………………………………………… 50

第三章 自然人 ……………………………………………………… 50
　第一节　自然人的民事权利能力 ………………………………… 50
　第二节　自然人的民事行为能力 ………………………………… 57
　第三节　监护 ……………………………………………………… 60
　第四节　宣告失踪和宣告死亡 …………………………………… 66
　第五节　自然人的住所 …………………………………………… 71

第四章 法人 ………………………………………………………… 75
　第一节　法人的概述 ……………………………………………… 75

第二节　法人的分类 ··· 77
   第三节　法人的民事能力 ··· 83
   第四节　法人的设立 ··· 86
   第五节　法人的机关 ··· 91
   第六节　法人的分支机构 ··· 96
   第七节　法人的变更与消灭 ··· 98

  第五章　非法人组织 ·· 102
   第一节　非法人组织概述 ··· 102
   第二节　非法人组织的类型 ··· 104
   第三节　非法人组织的民事能力 ··· 113
   第四节　非法人组织的成立与终止 ··· 116

第三编　民事法律关系的客体 ··· 119

  第六章　民事法律关系客体 ·· 119
   第一节　民事法律关系客体概述 ··· 119
   第二节　物 ·· 121
   第三节　行为 ·· 128
   第四节　人身利益 ·· 131
   第五节　有价证券 ·· 134
   第六节　智力成果 ·· 136
   第七节　其他客体 ·· 140

第四编　民事法律关系的内容 ··· 143

  第七章　民事权利 ·· 143
   第一节　民事权利概述 ·· 143
   第二节　民事权利的取得 ·· 152
   第三节　民事权利的行使 ·· 155
   第四节　民事权利的消灭 ·· 157
   第五节　民事权利的保护 ·· 158

第八章 民事义务 ……………………………………………… 161
第一节 民事义务概述 ……………………………………… 161
第二节 民事义务的产生 …………………………………… 164
第三节 民事义务的履行 …………………………………… 166
第四节 民事义务的违反 …………………………………… 167

第五编 民事法律关系的变动 ………………………………… 171

第九章 民事法律事实 …………………………………………… 171
第一节 民事法律事实概述 ………………………………… 171
第二节 民事法律事实的类型 ……………………………… 176

第十章 民事法律行为 …………………………………………… 189
第一节 民事法律行为的一般规定 ………………………… 189
第二节 民事法律行为的成立 ……………………………… 195
第三节 意思表示 …………………………………………… 196
第四节 民事法律行为的效力 ……………………………… 203
第五节 附条件和附期限的民事法律行为 ………………… 217

第十一章 代理 …………………………………………………… 221
第一节 代理概述 …………………………………………… 221
第二节 代理权 ……………………………………………… 229
第三节 代理行为 …………………………………………… 238
第四节 无权代理 …………………………………………… 242

第十二章 时效与期间 …………………………………………… 249
第一节 时间在民法上的意义 ……………………………… 249
第二节 期限 ………………………………………………… 252
第三节 诉讼时效 …………………………………………… 254
第四节 除斥期间 …………………………………………… 270

后 记 ……………………………………………………………… 273

第一编　民事法律关系与民法

第一章　民法概述

第一节　民法的概念和调整对象

一、民法的概念

（一）民法一词的语源

民法一词，来源于罗马法中的市民法（jus civile）一词，是由日本学者在明治维新时期从荷兰语"burgerlyk regt"和法语"droit civil"翻译而来。这两个词的来源都是市民法。在我国漫长的封建社会时期，由于自然经济长期处于主导地位，商品经济不发达，加上封建专制阻碍了自由、平等、民主、权利、义务等民法思想的产生，当时在法律制度上奉行诸法合一的体制，无民刑之分，历代法典都以刑法为主。直至清朝末年法制改革时，我国才从日本引进了"民法"一词，并开始制定近代民法。①

日本学者之所以把市民法翻译为民法，是因为古代欧洲社会是以城市为中心的城邦社会，一个城邦的市民即为一个城邦国家的国民。也就是说，在欧洲人看来，市民与国民、公民是同一个概念。而在日本、中国等东方国家，乡村幅员辽阔，"市民"往往指"城里人"，对应的概念是"乡村人"。因此，只有"民"这个概念才能把"城市人"和"乡村人"概括起来，才能包括一国所有的人。② 这也就是民法的语义来源。

---

① 梁慧星："中国对外国民法的继受"，见梁慧星主编：《民商法论丛（第25卷）》，金桥文化出版（香港）有限公司2002年版，第610页。
② 〔意〕彭梵得：《罗马法教科书》，黄风译，中国政法大学出版社1992年版，第4页。

（二）民法的概念

根据《民法总则》第2条的规定，"民法调整平等主体的自然人、法人和非法人组织之间的人身关系和财产关系"。这一定义确定了我国民法的调整对象和内容，明确划分了民法与其他法律部门的关系。也有学者认为，这一表述并不精确，即法律部门的划分不仅要以其调整的社会关系的性质为标准，而且必须辅之以调整方法为共同标准。因此，民法的概念就是：民法是以自愿、公平、等价有偿、诚实信用原则，确立民事主体平等地位，尊重、保障民事财产权益和人身权益，对被侵犯权益补偿回复的方法，调整自身的、以价值为基础的等价有偿或商品经济的财产关系，以及与此财产关系相关的人身关系的法律规定的总称。该论点也可以简略概括为：民法是以民事方法调整平等主体之间的民事财产关系和人身关系的法律规范的总称。有学者特别强调说，民事一词在这里指调整方法和法律关系的"非权力性"。①

那么，民法的概念是应以调整对象为主，还是以调整方法为主，抑或须调整对象与调整方法并重？《民法总则》是我国的基本民事法律，其中关于民法概念和调整对象的规定无疑是具有指导意义的。也就是说，区分民法与其他法律，关键在于所调整的法律关系的不同。在此基础之上，我们可以就民法的概念从不同角度进行分析，包括调整方法和法律原则的角度。

二、民法的调整对象

依照《民法总则》第2条的规定，我国民法调整的是平等主体之间的财产关系和人身关系两类社会关系，它具有如下的特征。

（一）民法调整的是平等主体之间的社会关系

现代社会中的每一个人都生活在各种各样的社会关系中，如家庭关系、工作关系、邻里关系、朋友关系等。在这些社会关系中，有的是由民法调整的，有的则是由其他的法律如行政法所调整的。民法所调整的是平等主体之间的社会关系。所谓"平等主体"，强调的是公民和法人以民事主体身份而

---

① 寇志新：《民法总论》，中国政法大学出版社2000年版，第31-33页。

不是其他身份如上下级的身份存在。民事主体之间的平等性表现在这样两个方面：其一，人格独立，民事主体相互之间不存在人身依附关系；其二，意志自由，民事主体可以自行决定所从事的民事行为，不受对方或他人意志的左右。例如，公务员在执行公务时是以行政主体的身份出现的，但在其进行办公用品采购或进行私人购物时则是以民事主体的身份出现，此种情况下其所作出的出于胁迫或欺诈而达成的民事法律行为是可撤销的民事法律行为。

具体而言，公民或法人在以民事主体身份从事民事活动时的平等性主要表现在以下几个方面：①主体条件平等。公民或法人在取得民事主体资格的条件上平等。②主体地位平等。公民和法人具体享有的法律权利和能力平等，任何人不享有特权。③自治的平等。自治的平等也称意志平等，是指公民或法人在民事活动中，享有平等的自治资格，任何一方不得以自己的意思左右他人。在民法上，自治资格非常重要，这是其他法律所不能赋予的主体资格。④法律保护平等。这里所说的平等不是事实或结果平等，而是法律上的条件和资格平等。[1]

（二）民法调整平等主体之间的财产关系

财产关系是人们在产品的生产、分配、交换和消费过程中形成的具有经济内容的社会关系。我国民法并不调整所有的财产关系，只调整平等主体之间的财产关系。这类财产关系具有如下特点：①主体地位平等。民事主体在市场交易中的地位是平等的，任何一方的财产利益受到损害时都应得到同等价值的补偿。②主体意思表示自由。任何一方都不允许把自己的意志强加于另一方。主体有选择怎样处分财产和与谁订立契约的自由。③以等价有偿为原则。这是市场经济的必然要求和民事主体地位平等的必然表现。当然，依法成立的赠与、借用、无偿代理、无偿保管等是对民间习惯的认同和遵从，不能一概而论。

民法所调整的财产关系可分为静态的财产关系和动态的财产关系。

（1）静态财产关系，又可称财产支配关系，是指特定民事主体由于支配财产而形成的支配者与社会其他人之间的财产关系。它包括：物的财产占有关系，物包括有体物（固体和液体）和无形物（光、热、电、气等）；智慧

---

[1] 龙卫球：《民法总论》，中国法制出版社2001年版，第23页。

财产之专有关系。智慧财产又称知识产权,包括专利、商标、作品版权等。

(2) 动态财产关系。动态财产关系也可称为财产流转关系,是指财产转让者与受让者之间因财产转移而形成的社会关系。它包括商品交换关系和遗产继承。

(三) 民法调整平等主体之间的人身关系

人身关系,是指人与人之间基于人格和身份而形成的具有人身属性的社会关系。人身关系与财产关系不同,它以主体的人身为其发生和存在的基础,不直接体现主体的经济利益,而以人格利益为内容,并且特定主体利益只能由特定主体享有,不能与该主体分离,主体也不能宣布抛弃自己的人身利益。

具体来说,人身关系包括人格关系和身份关系两部分。

1. 人格关系

人格关系,是指民事主体基于人格利益而发生的社会关系。人格是指自然人和法人受法律保护的主体性要素的总称。在罗马法上,人格指的是能够享有罗马市民权的主体资格,相当于我们现在所称的民事权利能力。进入资本主义社会后,资产阶级为打破封建的人身依附关系,实现人的自由,为发展资本主义开辟劳动力市场,宣布"天赋人权""法律面前人人平等"。由于这些开放思想的影响和相应法律制度的建立,民事权利的取得实现了从依赖身份到依赖契约的转变,即学者们通常所说的由身份到契约的转化。尤其是20世纪以来,社会经济与政治发生了历史性的变化,人们的权利意识和权利形态日益强烈和丰富,人格权遂在社会中愈来愈受到人们的关注。

现代民法中所指的人格,不仅是指人的法律主体资格,而且还指人自身所包含的自然因素和在一定社会条件下受法律保护的社会因素。就自然人来说,人格的自然因素包括身体、健康、生命等;而人格的社会因素则包括社会赋与他们的姓名、肖像、名誉、自由、隐私等。法人区别于自然人,是由法律规定而产生的具有民事权利能力的组织,其人格中没有自然因素,只有社会赋予它的名称(商号)、名誉(商誉)等社会因素。基于人格而形成的民事权利即为人格权,而在人格权的基础上则产生了人格权关系,包括生命权、健康权、名称权、肖像权、名誉权等关系。

2. 身份关系

身份关系是主体之间基于彼此的身份而形成的社会关系。"身份"是人们由于血缘关系或社会活动,在其置身的社会结构中所处的地位。人除了血缘关系形成的亲属身份关系外,还可因为民族、种族、阶级、政党、团体、婚姻、职业、宗教信仰等取得一定身份,如某人加入某政党而成为党员,某人因结婚而成为配偶,某人因为购买股票而在公司中取得股东身份,某人任省长从而在省政府中取得行政首长身份,等等。身份关系包括民事的身份关系和命令性的身份关系。命令性的身份关系的特征是下级服从上级,民法并不调整这类社会关系;它只调整以平等为原则的民事身份关系,如基于配偶权、亲权等而形成的身份关系。

必须注意的是,我们不能将财产关系和人身关系完全分裂开来。在民法中,对人身关系的调整往往要通过财产补偿的方法来实现。例如,当民事主体的人身权受到侵犯时,既要求侵权人对受害人赔礼道歉,也要求其对受害人进行损害赔偿,包括支付医疗费、误工费等财产性的补偿。这是因为,人的存在本身就需要财产的支撑,脱离财产关系的单纯人格关系是不存在的,这也就是学者所谓的"无财产即无人格"。[①]

第二节 民法的性质

一、民法是私法

法律有公法、私法之分。公法和私法的划分源于古罗马法学家乌尔比安(Ulpians),虽然当时其内涵不同于现代的公法与私法之内涵,但在现代法上仍然延续这种分类。[②] 掌握公法和私法的划分,有利于正确地把握民法的性质并适用它。

[①] 尹田:"无财产即无人格——法国民法上广义财产理论的现代启示",载《法学家》2004年第1期,第46-54页。

[②] 黄立:《民法总则》,中国政法大学出版社2002年版,第8页。

(一) 关于公法和私法区别标准的学说

对公法和私法的划分标准，学界存在三种不同的观点：第一，利益说。利益说由乌尔比安提出，他认为规定国家事务的法律为公法，规定私人利益的法律为私法。第二，意思说。该说由德国学者拉邦德提出，他认为规范权力者及服从者的意思的法律为公法，规范对等者的意思的法律为私法。第三，主体说。这种学说认为公法主要规范至少有一方是国家或国家授予的公权者，私法主要规范法律地位平等的私权主体。

这些学说，虽然各有其长，但也都有其不足。利益说的不足在于过分强调公、私利益的对立，尤其是在现代，对公共利益（如交易安全）的保护日益关系到私人利益的实现。意思说的缺陷则在于，认为规定对等者意思的法律为私法，而在私法上，如父母与非成年子女间的关系，也并非完全平等，未成年子女天生依附于父母。就主体说而言，由于其过分强调主体地位的静止不变，因而在发生如国家政府采购办公用具的情况时，就无法作出判断，而现代民法当然认其为私法关系。为克服上述学说的缺陷，特别法规说（新主体说）逐渐受到重视。该观点认为国家或机关以公权力主体地位作为法律关系的主体地位时，适用的法律为公法；如所适用的法律对任何人都可适用时，则是私法。①

(二) 公法和私法的关系

既然法律可区分为公法与私法，就必然面临公法优位还是私法优位的问题，即公法与私法在适用地位上孰优孰劣。公法优位主义认为，公法地位优于私法，私法被包括在公法之中；而私法优位主义则认为，私法地位优于公法。

公法优位主义以国家为中心，认为国家凌驾于社会和公民之上；一切法律、法规，都是国家意志的体现，一切权力、权利，都由国家授予，私法的规范作用必须用公法的手段来保障。这种主张将国家以宪法来宣示公民的权利与用民法具体地调整公民之间的人身和财产关系混为一谈，且过分夸大了法律的概括性意义，而忽视了其具体的实际意义，这对我们认识和区分不同

---

① 王泽鉴：《民法总则》，中国政法大学出版社2001年版，第12－13页。

法律的性质是有害的。

而私法优位主义则认为：①公法的目的在于保障人民的私权，人民的私权非有重大的正当事由即依法定程序，不受限制和剥夺；②私法领域实行意思自治（私法自治），国家原则上不干预当事人的意思自由，只在发生纠纷当事人不能通过协商解决时，才由司法机关出面解决。③法律体现人民的意志，国家应行使人民授予的权力和担负人民所赋予的职能。经济生活应由市场主体的自由意志和市场经济客观规律发挥作用，国家只能进行有限的干预。因此，私法的目的在于保障社会主体的财产权益和人身权益，使社会主体获得正常生活、生产与交往的条件，私法应该优于公法。私法优位主义是法治国家的必然要求，是符合历史的发展的。至于在私法中注入公法义务的现象，如将公共利益的保护纳入民事权利行使的限度内，即所谓"私法上的公法化"，只是在着重私法发挥功能的基础上，促进公、私法有机地配合以形成现代高度科学化的法治国家的制度，而绝不是主张什么公法优位主义。[①]

（三）民法是私法

民法是私法，这是毋庸置疑的。因为民法调整的是私人之间的社会生活关系，并以平等和等价有偿为原则。换言之，民法调整的社会关系属于市民社会中的关系，具有非权力性；而其调整方法因具有对等补偿性，而有别于公法的惩戒性和威慑性。

《民法总则》第2条肯定了我国民法的私法性质，指出民法调整的是平等主体的自然人、法人和非法人组织之间的人身关系和财产关系，这正是对市民社会中所产生的具体生活关系的正确表述。

强调公、私法划分，进而确认民法的私法性质，不仅是人类社会文明进步的重大成果，也是现代法律的基本原则。确认民法的私法性质，在理论上有利于确认公民的民事权利不受侵犯，在实践中有利于确定法律关系的性质及诉讼时的法院管辖与救济程序。中国是一个有两千多年封建历史的国家，人们的权利意识和平等观念还十分淡薄，侵害个人权利的现象在现实生活中

[①] 寇志新：《民法总论》，中国政法大学出版社2000年版，第40页。

屡屡发生。为了使人们懂得如何享有和捍卫权利，进而平等对待他人，建立社会主义法治，确认民法的私法性质是非常必要的。

二、民法为权利法

民法的私法性质决定了民法必然是权利法，即以确认和维护公民的民事权利为己任。作为私法的民法调整的是以平等为特征的市民生活关系，其立法目的即在于通过对私权的维护调动市民（自然人、法人和非法人组织）从事生产经营活动和生活性民事活动的积极性和主动性，从而促进国民经济的发展和市民社会的繁荣。

在规范体系上，民法分为总则和分则两部分。其中，总则以权利的产生为中心，规定了民事权利的主体（自然人和法人），民事权利的发生、变更和消灭的根据（民事法律事实，主要是民事法律行为和代理），法院保护民事权利的期限（诉讼时效）；分则以各种具体的权利为基本点，规定了物权、知识产权、债权、继承权、人身权等各种具体的民事权利。在权利与义务的关系问题上，现代民法以权利为本位，即民事义务为民事权利服务。因此，民法是权利法，这对唤起民众权利意识，懂得自己享有哪些权利和如何维护自己的权利具有重大意义。

三、民法是市场经济的基本法

民法的这一特征仍然是由民法是私法这一性质决定的。建立在现代市场经济条件下的市民社会是由平等、自由的自然人和法人构成的社会，民法本身即强调意思自治、平等、公平、诚实信用、禁止权利滥用等原则，其目的就在于维护公民的私人权利不受非法侵犯。

而从民法的实体内容来看，民法调整的主要对象和核心部分是平等主体之间的商品经济关系和其他社会生活关系，其中的民事主体制度、物权制度、债权制度、知识产权制度等，都是为市场经济条件下的市民社会服务的基本法律制度，它们对维护市场经济有序地、安全地进行起着不可替代的作用。

第三节 民法的沿革

民法，作为一个部门法的法律概念，它根源于西方民法法系国家的法律。民法法系（又称大陆法系）是与普通法法系（又称英美法系）并列的两大法系之一，这一法系形成于19世纪，其突出的特点是民法的主要表现形式是民法典。因此，民法法系又称法典法系。民法法系是以罗马法为基础发展起来的，罗马法对民法有重大影响，讲民法的沿革，需要从罗马法讲起。

一、罗马法的编纂及其影响

罗马城于公元前8世纪建立，成为罗马城市国家，形成了适用于城邦市民的市民法。后来罗马疆域不断扩大，成了称霸地中海，地跨欧洲、非洲和亚洲的罗马帝国。随着农业、牧业、手工业的发展，商品经济得到发展，地中海沿岸便利的交通条件，促进了海陆商业贸易的兴旺发达。商品经济的发展为罗马奴隶制法律奠定了良好的基础，也为罗马法学的发展提供了良好的条件。罗马法是诸法合体，没有法律部门的划分，但在学理上区分了公法与私法，罗马法对各国影响最大的是私法。

罗马法发展的顶峰是公元6世纪东罗马皇帝查士丁尼在位期间和死后不久一个时期的法律编纂。一批立法者先后编纂了《查士丁尼法典》《法学阶梯》（《法学总论》）、《学说汇纂》和《新律》，中世纪时期统称为《国法大全》（又译为《民法大全》或者《罗马法大全》），它是历史上最完备的一部奴隶制成文法典。其中《学说汇纂》是选用39位著名法学家的9123条言论汇集辑录而成的，是罗马法最重要的文献，后世研究罗马法的学者大多取材于《学说汇纂》。

按照内容，罗马法分为人法、物法和诉讼法（这是《法学阶梯》的体系）。人法是规定人格和身份的法，包括人格、家和家属、家长权、婚姻和夫权、家主权和恩主权、准奴隶等。物法是财产法，主要内容有：①物权，包括所有权、役权、永租权、地上权、信托、质权、抵押权等；②继承，包括法定继承、遗嘱继承、遗赠、遗产信托、死因赠与等；③债，包括契约，如买卖、消费借贷、使用借贷、租赁、劳务租赁、寄存、合伙、委任、互易、代销等。此外还有准契约，如不当得利、无因管理等。罗马法有私犯和准私犯，相当于近现代民法上的侵权行为。诉讼法主要包括诉讼的程序和法官的职权等。

罗马法对罗马奴隶制时期的商品经济关系做了详细规定。西欧封建社会中期以后，许多国家掀起了罗马法复兴运动，罗马法几乎被整个欧洲所接受。后来，罗马法和在罗马法基础上形成的中世纪后期的市民法成为反映资本主义商品经济要求的民法的渊源。

二、19世纪民法典的编纂及其影响

19世纪资本主义经济迅速发展，欧洲一些国家或者为巩固资产阶级革命成果，或者为统一国家的法律，法典编纂运动随之兴起。1804年的《法国民法典》是19世纪民法典的一个典型。《法国民法典》的体系参考了罗马法的《法学阶梯》的体例，但把诉讼法分离出去，开创了实体法与程序法分别立法的先例。该法典共2283条，分为三编，第一编人，第二编财产及对于所有权的各种变更，第三编取得财产的各种方法，于1804年生效。

《法国民法典》是在拿破仑亲自领导下完成的，他任命了仅由四位经验丰富的法律实务家组成的起草委员会。在参政院审议起草委员会起草条文的102次会议中，拿破仑亲自担任会议主席的至少有57次。在会议上，他不断地将人们的注意力集中到生活的现实而不是法律的技术上，他对于纯粹的法律论争极少参与，他坚持法典的风格对于即使如他那样的非法律家也应当透明易懂。《法国民法典》确认人人具有平等的法律地位，贯彻了所有权绝对、契约自由和过失责任三大原则。《法国民法典》巩固了大革命的重要成果，文字生动明朗，对许多国家的民法产生了深远的影响。值得注意的是，作为法国大革命的产物和曾经是大革命宣传工具的《法国民法典》，不仅没有和大革命以前的旧法律一刀两断，而且吸收了传统的与先进的民法理论。它是"经过深思熟虑吸收了长期历史发展的成果，并且在很大程度上是深受罗马法影响的南部成文法与以日耳曼法、法兰克习惯法为基础的北部习惯法这两种传统制度的巧妙融合物"①。

1896年颁布的《德国民法典》是19世纪民法典的另一个典型。1871年德意志帝国成立时,各邦早已有自己的法律或法典,制定民法典主要是为了经济发展的需要,并通过民法典统一各邦的法制,以加强帝国在政治上的统一。德国统治者不要求迅速完成民法典的制定,而要求起草者尽量细致地进行工作。《德国民法典》从1873年开始起草,1896年颁布,1900年1月1日施行。早在17世纪末期德国各邦就开始编纂法典,在法典编纂过程中民法理论水平逐步提高,至19世纪后半期最终形成了潘德克顿法学派。从学理上看,《德国民法典》是潘德克顿学派的产物。《德国民法典》的编纂深受罗马法《学说汇纂》的影响,编纂技术比《法国民法典》有显著进步。该法典共2385条,分五编:第一编总则,第二编债务关系法,第三编物权法,第四编亲属法,第五编继承法。《德国民法典》是为法律家制定的,其结构严谨,概念精确,逻辑清晰,被法制史学者称为19世纪德国法律科学的集成,同时对20世纪一些国家的民法典也产生了巨大的影响。《德国民法典》对契约自由原则做了一些限制,规定了一些一般条款,如"诚实信用""善良风俗",法官可以根据一般条款处理法律上没有具体规定的问题。但是,《德国民法典》没有体现出时代的特色,文字艰深晦涩是其缺陷。

三、20世纪有代表性的民法典

进入20世纪以后,西方国家的民法典有的以《法国民法典》为蓝本,有的是《德国民法典》模式,但不同国家民法典的结构也多有不同的特点。

20世纪初叶,具有划时代意义的民法典是《瑞士民法典》。该法典是为适应经济发展需要并统一各州的私法而制定的。学识渊博而负有盛名的欧根·胡贝尔(Eugen Hubel)教授受托起草民法典草案,草案经公开讨论并由专家委员会咨询。该法典共四编,第一编人格法,第二编亲属法,第三编继承法,第四编物权法,于1907年通过,1912年1月1日生效。《瑞士民法典》

---

① 〔德〕茨威格特、克茨:《比较法总论》,潘汉典、米健、高鸿均等译,法律出版社2003年版,第118-130页。

的立法者抛弃了法、德两国立法者力求民法典完备的观念，明确规定"如本法无相应规定时，法官应依据惯例；无惯例时，依据自己作为立法者所提出的规则裁判"。《瑞士民法典》保持了一种民族化的生动语言，具有通俗清晰、相对有余地的体系。《瑞士民法典》在立法指导思想、编制体例和风格方面对其他国家民法典的编纂有重大影响。

世界上第一部社会主义民法典是《苏俄民法典》，这部法典是在列宁的指导下制定的。1917年十月革命胜利后，经过了外国武装干涉和内战时期，在此期间，苏俄实行的是战时共产主义政策。战争结束后，列宁放弃了在一个小农国家按共产主义原则调整国家的产品和分配的指导思想，于1921年春天改行新经济政策，以市场、商业为基础，国家调节商业和货币流通。《苏俄民法典》是新经济政策的产物。该法典的体系基本上参考的是《德国民法典》，分总则、物权、债和继承四个部分，共436条，1922年颁布。婚姻家庭关系没有规定在民法典中。1926年苏联制定了《俄罗斯联邦婚姻、家庭与监护法典》。随着公有制的发展，该法典的有些内容被废止了，其基本规定一直到1964年《俄罗斯苏维埃联邦社会主义共和国民法典》颁布后才失去效力。

在实行公有制和计划经济的情况下，民法的调整对象是什么，对此苏联民法学者和经济法学者曾经进行过长期激烈的争论，1961年公布的《苏联和各加盟共和国民事立法纲要》明文规定民法的调整对象为"因利用商品货币形式而产生的财产关系，以及与这些财产关系有关的人身非财产关系"。各加盟共和国的民法典包括《苏联民法典》均以该纲要为根据。1964年颁布的《俄罗斯苏维埃联邦社会主义共和国民法典》共569条，分为8章：①总则；②所有权；③债权；④著作权；⑤发现权；⑥发明权；⑦继承权；⑧外国人和无国籍人的权利能力、外国民事法律、国际条约和国际协定的适用。以上两部苏联民法典的指导思想和体系，对我国和其他社会主义国家的民事立法均有不同程度的影响。

四、我国的民事立法

中国是世界古老文明的发祥地之一，古代社会经历数千年发展形成了独具特色的中华法系，被推崇为世界五大法系之一，影响扩及东亚、南亚一带及周边地区。我国古代公法特别发达，私法不发达。西周是我国奴隶制法制的鼎盛时期，民事法律方面，土地所有权、债务、侵权行为的认定等均在典籍中有不少记载。民事法律的主要渊源为"礼"，"纷争辨讼，非礼不决"。唐代昌盛时期，农业复兴，手工业和商业繁荣，多种契约关系都有发展，并出现了契约"样文"，立约便捷，但有关契约的法律规定却很少；而刑事法典《唐律疏议》体系完整，内容详备，被认为是中华法系具有代表性的法典。另外，唐代还制定了关于官制的法典——《唐六典》。宋王朝为了防止唐末五代藩镇割据局面的重演，把中央集权制度又推向高度发展的新阶段。宋代商品经济空前发展，宋朝政府对民间借贷采取"任依私契，官不为理"政策，从一个侧面反映了古代统治者的法律观。商品经济发展迟缓和古代王朝法律侧重巩固政权，是私法不发达的主要原因。

1840年鸦片战争以后，我国由封建社会逐渐沦为半殖民地半封建社会，在列强的打压下，清政府被迫寻找富民强国的出路，编纂法典是其措施之一。1907年我国开始了历史上首次民法编纂，1911年完成的《大清民律草案》未及公布，清王朝即被推翻。

"中华民国"成立之后，即着手制定民法，1924年至1925年间完成民律草案，司法部通令各级法院作为事理引用，但未成为正式法律。1929年立法院指定五人组成民法起草委员会，国民党中央政治会议决议提出民法各编立法原则57条。民法的各编于1929年5月至1930年12月陆续公布，名为《中华民国民法》，分为总则、债、物权、亲属、继承五编，共1225条，这是我国第一部民法典。该法典采民商合一制，将传统商法中的代理商和属于商行为的买卖、交互结算、居间、行纪、仓库、运送营业、承揽运送、隐名合伙等列入债编，作为债的组成部分。对内容较多、具有相对独立体系的公司法、票据法、海商法、保险法等，分别制定单行法，为民事特别法，其体系颇有特色。

1949年中华人民共和国成立后，废除了"民国时期"的《六法全书》，作为《六法全书》组成部分的民法随之失去效力。从此我国长期采用单行法的形式处理民事关系，早在1950年5月就颁布了《中华人民共和国婚姻法》。在实行公有制和计划经济的体制下，在经济领域主要适用行政法，同时也制定了一系列调整民事关系的法规，如工矿产品购销、货物运送、银行贷款等方面的规范。1954年全国人民代表大会常务委员会组织起草民法，1956年完成草案，分总则、所有权、债和继承四编，共525条，体例采1922年苏联民法典的模式。1962年全国人民代表大会常务委员会第二次组织起草民法，至1964年7月完成《中华人民共和国民法（试拟稿）》，包括总则、所有权、财产流转三编，共262条，其内容实际上是当时的经济与民事政策的条文化。1979年全国人民代表大会常务委员会第三次组织起草民法，1982年5月完成了《中华人民共和国民法草案（第四稿）》，该草案共八编，分为：①民法的任务和基本原则；②民事主体；③财产所有权；④合同；⑤智力成果权；⑥财产继承权；⑦民事责任；⑧其他规定（包括期限、诉讼时效和适用范围三章），共465条。上述三个民法草案，由于政治、经济以及法律观念等方面的原因均被搁浅。

1986年4月12日全国人民代表大会通过的《民法通则》是我国民事立法重要的里程碑，1994年3月15日全国人民代表大会通过的《中华人民共和国合同法》（以下简称《合同法》）表明我国民事立法进入了新的阶段。2002年12月，全国人大常委会审议了《中华人民共和国民法（草案）》，这是中华人民共和国成立以来立法机关首次审议民法草案。这个草案因不够成熟而没有通过。2007年3月16日全国人民代表大会通过了《中华人民共和国物权法》（以下简称《物权法》），2009年12月26日全国人民代表大会常务委员会通过了《中华人民共和国侵权责任法》（以下简称《侵权责任法》）。2017年3月15日全国人民代表大会通过了《民法总则》，这是我国民事立法的又一重大进展。当今，我国民法以民法总则为中枢，物权法、合同法、婚姻法、继承法和侵权责任法是民法的基本组成部分，著作权法、专利法和商标法等知识产权法与公司法、证券法、票据法、海商法、保险法和破产法等商事法，是民事特别法。今后的民事立法主要是制定民法典。

改革开放以来，我国民事立法广泛借鉴外国法律和理论，兼收并蓄，结合我国经验，使我国民法成为有诸多"中国元素"的民事法律制度。"具有明显'中国元素'的民法制度宣告中国的民事立法已经摆脱唯某一个其他国家或地区的民事法律至上的阶段，正式由'照着讲'到了'接着讲'的阶段。它意味着中国民法学界在'照着讲'的同时,将开启'接着讲'的时代!"①

第四节 民法的基本原则

一、民法基本原则释义

民法的基本原则是指贯穿民法的立法、司法、守法的根本思想,是贯穿民法各个部门和制度的总的指导原则。与民法的具体规范相比较,民法的基本原则具有下列特征。

(一)民法基本原则是抽象的民法规范

民法基本原则也是一种民法规范,即在民事活动中,民事主体的行为模式和内容必须符合民法基本原则的要求,在司法实践中法院也必须在民法基本原则的基础上结合具体的民事制度审理民事纠纷。其次,民法基本原则不同于具体的民法规范,它是一种抽象的、一般性的民法规范,其内容简洁且概括,在有具体规范的情况下并不直接适用到具体的审判实践中;而具体的民法规范则规定了各种具体的民事权利和民事义务,以及相应的具体法律后果。换言之,民法规范是对一个事实状态赋予一种确定的具体后果的各种指示和规定,②它有法律规范完整的、形式上的逻辑结构;而民法基本原则在形式上并没有具体民法规范的逻辑结构,是凭其自身内在的内容引导,规定民事主体的行为模式和法律后果,把民法的精神实质内化到具体的民法规范中去。实际上,每一具体的民法规范都体现了民法基本原则的价值取向。

(二)民法基本原则是内涵最为丰富且极富伸缩性的民法规范

民法规范的内容是明确的、具体的,通过对这些具体民法规范的了解,

---

① 王轶:《民法原理与民法学方法》,法律出版社2009年版,代序。
② 徐国栋:《民法基本原则的解释——成文法局限性之克服》,中国政法大学出版社1999年版,第41页。

民事主体可以明确哪些特定的民事法律行为是合法的、受到法律鼓励的,哪些民事法律行为是非法的、甚至遭到禁止的,并且可预见相应民事法律行为的法律后果。而民法基本原则的内容是极为丰富的,普遍适用于各种民事法律行为,法官在审理民事案件时可以根据这些基本原则对民法规范进行价值补充。① 同时,民法基本原则的内容和含义还随着历史环境的变化而变化,同一原则在不同的历史时期可能有不同的含义,因为历史环境不同,对人的行为的基本要求也有所不同。在资本主义时期,资产阶级为维护自身利益,力倡意思自治原则,所有权绝对;而当历史发展到垄断资本主义,为平衡个人利益与团体利益之间的冲突,对合同自由则加以限制,对所有权的行使也进行了限制,并出现了禁止权利滥用原则。

（三）民法基本原则是贯穿民法始终并具有普遍效力的民法规范

所谓贯穿民法始终,是指民法基本原则作为民法的指导思想和根本规则贯穿于民事立法、司法、守法的全过程,也贯穿了民法各部门;而具体的民法规范的价值则主要体现在具体的民事法律关系中,一种规范适用于一种民事法律关系,仅能在有法律规定的情况下进行类推适用。因此,民法基本原则是具有最高位阶的民法规范,而具体民法规范是下位的。

二、民法基本原则的功能

民法基本原则基于自身的性质和特征而具有以下几个方面的功能。

（一）民法基本原则是民事立法的指导方针

民法基本原则是我国民法所调整的社会关系本质特征的集中反映,是民法区别于其他法律部门的最根本的特征。因此,它是民事立法的基本准则,作为民事立法的指导方针,对各项具体民法制度和民法规范的制定起统率和指导作用。

（二）民法基本原则是民事主体进行民事活动的基本行为准则

民法基本原则是民事立法的指导方针和价值取向,因而整个民法的具体

---

① 梁慧星:《民法解释学》,中国政法大学出版社1995年版,第292-300页。

法律规范都体现了民法基本原则的精神内涵。当民事主体在依法进行民事活动时，也就间接地遵守了民法基本原则，且在现行法缺乏相应的具体规范时，民事主体应直接按照民法基本原则的要求行事，民事主体的行为违反民法基本原则的无效。①

（三）民法基本原则是法官解释民事法律规范的基本依据

民事社会关系的内容是丰富而又多变的，而具体的民法规范则较为稳定，这就出现了民法规范调整对象的超前发展与民法规范立法的相对滞后的矛盾或者错位。因此，法官在运用具体民法规范审理民事案件时就离不开基本原则的运用，即应以基本原则作为法律解释的准则，以确保民法秩序和价值的统一性，否则，法律的客观目的不能达成。② 同时，当同一民法规范适用于具体民事案件，出现两种或两种以上解释时，法官应采用其中符合民法基本原则的含义。也就是说，无论采用何种解释方法来解释民法规范，其解释结果均不能违反民法的基本原则。

（四）民法基本原则是补充法律漏洞、发展民法学说的基础

法律是一定社会结构和关系的反映，而社会结构和关系会随着时代的变迁而发展变化。因此，法律规范制定时间久了就很容易滞后，从而产生法律漏洞，于是就产生了运用某种方法补充法律漏洞的需要。民法基本原则就能够起到弥补民事立法漏洞的功能。在现行民事立法缺乏相应的具体规范时，法官除依据民法基本原则解释法律之外，还可以直接适用某些民法基本原则裁判案件。③ 同时，学者对民法进行研究和解释，也应以民法基本原则作为基础，不得违背民法基本原则。

三、我国民法的基本原则

在我国的民事立法中，民法基本原则体现在《民法总则》第 4 条至第 9 条，具体表现为以下几项基本原则：平等原则、自愿原则、公平原则、诚实

---

① 梁慧星：《民法总论》，法律出版社 2001 年版，第 47 页。
② 龙卫球：《民法总论》，中国法制出版社 2001 年版，第 72-73 页。
③ 梁慧星：《民法解释学》，中国政法大学出版社 1995 年版，第 307-308 页。

信用原则、公序良俗原则、绿色原则。

(一) 平等原则

《民法总则》第4条规定:"民事主体在民事活动中的法律地位一律平等。"这个条文体现了我国民法中的平等原则。该原则指的是在民事活动中一切当事人法律地位平等,任何一方不得把自己的意志强加给对方。

民法实行平等原则,首先是基于民法存在的基础——商品经济的性质决定。商品经济是不同的所有者或经营者基于各自的利益,以交换为目的进行生产的经济形式。因此,所有者或经营者必须以交换形式开展经济活动,才能实现他们各自的经济利益。对以调整商品经济关系为主要内容的民法,必须承认和维护交换关系主体的平等性。其次,平等原则是贯彻其他民法基本原则的前提条件。如果民事主体在民事活动中的法律地位不平等,则必然会导致其在权利的取得和利益缺失的救济等方面的不平等,民事主体也就不能基于自愿进行民事活动,从而很难体现公平、意思自治、诚实信用等交易原则。因而,平等原则是民法调整社会关系的本质特征的集中反映,是民法区别于其他部门法的主要标志。

平等原则具体表现在以下几方面:①自然人的权利能力平等。在我国,自然人包括我国公民、外国人和无国籍人,他们在权利能力上平等。① 即任何公民不论其民族、种族、性别、年龄、宗教信仰、政治面貌、文化程度、财产状况,不论其政治地位,也不论其精神是否健全,有无识别自己行为的能力,其权利能力一概平等。具体表现在取得权利能力的时间(始于出生,终于死亡)和范围上平等。就外国人和无国籍的人而言,《民法总则》第12条规定:"中华人民共和国领域内的民事活动,适用中华人民共和国法律。法律另有规定的,依照其规定。"在司法实践中,运用该原则时一般采取互惠和对等原则,即一国给予他国国民民事权利能力的时间和范围,一般以与该外国存在互惠或一国的国民在该国受到同等的待遇为前提。②在具体的民事法律关系中民事主体的地位平等。在具体的民事法律关系中,不论在一方

---

① 徐国栋:《民法基本原则的解释——成文法局限性之克服》,中国政法大学出版社1999年版,第62页。

为法人另一方为自然人的情况下，还是在双方当事人的经济实力存在差别的情况下，或在一方当事人于民事法律关系之外存在着对他方的行政权力的情况下，当事人双方的法律地位都是平等的，在权利义务的分配上必须平等协商。③民事主体受法律的平等保护。民事主体之间的平等地位必然意味着他们将获得平等的法律保护。例如，在物权法上不能区分国家财产、集体财产或个人财产而予以不同的法律保护，在民事活动中也不能因为存在隶属关系而对某些主体予以特别的保护，更不能因为主体的经济实力强弱等情况来考虑是否加以保护或运用不同的法律保护手段。平等原则要求民事主体不仅在获得权利方面平等，在受法律保护方面仍然要平等。

（二）自愿原则

《民法总则》第5条规定，"民事主体从事民事活动，应当遵循自愿原则，按照自己的意思设立、变更、终止民事法律关系"；《合同法》第4条规定，"当事人依法享有自愿订立合同的权利，任何单位和个人不得非法干预"。以上两条规定体现了民法的自愿原则。

自愿原则，又称意思自治原则，是指民事主体依照自己的理性判断，自主参与民事活动，管理自己的私人事务，不受国家权力和其他民事主体的非法干预。自愿原则的存在和实现，以平等原则的存在和实现为前提。只有在地位独立、平等的基础上，才能保障当事人从事民事活动时的意志自由。自愿原则同样也是市场经济对法律所提出的要求。

自愿原则的核心是合同自由原则。合同自由反映了市场经济的内在要求，获得了合同法的承认并成为一项基本原则。① 虽然有商品经济就有合同自由的观念，但合同自由作为一项法律原则却是迟至近代民法才得以确立。合同自由原则在立法上首见于《法国民法典》，该法典第1134条规定："依法成立的契约，在缔结契约的当事人间有相当于法律的效力。""前项契约，仅得依当事人相互的同意或法律规定的原因取消之。"合同自由原则包括以下内容：①缔约自由，即当事人可以自由决定是否与他人缔结合同；②选择相对人的自由，即当事人可以自由决定与何人缔结合同；③内容自由，即双方当

---

① 崔建远：《新合同法原理与案例评释》，吉林大学出版社1999年版，第22页。

事人可以自由决定合同的内容；④变更或解除的自由，即当事人可以经由自由协商变更或解除合同，或可自由决定是否行使约定的、法定的解除权解除合同；⑤方式自由，即当事人有选择合同形式的自由；⑥争议解决方式的自由，即当事人可以经自由协商，以确定双方争议解决的具体方式是提起诉讼还是申请仲裁。

合同自由也不是绝对的、无限制的自由。我国实行社会主义市场经济，强调社会公平，注重社会公德，维护国家利益和社会公共利益，对合同的自由有诸多限制。例如，在我国的邮政、电信、供用电、水、气、热力、交通运输、医疗等领域所存在的强制缔约，在保险、运输等许多领域盛行的定式合同，都是对合同自由的限制。

（三）公平原则

《民法总则》第6条规定，"民事主体从事民事活动，应当遵循公平原则，合理确定各方的权利和义务"；《合同法》第5条规定，"当事人应当遵循公平原则确定各方的权利和义务"。这就是我国民法中的公平原则的基本表述。

公平原则是道德规范在法律上的反映，它指的是民事主体应根据社会公认的公平观念从事民事活动，以维持当事人之间的利益均衡；由当事人一方或第三方确定民事法律关系内容的，只有在符合公平原则时，才能对他方当事人发生法律效力。

外国民事立法对于公平原则大多设有明文规定。例如，《法国民法典》第1135条规定："契约不仅依其明示发生义务，并按照契约的性质，发生公平原则、习惯或法律所赋予的义务。"《德国民法典》第315条规定："由契约当事人一方确定给付者，在有疑义时，应依公平的方法确定之。依公平的方法确定给付者，其确定只于适合公平时始得对他方当事人发生拘束力。"该法第317条规定："给付由第三方确定的，在有疑义时，第三方应依公平方法确定之"，第319条规定："给付由第三方依公平方法确定的，如其确定显失公平时，对于契约当事人不发生效力。"可见，公平原则主要是针对民事主体间的合同关系提出的要求，是当事人缔结合同关系，尤其是确定合同内容时，所应遵循的指导性原则。

现代民法设立公平原则，旨在要求参与市场交易的当事人不要偏私，要兼顾双方的利益对等。在具体的民事法律关系中，当事人之间的权利义务和责任的分配是否公平合理，必须根据民事主体的平等地位和主观愿望而定，也就是说，当事人主观上愿意以此给付换取对待给付，谓之公平；反之，则为不公平。换言之，公平原则是以平等原则、自愿或意思自治原则为基础的，如果当事人之间的利益不平衡是当事人自愿的，则不能认为不公平。但是，公平的另一个标准又是客观的，即在双方当事人之间的利益分配依通常同类交易的标准极不对等时，则该交易可被认为是显失公平的。在这种情况下，有些国家认为交易是无效的，如上述《德国民法典》的规定；有的则仍然兼顾自主自愿原则，将那些"显失公平"的民事行为规定为可撤销的，如《合同法》第54条规定，当事人因缺乏经验或出于紧迫情况，所订立的合同显失公平的，当事人可以请求撤销或变更合同，其根据在于当事人订立合同时没有实现真正的意思自治和契约自由。

（四）诚实信用原则

《民法总则》第7条规定"民事主体从事民事活动，应当遵循诚信原则，秉持诚实，恪守承诺"；《合同法》第6条规定"当事人行使权利、履行义务应当遵循诚实信用原则"。

诚实信用原则，简称诚信原则，是指民事主体进行民事活动时必须本着诚实和善意进行，在行使权利时不侵害他人利益与社会公益，履行义务时信守承诺和法律规定，最终使当事人之间的利益得到平衡。

诚实信用原则在各国民法上大都有明文规定。如《法国民法典》第1131条规定"契约应以善意履行之"；《德国民法典》第242条规定"债务人须依诚实信用，并照顾交易惯例，履行其给付"；《瑞士民法典》第2条规定"无论何人行使权利履行义务，均应依诚实信用为之"；《日本民法典》本来没有规定诚信原则，但在1947年修订时增设第1条第2款，规定"行使权利，履行义务，应恪守诚实信用"；《南斯拉夫债务关系法》第12条规定"当事人在缔结合同关系及行使合同权利和履行合同义务时，应遵循诚实及信用原则"。应当说，诚实信用原则在现代各国民法典中已经成为一个不可缺少的一般条款，在立法和司法中都有着重要的作用。

诚实信用原则是市场经济活动中的道德准则，是道德准则的法律化。要求人们在市场经济条件下树立讲究信用、恪守诺言、诚实不欺的道德观念，以自己合法的财产、技术、知识、劳动去获取利益，任何人不得损害他人利益和社会利益以获得一己之利。我国传统交易道德中的"童叟无欺"就是诚实信用原则的具体体现。

诚实信用原则最早发源于罗马法，体现在一般恶意抗辩权中。在自由资本主义发展时期，《法国民法典》有关条文规定了善意原则，但该原则仅用于补充当事人的意思自治。到了19世纪末期，《德国民法典》和《瑞士民法典》完整地规定了"诚实信用"原则，并将其作为债法的基本原则。"二战"后，随着各发达国家进入现代化的市场经济时期，社会关系更为复杂，各种案件层出不穷，立法者穷于应付，更加倚重法官的能动性，其结果使诚实信用原则超越债法原则的地位，而成为适用于民法全部法律关系的基本原则，并被学者称为"帝王条款"。①

在现代民法上，诚信原则的功能体现在三个方面，即指导当事人行使权利和履行义务的功能，解释、评价和补充法律行为的功能，以及解释和补充法律的功能。首先，当事人在从事民事活动时必须本着诚实信用原则，相互尊重对方的利益，以对待自己事务的注意对待他人事务，不得损人利己，并兼顾个人利益与社会利益的平衡；其次，作为一般恶意抗辩权的延伸，诚信原则可用于解释、补充和评价当事人的民事法律行为，产生创造、变更、消灭、扩张和限制当事人约定的权利、义务和责任的效果；最后，诚信原则授予法官自由裁量权，从而使其不仅可以解释和评价当事人之间的法律关系，还可以解释法律和补充法律漏洞。一般而言，法律条文均极为抽象，运用于一个具体的案件时，必须结合案件加以解释，法官在进行解释时，必须受诚实信用原则支配，才能维持公平正义。另外，在立法欠缺或不完备的情况下，法官进行漏洞补充时，也必须以诚信原则为最高准则予以补充，其造法才不

---

① 梁慧星：《民法解释学》，中国政法大学出版社1995年版，第301-303页。

至于发生偏差。①

（五）公序良俗原则

《民法总则》第 8 条规定，"民事主体从事民事活动，不得违反法律，不得违背公序良俗"；《民法总则》第 10 条规定，"处理民事纠纷，应当依照法律；法律没有规定的，可以适用习惯，但是不得违背公序良俗"。这是公序良俗原则在民事立法上的体现。

所谓公序良俗原则，是指民事法律行为的内容和目的不得违反公共秩序和善良风俗。在现代市场经济社会中，它有维护国家社会的一般利益及一般道德观的重要功能。公序即公共秩序，以社会公益为核心，指社会之存在及其发展所必要的一般秩序；良俗，即善良风俗，指社会之存在及其发展所必须之一般道德，且须为现代社会所行之一般道德。公共秩序与善良风俗在大多数情况下，其范围是相同的，它们都以社会生活的健康发展为目标，并以社会公共利益为标准。不同之处在于，公共秩序是就外部的社会秩序方面言之，善良风俗则是就社会内部的道德观念而言。②

各国民事立法中大都规定了公序良俗原则。如《法国民法典》第 6 条规定，"个人不得以特别约定违反有关公共秩序和善意风俗的法律"；《德国民法典》第 138 条规定，"违反善良风俗的行为无效"；《日本民法典》第 90 条规定，"以违反公共秩序或善良风俗的事项为标的的法律行为无效"。

公序良俗原则是一项禁止性原则，其作用在于使违反社会公共秩序和善良风俗的行为无效。它作为现代民法一项重要的基本原则，与诚信原则相似，具有弥补法律漏洞、授予法官自由裁量权的作用。鉴于立法者在一定的历史时期不可能将一切损害国家利益、社会利益和道德秩序的行为以立法的形式作出禁止性规定，因此，为确保国家一般利益和道德秩序不受侵害，以及协调各种利益冲突，保护弱势群体，维护社会正义，就必须进行抽象立法，从而使法官可以直接运用该原则审理具体案件，判定违反公序良俗的民事行为无效。

---

① 梁慧星：《民法解释学》，中国政法大学出版社 1995 年版，第 308 页。
② 史尚宽：《民法总论》，中国政法大学出版社 2000 年版，第 300 页。

（六）绿色原则

《民法总则》第9条规定："民事主体从事民事活动，应当有利于节约资源、保护生态环境。"这是绿色原则在我国民事立法中的体现。

绿色原则以实现人与人、人与社会、人与自然之间的和谐相处为目的，把生态文明理念融入民法之中，适当扩大民法的调整对象范围，更多地关注环境资源问题，如更加注重动物和其他自然体的利益保护，并增加相应的制度保障。

民法是法律之母，而环境问题关涉环境资源权属、交易制度、人格权保护以及侵权行为等，环境保护与民法有着密切的联系，因此，环境问题对传统民法理念和制度的挑战越来越引起民法学界和环境学界的关注，这些挑战主要表现为：①对民法价值理论的冲击。依照传统民法的价值取向，当人的利益与自然的保护发生冲突的时候，是要把人的利益放在第一位的，这种纯"人类利益中心主义"的民法价值显然与当今时代解决环境问题的需要存在着明显冲突。②对民法调整对象的冲击。传统民法只限于调整人与人之间的社会关系，人与自然的关系不在民法的调整对象范围内，但是从根本上讲，自然与人的利益是息息相关的，我们要想真正保护人的利益，需要解决日益严重的环境问题，需要规范人与自然的关系，使之和谐相处。③对民法主体范围的冲击。传统民法调整的是平等主体之间的关系，认为动物和自然体不能成为民事主体，但是物种灭绝的速率日益惊人和生态破坏日益严重，且这种灭绝和破坏的后果是不可逆转的、难补救的，现实迫使我们不得不注重"生态利益"，不得不对传统的主客二分法理论重新审视。

在传统的法学理论中，往往倾向于运用公法的方式来调和人与资源之间的矛盾，但实际上运用公法来调整人与资源的关系存在一定的弊端。首先，从物质基础上看，公法往往将环境保护与社会利益相关联，而没有从个人利益的角度出发，因此，权利主体往往缺乏相应的积极性。其次，从法律运行的角度上看，公法往往是一些强制性的规定，而这些规定大部分要依赖于行政部门的执行，在利益的驱动下，一旦出现政府部门的失灵或权力寻租现象，就可能给不法行为披上合法的外衣而给环境造成难以弥补的创伤。因此，运用私法手段对人与资源的关系进行调节,在某种程度上可以起到比公法更加优越的作用。

人类社会在发展,而人类生存的环境却在日益恶化,新的环境问题不断出现,我们的法律体系需在发展中积极应对问题所产生的挑战。要实现对人类利益与生态利益的并重,就要在民法中融入绿色的环境观,真正走上保护人类利益和保护环境的可持续发展之路。

第五节　民法的渊源

民法的渊源一词有不同的含义,通常在法学上所说的法的渊源是指法的效力来源,包括法的创造方式和表现形式。这里讲的民法的渊源是指民法的表现形式,以下根据我国民法,结合学理,阐述我国民法的渊源。

一、制定法

(一) 宪法中有关民法的规定

宪法是国家的根本法,具有最高的法律效力,是民事立法的根据。宪法中有关基本权利的规定是否可以直接适用于民事法律关系,有不同的观点。有学者认为"鉴于宪法高于法律,理论上宪法应该能够直接适用于私人之间事务"。[①] 德国的通说为《德国基本法》一般并不直接涉及私人之间的法律行为,只有《德国基本法》第9条第3款是例外。这一款明确规定,旨在限制或者排除建立以维护和促进劳动条件或者经济条件为宗旨的社团(主要是工会和雇主联合会)的约定,是无效的。[②] 德国学者创立了"基本权利对第三人的间接效力"理论,这一理论认为:宪法上规定的基本权利不具有私法上的直接效力,基本权利在私法领域产生效力应以民法上的概括条款或者不确

[①] 〔法〕盖斯旦、古博:《法国民法总论》,陈鹏、张丽娟、石佳友等译,法律出版社2004年版,第204页。

[②] 〔德〕梅迪库斯:《德国民法总论》,邵建东译,法律出版社2000年版,第519页。

定性概念为"桥梁",通过法官对概括条款的"合宪解释",以宪法精神和内容充实之,将基本权利转化为私法规范,从而使基本权利对民事法律关系发生间接效力。① 本书作者认为应当借鉴基本权利对第三人的间接效力说,将宪法的有关规定通过民法的基本原则或者其他概括性条款作为"桥梁",使基本权利对民事法律关系发生效力。这样既维护了宪法的最高效力,又有利于保持民法的稳定性和灵活性。

(二) 民事法律

这里说的民事法律是指由全国人民代表大会及其常务委员会制定颁布的民事方面的规范性文件,如《民法总则》《合同法》等,其效力仅次于宪法。

有些法律从整体上看其性质属于行政法或者经济法,但是其中有关于民事方面的条款,也属于民法规范。例如,《中华人民共和国城市房地产管理法》中关于土地使用权出让、房地产转让、房地产抵押、房地产租赁等的规定,《中华人民共和国产品质量法》中关于售出产品不合格的损害赔偿、诉讼时效的规定等。

(三) 民事法规

根据宪法规定,国务院有权制定行政法规、发布决定和命令。在我国,行政法规专指作为国家最高行政机关即国务院所制定的一种规范性文件。"行政法规"一词是从规范文件的制定机关的性质而得名的,其内容不限于行政性质的规范,也包括民事规范,其效力次于民事法律。

国务院所属各部(委)在各自权限内所发布的规范性文件,称为部门规章,其中有些属于民事方面的规定。部门规章规定的事项应当属于执行法律或者国务院的行政法规、决定、命令的事项。

(四) 地方性法规中的民事规范

省、自治区、直辖市和较大的市的人民代表大会及其常务委员会制定的

---

① 参见张翔:"基本权利在私法上效力的展开",载《中外法学》2003年第5期,第544页;〔德〕拉伦茨:《德国民法通论(上册)》,王晓晔、邵建东、程建英译,法律出版社2003年版,第110-111页;王泽鉴:《民法总则》,中国政法大学出版社2002年版,第48-49页。

地方性法规中,有些属于民事规范,这些规范不能与宪法、法律和行政法规相抵触。

(五)特别行政区的民事规范

根据"一国两制"的方针,1997年和1999年我国先后对香港、澳门恢复行使主权,设立香港特别行政区和澳门特别行政区。根据《中华人民共和国香港特别行政区基本法》和《中华人民共和国澳门特别行政区基本法》的规定,港澳两地的法律制度基本不变。两地的原有法规中有大量的民法规范。根据《中华人民共和国香港特别行政区基本法》第18条和《中华人民共和国澳门特别行政区基本法》第18条的规定,全国性法律除列于两个基本法附件三者外,不在两个特别行政区实施,而这两个基本法的附件三中列举的法律,没有民事法律规范。

(六)国家机关对民事法律规范的解释

根据我国现行法律规定,我国的法律解释分为立法解释和司法解释。在我国有些民事法律内容较为简要的情况下,最高人民法院的司法解释弥补了法律的不足,对实践中出现的新问题的处理起着积极作用。

(七)国际条约中的民事法律规范

国际条约是国际法的主要渊源,不属于我国国内法范畴。但是通过法定程序,国际条约可以具有与国内法同样的拘束力,因此也成为我国民法的渊源之一。《中华人民共和国民事诉讼法》第260条规定:"中华人民共和国缔结或者参加的国际条约同本法有不同规定的,适用该国际条约的规定,但中华人民共和国声明保留的条款除外。"例如,我国参加缔结的《联合国国际货物销售合同公约》,就是我国处理涉外买卖合同关系的一种民法渊源。

二、习惯

作为民法渊源的习惯是经有权的国家机关认可,赋予其民事法律规范效力的习惯。有些国家的民法明文规定习惯是民法的渊源,法律无规定时,依习惯。《民法总则》第10条规定:"处理民事纠纷,应当依照法律;法律没有规定的,可以适用习惯,但是不得违背公序良俗。"《合同法》第61条规定:"合同生效后,当事人就质量、价款或者报酬、履行地点等内容没有约定或者约定不明确的,可以协议补充;不能达成补充协议的,按照合同有关条款或者交易习惯确定。"

三、判例

我国是否应当实行判例法制度,学术界认识不同。民法学界有一种观点认为我国应当实行判例法制度,主要理由是判例法与成文法并重是近代立法发展的趋势,成文法不可能概括民法调整的全部社会关系,判例法制度具有提高审判效率、灵活地适应新情况等优点;如果排斥判例法作为法律的渊源,审判人员的自由裁量权太大,不利于法律的统一。有的学者还认为最高人民法院的判例事实上是民法的渊源。主流观点认为我国不应当实行判例法制度,主要理由是判例法制度不适合中国现行政治制度,中国没有判例法历史传统,判例法制度对法官的培训要求很高,判例法制度不民主,等等。本书作者赞成后一种观点。当然,我们应当强化判例的作用,以弥补成文法的不足,《中华人民共和国最高人民法院公报》发布的民事判决实际上对各级人民法院裁判民事案件具有普遍指导意义。

四、法理

法理是指法的原理。作为民法渊源的法理,是由立法精神演绎而形成的处理民事关系的原理,作为民法渊源的法理的作用在于弥补民法法律规定之不足。《瑞士民法典》第1条第2款规定,如本法无相应规定时,法官应该依据惯例;如无惯例时,依据自己作为立法者所提出的规则裁判。该法典第3款还规定,在前款情况下,法官应依据经过实践确定的学理和惯例。我国"民国时期"的"民法典"规定,民事,法律所未规定者,依习惯;无习惯者,依法理。我国民法没有规定法理是民法的渊源,但是法理对于解释民法和裁决民事案件实际上起着重要作用。

第六节 民法的效力

民法的效力,又称民法的适用范围,是指民法发生效力的范围,即民法对什么人、在什么地方和在什么时间发生效力。

一、民法对人的效力

民法对人的效力是指民法适用于哪些人。民法对人的效力,包括对中国人、外国人和无国籍人的效力。我国民法对人的效力,采用许多国家所采用的原则即以属地主义为主,其与属人主义、保护主义相结合的原则。

在我国领域内有中国国籍的自然人,依据我国法律设立的中国法人和其他组织相互之间的民事法律关系,均适用我国民法。外国人、无国籍人在我国领域内的民事关系,一般适用我国法律,但法律另有规定的除外。我国自然人、法人在国外发生的民事关系,一般适用所在地国家的法律,但法律另有规定的除外。

二、民法在空间上的效力

民法在空间上的效力,又称民法对地的效力,是指民法在什么领域内适用的问题。民法作为国家的基本法律,原则上应适用于一国的全部领域。《民法总则》第12条明确规定:"中华人民共和国领域内的民事活动,适用中华人民共和国法律。法律另有规定的,依照其规定。"这就是说,原则上我国民法普遍适用于中华人民共和国的全部领域。

民法的空间效力范围,一般遵循主权原则,原则上只能在本国领域内适用。但是,根据国际法,也会有些例外。民法对空间的效力,可能因民事法地位的不同而不同。民事普通法,即全国性的民事法一般适用于全部国土;地方性的民事法往往只适用于特定区域。在我国,一些专项立法往往也只适用于特定空间范围,例如,《中华人民共和国城市房地产管理法》只适用于我国城市房地产的特定区域。

三、民法在时间上的效力

民法在时间上的效力是指民法生效时间和失效时间,以及民事法律规范对其生效前发生的民事关系有无溯及力。

(一) 民法生效的时间

民事法律规范生效的时间一般根据其性质和实际需要而定。民事法律规范的生效时间主要有以下两种类型:①自民事法律规范公布之日起开始生效。有些民事法律规范的施行不需要准备工作,自公布之日起生效;②民事法律规范公布后经过一段时间后生效。有些民事法律规范涉及面广,情况比较复杂,需要经过一定准备时间才便于实施的,明文规定法律颁布后的某个时间生效。

(二) 民法失效的时间

民法失效的时间是指民事法律规范效力终止的时间。民事法律规范失效的时间主要有以下三种类型:①新法直接规定废止旧法;②旧法规定与新法相抵触的部分失效;③由国家机关颁布专门的决议规定,宣布某些法律失效。

另外,如果新法与旧法规定相冲突时,应适用"新法优于旧法""后法优于前法"的原则,以新法、后法为准,这在学理上称为默示废止。

(三) 关于民法的溯及力问题

我国的民事法律规范贯彻法律不溯及既往的原则,一般没有溯及力,但也有例外。通常我国民事法律规范的追溯力,体现为"有利追溯"原则。所谓有利追溯原则,是指如果民事法律规范具有追溯力,有利于保护民事权益,就使其具有追溯力。

第二章 民事法律关系总述

第一节 民事法律关系在民法学中的地位

德国学者萨维尼在理论上首次系统地使用法律关系概念是在私法领域。后来法律关系概念被法理学和其他部门法学广泛采用，苏联民法学者首创民事法律关系概念，我国民法学者多采用此概念。

不论是自然人、法人或者其他组织，在其成立、生存或存续期间，都不可避免地会与其他民事主体发生内容不同、性质各异的法律关系，某些关系受到民法的禁止，某些关系受到民法的容忍，某些关系受到法律的鼓励和推崇。这些合法的、受民事法律调整的法律关系就是民事法律关系。例如，自然人从出生到死亡，法人从登记成立到宣布解散，无时无刻不处在各种民事法律关系中，所以只要人在社会中生活，也就无时无刻不处在民事法律关系的网络之中。

民事法律关系是民法的基础核心概念，是私法调整私人相关民事法律行为的基本工具和最主要手段，拉伦茨教授将民事法律关系视为私法的"第二个基本概念"[①]，郑玉波先生也在文章中指出：民法学所研究的、民事立法所

[①] 拉伦茨教授不同意冯·图尔教授将权利视为私法第一个基本概念的观点，而认为作为"权利主体"的人才是私法的第一个基本概念，并进而将法律关系视为私法的第二个基本概念。之所以得出这样的结论，拉伦茨教授解释说：权利为法律关系所包含，其仅仅是法律关系的组成部分，且权利并非法律关系之全部内容，除权利之外，法律关系还包含权能、法律义务和负担性义务等非独立权利的内容。拉伦茨教授还指出，冯·图尔教授自己也确曾明确指出"权利使自己继续发展成法律关系"。参见〔德〕拉伦茨：《德国民法通论》，王晓晔、邵建东、程建英等译，法律出版社2003年版，第255页。

规定的无外乎也是民事法律关系。① 徐国栋教授称民事法律关系为"民法的枢纽型制度"②。梁慧星教授着重从民事法律关系对于民事主体的重要意义的角度进行分析认为,民事法律关系是现代社会中最为重要的一种社会关系,民事主体,如自然人和企业,无时无刻没有处在民事法律关系的巨大网络之中,民事法律关系对每一个参加民事行为的民事主体都具有极其重要的意义。③ 王利明教授着重从民事法律关系对于我国民法体系构建的意义角度进行分析认为,民事法律关系是整个民法逻辑体系展开与构建的基础,对整个民法学的建立和发展都具有重要意义,是一种基本的思维模式和思考方法。④ 李开国教授也指出,从民事法律关系的动态角度来看,全部民法规范都是具有民事法律关系的规范。⑤

一、民事法律关系释义

(一) 法律关系

梁慧星教授在《民法总论》一书中,这样写道:"何谓关系?人与人之间生活生产上之联系也。若世界上只有一个人,比如鲁滨逊漂流荒岛,自无所谓与他人关系可言。必须我之外还有你,你之外也还有他,而我你他又非处于相互隔绝之孤立状态,亦即彼此间于生活上时时之联系,这就是社会关系。"又如卢梭在《社会契约论》中所言:"当第一个人主张土地所有权为自己所有时,就与其他人发生了一种社会关系。"社会关系极为错综复杂,包括宗教关系、师生关系、同学关系、朋友关系,等等,法律关系也只是极其复杂的社会关系的一种。所谓法律关系是法律在调整人们之间的社会关系的过程中,所形成的一种特殊的社会关系,法律上所体现出人与人之间的权利与义务关系。这就是法律关系与其他关系区分的本质所在。

---

① 郑玉波:《民法总则》,中国政法大学出版社2003年版,第93页。
② 彭万林主编:《民法学》,中国政法大学出版社2007年版,第49页。
③ 梁慧星:《民法总论》,法律出版社1996年版,第47页。
④ 王利明:《民法总则研究》,中国人民大学出版社2003年版,第174-176页。
⑤ 李开国:《民法学》,西南政法大学1995年印行,第76页。

(二) 民事法律关系

在民事法律关系概念的界定上,争议很大,一直以来我国法学家存在着很多不同的观点。如佟柔先生的"对象说"认为民事法律关系是民法调整的具有民事权利义务内容的具体的平等社会关系。他认为民事法律关系是民事社会关系在法律上的表现。王利明先生在《民法新论》一书中也主张与佟柔先生一样的观点。该观点抓住了民事法律关系调整的对象是社会生活中具体的平等主体之间的社会关系的要点,利于实践和操作。第二种观点是"结果说",认为民事法律关系是民法对平等主体财产、人身关系调整的结果。第三种学说是"模式说",指出民事法律关系是民法调整和保障当事人之间民事权利义务而逐渐形成的法律模式。

民事法律关系是平等主体之间发生的,符合国家相关民事法律规范的,以权利义务为内容的市民社会关系,是民法对平等主体间的财产关系和人身关系加以调整后所形成的结果。于是,在界定民事法律关系时,民事关系和民事法律关系之间的区别便尤为重要。《民法总则》体现出民法的调整对象的范畴应当是民事关系。如《民法总则》第1条规定:"为了保护民事主体的合法权益,调整民事关系……制定本法",而民法对民事关系调整的结果这一范畴则是民事法律关系。调整对象和调整结果的不同含义更明确地体现了民事法律关系与民事关系之间的差别,体现出民事法律关系是民法对平等主体之间权利义务归属进行调整规范的结果。即是说,民法的调整对象是平等主体之间的财产关系和人身关系,而民法对其调整的结果则是规定出双方之间的民事权利义务关系,即民事法律关系。

当然,民事法律关系的概念也可以在两个不同层面上使用,即民法人常说的规范层面和事实层面。所谓规范层面上的民事法律关系是指通过民法规范本身所表现出的模型化的一般权利义务法权结构关系。民法规范社会生活的方法,主要还是通过大量的法律规范,将社会上存在的由民法调整的众多利益、权利、义务上升到法律规范,建立起相应的受一个国家民众普遍接受的权利义务模型体系,以法律规范中法权模式告知人们在何种行为下可以得到何种法律上的支持、容忍或者反对的后果,从而使人们实施正常行为,回避反常和不法行为。例如,《民法总则》规定的财产自物权、财产他物权、知识产权、人身权、债权等都是规范层面意义上的静态的民事法律关系,此种民事法律规范是从市民社会大量的人际交往和对待关系中综合、归纳、抽象、概括,以法律的权威性固定下来而形成的;也有以国家立法程序对人们行为中不符合公序良俗的行为直接否定和重新规制,设定规范意义上的权利义务分配,而形成基于市民社会,由法规确定下的导向模型体系。事实层面上的民事法律关系与规范意义层面上的民事法律关系相对应,是民事主体通过相应的法律事实,将规范意义层面的民事法律关系在社会生活中具体化、实践化的结果。例如,《合同法》规定有买卖合同关系双方付款与交付权利义务的对应,此种法律中对双方权利义务关系的确认即是规范意义层面上的民事法律关系,而消费者前往商店购物,付款后带走所购之物所形成的事实上的买卖关系,虽没有正式的文本合同,但不能以此否定双方的购买行为不是合同法中买卖关系法律在现实社会中的体现和实际运用,此种事实的购买行为就是事实层面上的民事法律关系。于是规范意义层面上的民事法律关系的具体化和实在化,则产生了事实层面上的民事法律关系,事实上的民事法律关系只有符合规范意义上的民事法律关系,才能产生相对人所期望的积极结果,若事实层面的法律关系与规范意义中民事法律关系塑造的民事权利义务模型不相吻合,不仅不能获得民法的充分肯定与保护,甚至可能受到民法的反对和强制性矫正。

二、民事法律关系是民法的核心和灵魂

民事法律关系是由民法规范调整的社会关系,也就是由民法确认和保护的社会关系。国家制定各种民事法律规范的目的是要求人们以其为根据设立各种民事法律关系,将人们的行为纳入民法调整的法律轨道。民事法律关系是民法学研究的中心问题,是民法的核心和灵魂。

(一)民事法律关系是整个民法逻辑体系展开与构建的基础

私法的核心概念是权利还是法律关系,在法学史上存在着一个反反复复的认识过程。萨维尼认为,权利的深层次基础在于法律关系,萨维尼的私法

体系是在区分法律关系的基础上构建的。在冯·图尔于1910年提出权利是私法的核心概念之前，法律关系是居于私法的核心位置的，后来民事权利的地位上升，法律关系丧失了其自萨维尼时代以来的核心地位。① 近代以来，越来越多的学者对权利的核心地位提出了批评，有些人主张应当用法律关系来取代权利，变法律关系为核心概念。拉伦茨曾言："私法的第一个基本概念是作为'权利主体'的人，即权利的所有者和义务的承担者，第二个基本概念就是法律关系。"② 本书作者认为，民法的核心概念之争其实产生于观察角度的不同，即价值理念和学科技术这两个民法的观察角度。从民法的价值理念角度观之，民法应以权利为本位，民法的核心概念应是权利；从民法的学科技术角度观之，民法应以民事法律关系为基石构建民事法律规范的体系结构，民法的核心概念应是民事法律关系。我们在进行民法研究时，研究制定民事法律规范是为了处理各种民事方面的社会关系，正确处理民事权利、民事义务和民事责任的关系，可见，民法研究中，民事法律关系处于核心地位。

以民事法律关系构建民法体系的方法是由注释法学派提出的。潘德克顿学派一个最伟大的贡献就在于，以法律关系的要素作为构建民法典总则体系的骨架。也就是说，潘德克顿学派将整个法律关系的理论运用到法典里面去了，构建了一个完整的民法典体系结构。具体来说，在总则中根据法律关系的要素确立了主体、行为、客体制度，然后在分则中确立了法律关系的内容，该内容主要是民事权利，具体包括债权、物权、亲属权、继承权，当总则中的主体、行为、客体与分则中的权利结合在一起就构成了一个完整的法律关系。由于法律关系的各种要素都已具备从而形成完整的法律关系，这种构建模式体现了潘德克顿体系的严谨性和科学性。在我国民法典制定过程中，这种体系化的构建模式对我们具有重要的指导意义。为此，我们需要以民事法律关系为民法典体系构建蓝本，整合现行的零散的民事法规，建立逻辑清晰、结构严

---

① 申卫星：《期待权基本理论研究》，中国人民大学出版社2006年版，第17-18页。
② 〔德〕拉伦茨：《德国民法通论（上册）》，王晓晔、邵建东、程建英等译，法律出版社2003年版，第255页。

密、体系完整的民事权利体系。

(二) 民事法律关系理论对整个民法学的建立和发展具有重要意义

民事法律关系是民法学的基本概念和基础理论,民法体系庞大,内容纷繁,民法学博大精深,掌握了民事法律关系理论,就掌握了打开民法殿堂的钥匙,就能把握民法和民法学的主线和脉络,达到纲举目张、以简驭繁的功效。"法书万卷,法典千条,头绪纷繁,莫可究诘,然一言以蔽之,其研究和所规定者,不外法律关系而已。"① 民法学作为以民法为研究对象的学科,不是鼓励研究个别的民法规范,而是从整体着眼将民法体系作为研究的对象,而法律关系正是贯穿始终的一根红线,它将民事主体、客体、行为、各种民事权利等诸多要素整合为一体,形成清晰的脉络。民法学作为具有自身特点与体系的独立学科,其研究体系与论述方式的展开也是建立在民事法律关系各项要素的基础上的。民法学在一定意义上就是民事法律关系之学。

(三) 民事法律关系是解决实践问题的基本思维模式与思考方法

处理民事案件的核心是处理民事法律关系。处理民事案件,首先需要搞清楚案件的性质是否为民事法律关系。如果不是民事法律关系,就不能适用民法处理案件;如果是民事法律关系,需要识别是哪种民事法律关系,是物权关系还是合同关系,是买卖合同关系还是赠与合同关系等。在此基础上分析案件的全部事实,根据有关法律或者当事人的约定,确定当事人各有什么权利、义务,谁应承担民事责任。这是正确处理民事案件的基本思维方法。

司法审判人员在处理民事纠纷时,都需要将当事人置放在具体的民事法律关系中,分析该具体法律关系的主体、客体以及当事人的权利义务关系,把握权利的产生、变更、消灭,这样才能公正裁判,正确地解决各种民事纠纷。例如,在解决某个纠纷时,首先需要判断涉及纠纷的是侵权法律关系还是违约法律关系,如果是合同关系,那么究竟是一个合同关系还是两个合同关系,该合同关系的内容、性质究竟为何,这就是正确审理民事案件应当遵循的基本思路。

---

① 郑玉波:《民法总则》,中国政法大学出版社2003年版,第93页。

第二节 民事法律关系的特征和分类

民事法律关系是现代社会中最重要的一类社会关系，也是与人们生活最密切相关的一类社会关系。人自出生开始就会发生各种各样的民事法律关系，如各种人格和身份关系，成年后还会直接同企业发生各种合同关系等。企业要生存，也必然会和其他企业或个人发生因投资或贸易而产生的各种合同关系，以及技术转让和许可使用关系，等等。因此，民事法律关系是生活在法制社会中的每个人都不可避免的，对于每一个自然人和法人都具有非常重要的意义。

一、民事法律关系的特征

（一）民事法律关系的主体地位的平等性

这是民事法律关系之为民事的最本质特征，由民法本身所调整的社会关系即具有平等性和民事立法奉行的平等原则所决定。其平等性主要表现在四个方面：第一，任何民事主体在民法上都具有法律所认可的独立的法律人格，国家机关、企事业单位、任何社会团体和公民个人，一旦进入到民事规范领域，就当然地成为了完全独立的民事主体，其独立的法律人格受法律和国家的保护。第二，任何民事主体在民事活动中都具有平等的法律地位，没有高低之分，没有贵贱之别，任何民事主体都不能凭借其政治上或者经济上的优势地位拥有超越其他主体的权利。第三，任何民事主体在民事领域的行为而导致所享有的权利义务都应当是对等的，没有只享受权利不履行义务的主体，也必然不存在只履行义务不享受权利的主体。第四，任何民事主体所取得的民事权益平等地受到法律的保护。不能在一个案件中，同等的事实却受到不同等的对待和权利保护。

（二）民事法律关系主要是财产关系

在民法中，财产的归属是社会稳定和人之生存的最根本要件，财产关系自人类开始确立财产意识之时便在民法体系中占据着主导地位,而且人身关系的发生大部分也是以财产关系作为发生前提,对人身关系的破坏之最后处理结果也依然是以财产关系进行相应补偿。与此不一样,刑事法律关系、行政法律关系其调整的主要不是直接的财产关系。

(三) 民事法律关系的保障措施主要具有补偿性质

由于民法以公平正义为价值追求,调整的是平等主体之间的关系,因而当民事法律关系被破坏之时,法院的惩罚又会导致对其他主体的不公平。因而,民事法律关系主要是以补偿损失为主。一旦涉及惩罚,则必然衍生出当事人一方对另一方的苛责和不公平,也就脱离了民法范围而进入了行政法甚至刑法领域。

(四) 民事法律关系具有一定的任意性

民事法律关系虽然为民法规定,反映了国家意志,但其通常也以反映当事人的意识为主。民法对每一个民事主体给予的都是慈母般的关怀,给予自然人或者法人以足够的宽容和限度。无论是对民事法律关系的缔结,或者对民事法律关系的变动,或者对权利内容的处分,民事主体在民法的容忍限度之内都是自由的,有自决、自主、自由的权利。只是在不同类型的民事法律关系中,当事人充分表达自己意识的自由是不尽相同的。例如,在债权特别是合同法律关系之中,当事人有充分的自主自治权。但在物权法律关系中,物权法定原则的实际适用导致当事人的自由程度会受到一定的限制,会影响到民事法律关系任意性作用的充分发挥。

二、民事法律关系区别于其他法律关系

民事法律关系主要体现的是平等主体之间的关系,与其他法律关系的区别主要在于行政法律关系和刑事法律关系调整对象不同。

行政法律关系主要是指受行政法规调整的行政关系,具体说来,行政法律关系是受国家行政法律规范调整的,因行政主体在实施国家所赋予的行政权力、依法管理社会过程中与行政相对人之间发生的权利义务归属关系。其主体是指在具体的行政法律关系中权力的享有者和对应义务的履行者,主

要体现了主体之间的不对等性和强制约束性。有别于民事法律关系所追求的平等和自由。

刑事法律关系是指由国家刑事法律法规规定并加以调整的，因违法犯罪行为引起，控罪主体与被控主体为解决犯罪是否构成和刑事责任如何承担而形成的一种国家与罪犯之间的社会关系。刑事法律的威严和绝对不可侵犯性具有客观性，其产生不以当事人的意志为转移，而应当严格依照法律本身规定确定权利义务关系，绝对不允许协商改变刑事立法以及适用。同时刑事法律关系具有明显的强制性和不平等性，以惩罚教育为主，以暴力为主要手段，体现的是国家对专政对象的严厉打击，当然不同于民法慈母般的关怀和容忍。

三、民事法律关系的分类

民事法律关系可以按不同的标准进行分类，民事法律关系的分类，对于把握具体民事法律关系的性质和特点，了解当事人之间的相互关系和正确适用法律都具有意义。

（一）财产法律关系和人身法律关系

根据民法调整对象的不同，民事法律关系可以区分为财产法律关系和人身法律关系。财产法律关系是指因财产所有和财产的流转所形成的、满足民事主体财产利益需要的民事法律关系。如财产所有权关系、租赁关系、借贷关系、买卖关系等。由于民法主要调整财产关系，因此，财产法律关系在民事法律关系中占有很大的比重。人身法律关系是指与民事主体的人身不可分离、为满足民事主体的人身利益所形成的民事法律关系。如因人的姓名、名誉、荣誉而发生的关系，因发明、发现以及因创作出科学、文学、艺术作品而发生的法律关系中的人身权利义务方面，都属于人身法律关系。虽然这类关系不具有直接的物质利益内容，但并不表示与人的物质利益不发生联系。

区分财产法律关系和人身法律关系的意义在于：

（1）两类关系中权利的性质不同。财产法律关系中确立的权利是财产权利，通常是可以转让的；人身法律关系中确立的权利是人身权利，通常人身权利与权利主体的人身是不可分离的，人身权利是不能转让的。

（2）对这两类关系的保护方法不同。财产法律关系受到破坏时，主要适用财产补救法，通过返还原物、赔偿损失等民事责任的方式加以保护；人身法律关系受到侵犯，主要通过恢复被侵害的权利的方式来保护。

（二）绝对法律关系和相对法律关系

根据民事法律关系义务主体的范围不同，民事法律关系可以区分为绝对法律关系和相对法律关系。绝对法律关系，是指与权利人相对应的义务人是权利人以外一切不特定人的民事法律关系。在这种法律关系中，它提供给一个人对于所有其他人的权利，它是法律保证给一个特定人的自由空间。权利人无须义务人的积极协助，即可直接行使和实现其权利；义务人则是一切不特定的人，其义务一般表现为消极的不作为，即尊重权利，不实施任何妨碍权利人行使和实现其权利的行为。所有权关系、人格权关系通常都属绝对法律关系。相对法律关系，是指与权利人相对应的义务人是特定的人的民事法律关系。在这种法律关系中，参与法律关系的主体通常是特定人，其中权利人必须由具体的义务人积极协助才能实现其权利，义务人只是特定的一人或数人，其他人对权利人则不负有积极义务，如债权关系。

（三）物权关系和债权关系

根据权利的实现方式，可以把财产法律关系区分为物权关系和债权关系。物权关系是指权利人可以直接支配物，不需要义务人实施某种积极行为予以配合即可行使并实现其权利的法律关系。显然，它是一种绝对的民事法律关系。债权关系，是指权利人必须由义务人的一定行为相配合，才能行使和实现其权利的民事法律关系。义务人的一定行为通常是积极的行为，所以债权关系属于相对法律关系。区分物权关系与债权关系的意义在于，物权和债权作为两类基本的财产权有不同的特点。正是根据这种分类，民法中建立了物权和债权两种法律制度，分别对其进行有针对性的法律调整。

第三节 民事法律关系的构成

一、民事法律关系构成释义

民事法律关系的构成是指形成一个民事法律关系的各项必要条件，或者说是要素。任何民事法律关系都是由几项特定的要素构成的，要素发生变化，具体的民事法律关系就随之变化。民事法律关系的构成问题就是指民事法律关系的构成要素问题。

关于民事法律关系的要素，学者有不同的观点。有的认为，法律关系之构成，分为动和静两种要素。静的要素为主体与客体，动的要素为民事法律关系的变动与变动之原因。由此可知，民事法律关系的要素包括：主体、客体、内容、变动与变动之原因。① 这被称为五要素说。有的学者则认为，民事法律关系的要素为主体、客体和内容三部分。② 这被称为三要素说。二者的分歧主要在于民事法律关系的要素应否包括民事法律关系的变动及其变动的原因，即究竟是应该仅从静的方面来研究民事法律关系的要素问题，还是应该从动、静两个方面入手来研究该问题。下面我们就具体分析这两种不同的观点。

二、民事法律关系的三要素说

（一）民事法律关系的主体

民事法律关系的主体，又称民事主体，是指参加民事法律关系，享受民事权利并承担民事义务的人，即民事法律关系的当事人。

民事法律关系是人与人之间经由民法调整而形成的社会关系，因此，必

---

① 梁慧星：《民法总论》，法律出版社2001年版，第49页；郑玉波：《民法总则》，三民书局1979年版，第63页。
② 王利明：《民法》，中国人民大学出版社2000年版，第42页；郑立、王作堂：《民法学》，北京大学出版社1995年版，第32页。

须有作为法律关系主体的人的参加，才能在主体之间建立法律关系。因此，民事主体是构成民事法律关系的首要要素。而且，民事法律关系的主体必须是双方的，只有一方主体不能构成法律关系。任何一方主体均可以是单一的，也可以是多数的。例如，在债权债务关系中，债权人和债务人都既可以是一个人，也可以是几个人。民事法律关系为民事权利义务关系，民事主体为民事权利义务的承受者，享有权利的一方是权利主体，承担义务的一方是义务主体。在某些民事法律关系中，一方只享有权利，而另一方只承担义务，如不附条件的赠与。不过，在大多数民事法律关系中，双方当事人通常都既享有权利，又承担义务，即在同一民事法律关系中既是权利主体又是义务主体。

民事法律关系的主体为人。但这里所说的"人"，与生物学意义上的人是不同的。作为民事主体的人是法律确认的，在社会生活中可以以自己的名义承受权利义务的人，具体包括以下几类。

1. 自然人

自然人是指因出生而获得生命的人类个体，即生物学意义上的人，它是民事法律关系最重要的参与者。自然人从出生时起到死亡时止，具有民事权利能力，依法享有民事权利，承担民事义务。

2. 法人

法人是与自然人相对应的概念，是指由法律赋予民事权利能力和行为能力的自然人的集合体或称组织，它有自己的名称、机构、场所、独立的财产和独立承担民事责任的能力，因此，可以作为独立的民事主体参与民事法律关系，享受民事权利和承担民事义务。

3. 非法人组织

非法人组织是指那些不具备法人条件的组织体，如各种类型的合伙以及以户为单位的家庭成员的共同经营体等。这些组织既不是自然人，也不是法人，而是介于公民与法人之间的另一类民事主体。

4. 国家

国家是特殊的民事主体。因为国家既是国家主权的代表，同时又是国家财产的所有者，在特定情况下，还直接参与债的法律关系（如国家债券的发行）。因此，当国家参与民事活动时，它就成为了民事法律关系的特殊主体。

（二）民事法律关系的内容

民事法律关系的内容，是指民事主体在民事法律关系中所享有的民事权利和负担的民事义务。民事法律关系是一种权利义务关系，如果仅有法律关系的主体，而主体之间并无民事权利义务存在，仍不能发生民事法律关系。因此，民事法律关系的内容是构成民事法律关系不可缺少的要素。

1. 民事权利

民事权利，是指民事主体为实现某种利益而依法为某种行为或不为某种行为的自由。权利人可以依法直接享有某种利益，也可以通过请求义务人为一定行为或不为一定行为来保证其享有实现某种利益的自由。因此，民事权利的内容是法律为保障民事主体实现某种合法利益而允许其行为的界限，在这个界限内，民事主体享有充分的自由。

2. 民事义务

民事义务，是指义务人为满足权利人的利益而为一定行为或不为一定行为的必要性。义务人必须依据法律的规定或合同的约定，为一定行为或不为一定行为。因此，民事义务的内容是民事主体为了实现其他民事主体的权利而使自己的意志受到限制的状态，它是强制性的，任何不履行民事义务的人都将依法承担法律责任。

3. 民事责任

民事责任是违反约定或者法定义务所产生的法律效果，狭义的民事责任，即是民事义务，广义的民事责任还包括使用强制执行的公力救济。与其他法律责任相比较，民事责任有如下特征。

（1）民事责任是不履行义务的法律后果。在行为规范中，应当实施的行为，属于义务而非责任，只有当事人不法地不履行义务时，方发生责任。因此，责任存在于裁判规范中，司法机关是依裁判规范而非行为规范课以当事人责任。

（2）民事责任属于公力救济。责任对应的是公法上的制裁，义务对应的是私权，民事责任的判处和执行依赖于国家公权力。

（3）民事责任的效果，是救济权人得以公力救济方式诉请执行机关予以强制执行。凡权利人以自己的力量实施的救济，属自力救济，公力救济所实施的强制执行，即是民事责任。

任何民事法律关系都包含民事权利和民事义务两方面的内容。在民事法律关系中，权利的内容是通过相应的义务来表现的，义务的内容则由相应的权利来限定。民事权利和民事义务相互对应地存在于同一个法律关系中，同时约束着民事法律关系的主体。例如，在买卖关系中，买方和卖方都既是权利主体又是义务主体。买方享有请求卖方交付标的物并转移标的物所有权的权利，同时负有支付价款的义务；卖方负有交付标的物并转移标的物所有权的义务，同时享有收取价款的权利。交付标的物和支付价款的权利义务就是买卖关系的内容。因此，民事权利和民事义务是从不同的角度来表现民事法律关系的内容的。

作为民事法律关系内容的民事权利与民事义务决定着法律关系的性质，是划分各类民事法律关系的重要依据。法律关系的主体或客体的变动最终都体现在民事权利义务的变动上。因此，可以说民事法律关系的内容在民事法律关系的诸要素中居于主导地位。[①]

（三）民事法律关系的客体

民事法律关系的客体，是相对于民事法律关系的主体而言的，指的是民事权利和民事义务共同指向的对象。

一般来说，民事主体是为了某一对象才彼此设定一定的权利义务，从而建立民事法律关系的。在这里，权利、义务所指向的对象，便是民事法律关系的客体。例如，甲乙双方签订买卖房屋的合同。在这一民事法律关系当中，房屋便是双方权利义务指向的对象——客体。如果仅有主体和内容，而无客体，那么主体间的这种权利和义务是没有任何意义的，因此，民事法律关系的客体也是构成民事法律关系的不可缺少的要素。

民事法律关系的客体主要有物、行为、智力成果和特定的精神利益等。

1. 物

民法上的物，是指人们可以控制、支配并能满足人们需要的物质对象。

---

① 郭明瑞、房绍坤、唐广良：《民商法原理（一）：民商法总论·人身权法》，中国人民大学出版社1999年版，第91页。

物是最主要的民事法律关系客体，大部分民事法律关系的客体都是物。例如，所有权法律关系的客体是物，许多合同法律关系的客体也是物。

2. 行为

民法上的行为是指权利人行使权利的活动以及义务人履行义务的活动。行为主要是债权法律关系的客体。例如，在运输合同中，承运人将货物运达指定地点的行为是合同的客体；在保管合同中，保管人保管被保管财产的行为是合同的客体。在以行为为客体的民事法律关系中，行为大都以物作为对象，例如，被运输的货物、被保管的财产等，但它们不是民事法律关系的客体，而是民事法律关系的标的。

3. 智力成果

智力成果是指人们通过智力劳动创造的精神财富或精神产品，是由智力劳动者对其成果依法享有的一种权利，依靠智力成果产生的权利叫知识产权。例如，著作权关系和发明权关系的客体分别为著作、发明，这些就是智力成果。

4. 特定的精神利益

特定的精神利益主要包括人格利益与身份利益。其中，人格权关系的客体为人格利益，如生命、健康、肖像、名誉、荣誉等；身份权关系的客体为身份利益，如父母子女关系和婚姻关系中都涉及特定身份所带来的利益，如子女和配偶受抚养和扶养的权利。

三、民事法律关系的五要素说

在民事法律关系的要素问题上，持五要素说的学者认为，民事法律关系的要素除了主体、内容和客体以外，还应包括民事法律关系的变动和变动的原因。

鉴于上文已对民事法律关系的主体、内容和客体做了详尽地叙述，本部分将略去这一内容，主要介绍五要素中的后两个要素——民事法律关系的变动及变动的原因。

（一）民事法律关系的变动

民事法律关系的变动，是指民事法律关系的设立、变更和终止。民事法律关系的变动通常产生民事权利和民事义务变更的结果，而民事权利的变动是民事法律关系变动所产生的最主要的法律效果。① 在此仅对民事权利的变动作概括性的说明。

1. 民事权利的取得

民事权利的取得，是指某项权利归属于某主体。权利的取得分为原始取得和继受取得。权利的原始取得，也称为权利的绝对发生，是指不以他人既存的权利为前提而取得的权利。例如，通过生产取得所生产的产品的所有权，因先占而取得无主物的所有权，通过发明创造而取得专利权，等等。权利的继受取得，亦称为权利的相对发生，是指基于他人既存的权利而取得的权利。例如，通过债权的让与而取得债权，通过继承而取得财产的所有权等。权利的继受取得包括移转的继受取得和创设的继受取得。前者指不改变权利的内容而从他人那里取得权利，如通过所有权的让与取得所有权。这种情形实际上也就是权利主体的变更。后者是指以他人的既存权利为基础，通过设定而取得权利，如所有权人在自己的所有物上为他人设定用益物权或担保物权。在这种情形下，他人的权利依然存在，但权利的内容变更了，即从原权利中分离出部分权能而成为一项新的权利。

由于权利的继受取得是基于他人的既有权利而取得的，因此，必须遵循"无论何人亦不能将大于自己所有之权利移转于他人"的原则。② 在理解上，应当注意：①继受人不能取得被继受人没有的权利；②继受人的权利只能与被继受的权利相同或小于被继受人的权利；③被继受人的权利有瑕疵或已被设定担保时，继受人的权利同样存在瑕疵或被设定担保。

2. 民事权利的变更

民事权利的变更，是指民事权利在其存续中的状态发生变化，包括主体变更、内容变更和效力变更等。

民事权利主体变更，是指权利从一主体移转至另一主体。从主体的角度而言，实际上就是权利的继受取得或权利的相对发生。权利主体的变更有不

---

① 梁慧星：《民法总论》，法律出版社 2001 年版，第 66 页。
② 胡长清：《中国民法总论》，中国政法大学出版社 1997 年版，第 177 页。

同的形态，有原属一个人的权利变更为另一人所有，如狭义的权利让与；有原属一个人的权利变更为数人所有，如数人继承一人的遗产；有原属数人的权利变更为一人所有，如共有人之一抛弃其应有的部分。

民事权利内容的变更，是指主体不变，权利的量或质发生变更。量的变更，如债权因部分受清偿而发生的变更，所有权客体因增减而发生的变更；质的变更，如无息债权变为有息债权，因债务人不履行债务而使债权转化为损害赔偿请求权等。

民事权利效力的变更，又称权利作用的变更，是指权利的效力范围发生变化。例如，第二顺序抵押权变为第一顺序抵押权，这是优先效力的变更；未登记的船舶抵押权经登记后由不具有对抗第三人效力的抵押权变为具有对抗第三人效力的抵押权，这是对抗效力的变更。

3. 民事权利的消灭

民事权利的消灭，是指民事权利与主体相分离。民事权利的消灭与民事权利的取得相对应，当权利归属于某一主体时为取得，当权利脱离某一主体时为消灭。权利的消灭分为绝对消灭和相对消灭。

权利的绝对消灭，是指权利本身在客观上不再存在，不为任何人所享有。例如，所有权因标的物全部灭失而消灭，债权因全部清偿而消灭等。权利的相对消灭，是指权利脱离原主体而归属于新主体。例如，因买卖而使标的物所有权转归买受人所有，对出卖人而言，其所有权消灭。因此，权利的相对消灭是从出让人的角度出发的；对受让方而言，则为权利的继受取得，即权利主体的变更。

(二) 民事法律关系变动的原因

民事法律关系的变动不是无缘无故的，必须存在一定的原因才能导致民事法律关系的设立、变更和终止。导致民事法律关系变动的原因称为法律事实。

民事法律事实，是指符合法律规定的能够引起民事法律关系设立、变更和终止的客观现象。首先，民事法律事实必须是一种客观的现象，而不是一种主观意识。例如，内心存在订立合同的意思却未表示出来，这种内心意思不能使合同成立，不是法律事实。其次，这种客观现象必须同一定的法律效果相联系，能够引起民事法律关系的设立、变更和终止。所以，并非一切客观情况都可作为法律事实。例如，日出日落、散步、读报、闲谈等均不能引起民事法律关系的设立、变更和终止，不属于法律事实；而人的出生、死亡、成年、失踪等却能引起民事法律关系的设立、变更和终止，因而是法律事实。最后，这种客观现象必须符合民法的规定。任何客观现象能否成为法律事实，取决于法律的规定。违反民法规定的客观现象，不是法律事实。

民事法律事实，根据其是否与当事人的意志有关，可分为事件和行为两大类。

1. 事件

事件是指与当事人的意志无关，能够引起民事法律关系设立、变更和终止的客观现象。例如，人的自然死亡、自然界的灾害，等等。人的自然死亡可能导致继承关系的发生，也可能导致保险关系的消灭；自然灾害的发生，可能导致保险合同所附条件的成就，引起保险公司对投保人的赔偿关系；又如，物的自然灭失可引起所有权关系的消灭，他人的行为可使当事人享有不当得利返还请求权，国家的征收可使当事人丧失财产所有权，等等，这些都是由于事件而使有关的民事法律关系设立、变更或终止。

2. 行为

行为是指与当事人的意志有关，能够引起民事法律关系设立、变更和终止的人的活动。行为必须是行为人有意识的活动。无意识的活动，如人在熟睡或昏迷状态中的动作，由于外在强制力被迫所为的动作，均不属于行为。无行为能力的未成年人和精神病人的活动，以及限制行为能力人所做的超过其能力范围的活动，因其无意识能力，都不应称为行为。

四、对民事法律关系构成要素的评价

综上所述，在民事法律关系的构成这一问题上，三要素说和五要素说分别是从静态和动态的角度来解释的。从静的方面来看，三要素说从现存的民事法律关系着手，用归纳的方法总结出要构成一个稳定的民事法律关系所需的主体、内容和客体三个要素，只要这三个要素保持不变，该民事法律关系就不会发生变化。而一旦这三个要素中的一个或几个发生变化，则产生了一个新的民事法律关系,其具备新的三要素,与原来的民事法律关系已存在质的区别。从动的方面来看,五要素说不是将民事法律关系视为一个固定的状态,而是将其当作一个不断发展、不断变化的过程。一方面探讨民事法律关系的变动及使之变动的原因;另一方面,又力图在动态的发展过程中找到稳定民事法律关系的要素,即主体、内容和客体。

  三要素说和五要素说从不同的角度揭示了民事法律关系的构成,这两种学说,对于全面理解民事法律关系的构成这一问题都具有非常重要的意义。我们应当根据不同的民事法律关系,从各种不同的角度——包括静态的和动态的角度来分析民事法律关系的构成。

第二编 民事法律关系的主体

第三章 自 然 人

第一节 自然人的民事权利能力

一、自然人的概念

自然人是基于自然规律出生而享有法律人格的人,是相对于作为法律上的人格的法人的称谓。在学理上,自然人这一概念的采用,起源于自然法学派学者的著作。英国自然法学派学者托马斯·霍布斯(Thomas Hobbes,1588—1679年)在其所著《利维坦》第十六章"论人、授权人和由人代表的实物"中,将自然人表述为"言语和行为被认为发自其本身的个人"。霍布斯使用自然人这一概念将其与拟人或者虚拟人相区别,代表他人的言语或者行为就是拟人或者虚拟人。组织体被认为是虚拟人的一种。[①] 后世的法学家在制定民法典时,为了区别这两种不同的"人",分别采用了自然人和法人的概念。在最初的《法国民法典》中,就有了自然人概念;而《德国民法典》在最初制定时,除了沿用自然人概念外,还引入了法人概念。

因为意识形态差异,1922年《苏俄民法典》不用自然人而用公民概念,认为自然人这一概念完全撇开了任何经济和政治因素,不能区别苏维埃法律和资产阶级法律的本质。苏联解体后,1995年施行的《俄罗斯联邦民法典》第一部分沿用了《苏俄民法典》上的公民概念。受苏联法律的影响,我国《民法通则》第二章的题目是"公民(自然人)",这种我国立法上罕见的对

[①] 〔英〕霍布斯:《利维坦》,黎思复、黎廷弼译,商务印书馆1985年版,第122页。

自然人加括号的概念使用形式,可以理解为实际上确认了在民法上公民和自然人的内涵相同。后来,《合同法》则直接使用自然人概念,《民法总则》更是直接将第二章题目确定为"自然人",在民事立法上不再使用公民概念。从法律术语的科学性上讲,自然人与法人对应,自然人概念与公民概念相比,更加彰显民事主体的特征。

二、自然人的民事权利能力

自然人的民事权利能力,是指自然人依法享有民事权利和承担民事义务的资格。在民法上,"权利能力"一词源于1896年通过的《德国民法典》第1条规定:"人之权利能力,始于出生。"

《德国民法典》没有对权利能力做定义式规定,对权利能力的概念,学者有不同的表述。拉伦茨认为:"在法律上,权利能力是指一个人作为法律关系主体的能力,也即作为权利享有者和法律义务的承担者的能力。"[1] 梅迪库斯说:"一般说来,权利能力是指'成为权利和义务载体的能力'。"[2]

我国"民国时期"和现在台湾地区的学者给权利能力下的定义也有不同。有学者认为,"在法律上能够享受权利并负担义务的能力,称为权利能力",并解释说,"权利主体、权利能力或人格三者的含义相同"[3]。有学者认为,"堪为权利主体之地位或资格,谓之'权利能力',亦曰'人格'",并进一步解释说:"依现代法律,凡得享受权利者同时亦得负担义务,故权利能力,实应与义务能力合并而称为权义能力。只以现行民法仍基于权利本位而制定,故仅称为权利能力。"[4]

1961年公布的《苏联和各加盟共和国民事立法纲要》第8条第1款前段规定:"凡是苏联公民,都平等地具有享受民事权利和承担民事义务的能力(民事权利能力)。"苏联学者根据该条规定给权利能力下的定义是:权利能

---

[1] 拉伦茨:《德国民法通论(上册)》,王晓晔、邵建东、程建英等译,法律出版社2003年版,第119-120页。
[2] 〔德〕梅迪库斯:《德国民法总论》,邵建东译,法律出版社2000年版,第781页。
[3] 施启扬:《民法总则》,台湾大地印刷厂1993年版,第63页。
[4] 郑玉波:《民法总论》,三民书局1995年版,第70页。

力是享有民事权利和承担民事义务的能力。有学者在解释权利能力的概念时指出:"权利能力不能与公民享有的具体权利混同起来,权利能力是享受权利的基础。法律规定每一个公民都具有享受很多财产权利和人身非财产权利的能力,但是,具体到一个公民,通常只能享受其中的一部分权利。比如,每一个公民都可以享有发明权,但并不是所有的公民都享受发明权。取得具体的权利,就是实现权利能力。"[①] 另有学者在解释民事权利能力的概念时指出,权利能力是"享受权利和承担法律义务的一种抽象的可能性"[②]。

综上所述,较多的学者认为权利能力是指享有权利和承担义务的能力或资格,但具体表述有所不同。有的强调人格、资格或地位,有的强调权利能力不同于具体权利。以上不同的表述是观察问题的角度不同,强调的重点不同,没有实质的差别。

《民法总则》沿用《苏俄民法典》中的"民事权利能力"概念,而不用"权利能力",以区别法理学上所称一般的权利能力。学者的通说认为,民事权利能力,是指民事主体依法享有民事权利和承担民事义务的资格。自然人的民事权利能力,是指自然人依法享有民事权利和承担民事义务的资格。

自然人的民事权利能力与其实际享有的民事权利既有联系又有区别。民事权利能力是一种资格,是取得民事权利的先决条件,是获取民事权利的一种可能性;民事权利则是构成民事法律关系的要素之一,它是自然人在具体的民事活动中实际享有的权利,是民事权利能力实现的结果。拥有民事权利能力,并不意味着权利的实际拥有和当然实现。例如,在计划经济时代,自然人不能购买小轿车,即意味着当时的法律未赋予自然人购买和拥有小轿车的资格。换句话说,法律没有赋予自然人购买和拥有轿车的民事权利能力。如今,私人购车不仅可能,而且已成时尚,这意味着我国法律已赋予自然人购买和拥有轿车的资格,即自然人取得了法律赋予其购买轿车的民事权利能力。但是,具备此种资格和拥有此项权利是两回事。自然人虽获得此种民事

[①] 〔苏〕格里巴诺夫、科尔涅耶夫主编:《苏联民法(上册)》,中国社会科学院法学研究所民法经济法研究室译,法律出版社1984年版,第97-98页。
[②] 〔苏〕斯米尔诺夫等:《苏联民法(上册)》,黄良平、丁文琪译,中国人民大学出版社1987年版,第90页。

权利能力，但如果没有通过买卖行为购得轿车，则无法实际享有对轿车的民事权利。因此，民事权利能力转换为实际的民事权利，还须具备其他条件，即通过一定的法律事实的发生来实现。

三、民事权利能力的开始

《民法总则》第13条规定："自然人从出生时起到死亡时止，具有民事权利能力，依法享有民事权利，承担民事义务。"可见，在我国，自然人的民事权利能力是贯穿其一生的。

（一）出生时间的认定

关于自然人出生时间的认定，曾有阵痛说、一部产出说、全部产出说、断带说、泣声说、独立呼吸说等多种学说。通说认为，胎儿脱离母体并开始独立呼吸的时间作为出生的时间。"在医学上以呼吸行为的开始，作为生存的证明（以肺脏检验 Lungenprobe 为准），是否继续生存（生存能力），与权利能力之开始无关。"[①] 胎儿从出生时起即具有民事权利能力，出生后瞬间死亡的即丧失民事权利能力。"法律之中心意义，旨在重视此一人格。此一人也，已因出生享有权利能力，又因死亡而终止其权利能力，一生一死之间，已充分享有其人格。此一人格者之生命，虽极渺小而短暂，但在法律上之价值，与任何伟大而长久之人格，并无以异，决不能漠然视之也。"[②] 在此短暂的一生，他（她）就可能成为遗产的继承人和被继承人，就有对其人身权的保护等法律问题。

《民法总则》第15条规定："自然人的出生时间和死亡时间，以出生证明、死亡证明记载的时间为准；没有出生证明、死亡证明的，以户籍登记或者其他有效身份登记记载的时间为准。有其他证据足以推翻以上记载时间的，以该证据证明的时间为准。"这是关于出生证明的规定。

（二）胎儿利益的保护

自然人民事权利能力的起止时间，大陆法系国家均在其民法典中做了大

---

① 黄立：《民法总则》，中国政法大学出版社2002年版，第74-75页。
② 王伯琦：《民法总则》，台湾编译馆1979年版，第44页。

致相同的规定。如《德国民法典》第 1 条规定"人的权利能力始于出生的完成";《瑞士民法典》第 31 条规定"权利能力自出生开始,死亡结束";《意大利民法典》第 1 条规定"人的权利能力始于出生";《日本民法典》规定"私权的享有,始自出生";等等。可见,自然人的民事权利能力始于出生,终于死亡,这是立法通例。

那么,自然人尚未出生而处于胎儿状态时,其权利受到侵害应否及如何保护呢?对于保护胎儿的利益,主要有两种立法例:第一种为概括保护主义(又称总括保护主义),即胎儿以将来非死产者为限,视为已出生。如《瑞士民法典》第 31 条第 2 款规定:"胎儿,只要其出生时尚生存,出生前即具有权利能力的条件。"第二种为列举保护主义(又称个别保护主义),即对于胎儿有重要事项如继承权、损害赔偿请求权等列举规定的情况下,视为已出生。如《法国民法典》第 1923 条规定:"在继承开始时尚未出生,但已孕育的胎儿,视为在继承开始前出生。"《日本民法典》第 721 条规定:"胎儿,就损害赔偿请求权,视为已出生。"

我国同样对胎儿的利益予以保护。《民法总则》第 16 条规定:"涉及遗产继承、接受赠与等胎儿利益保护的,胎儿视为具有民事权利能力。但是胎儿娩出时为死体的,其民事权利能力自始不存在。"《中华人民共和国继承法》第 28 条规定:"遗产分割时,应当保留胎儿的继承份额。胎儿出生时是死体的,保留的份额按照法定继承办理。"

除了对胎儿继承时特留份利益的保护外,还存在对胎儿健康生存利益的保护问题,对此问题,我国法律暂无规定。本书作者认为:如果胎儿在母体中因他人侵权受到损害,在胎儿出生后,可作为独立的诉讼主体提出请求,要求赔偿;如果胎儿因侵权而流产或变成死体,只能由母亲提出赔偿请求。至于胎儿出生前,其父或其母被他人侵害致不能对出生后的婴儿尽抚养义务的,该婴儿是否享有损害赔偿请求权,是需要研究的。有较多的学者认为我国民法对胎儿的保护应当采用概括保护主义,以充分保护胎儿的利益。

要保护胎儿的利益,就需要确定受胎期间。我国台湾当局所谓"民法典"第 1062 条规定:"从子女出生日回溯第 181 日起至 302 日止为受胎期间。能证明受胎回溯在前项 302 日以前者,以其期间为受胎期间。"此规定可供参考。

四、民事权利能力的终止

自然人的民事权利能力终于死亡。死亡是自然人民事权利能力消灭的唯一原因,自然人死亡后,当然不能成为民事权利义务的享有和承担者,其权利能力也随之消灭。民法所称的死亡包括生理死亡和宣告死亡。正确认定自然人的死亡时间对民事主体资格的认定、权利义务关系的变更及继承关系是否发生具有重要的意义。

(一) 生理死亡

生理死亡又称自然死亡、真实死亡或者绝对死亡,是指自然人生命的终结。自然人生理死亡的原因,或者正常死亡或者非正常死亡,在民事权利能力消灭上不具有意义。我国民事立法没有对自然死亡的时间标准做出规定,对于生理死亡时间的确定,有不同的学说。我国通常的经验是以心跳停止、呼吸停止及瞳孔放大为标准。我国以往临床经验判断死亡的标准是心脏停止跳动,自主呼吸消失,血压为零。随着医学的发展,已有较多的国家承认以脑活动停止(脑死亡)为标准。脑活动停止后,有时候通过人工方法还可以维持较长时间的心跳、呼吸和血液循环,这对于器官移植有重要意义。我国法律上认定死亡是否应当以脑死亡为标准,有些学者有不同观点。有的德国学者认为,为了器官移植可以选择脑死亡说,从权利能力以及继承发生的角度来看,对于死亡时间的认定,应当在几种可能考虑的时间中选择最后那个时间。① 本书作者认为此说值得参考。

在我国的司法实践中,自然人在医院死亡的,以死亡证上记载的死亡时间为准;案件的当事人对自然死亡时间有争议的,应以人民法院调查后确定的死亡时间为准。互有继承权的几个人在同一事件中死亡,又不能确定死亡先后时间的,应推定没有继承人的人先死,死亡人各自都有继承人的,如几个死亡人辈分不同,推定长辈先死,几个死亡人辈分相同的,推定同时死亡,彼此不发生继承,由他们各自的继承人分别继承。

---

① 〔德〕梅迪库斯:《德国民法总论》,邵建东译,法律出版社2000年版,第788-789页。

(二) 宣告死亡

宣告死亡是指通过法定程序确定失踪人死亡。《民法总则》第48条前段规定："被宣告死亡的人，人民法院宣告死亡的判决作出之日视为其死亡的日期。"宣告死亡是否引起自然人民事权利能力的终止呢？根据《民法总则》第49条的规定："自然人被宣告死亡但是并未死亡的，不影响该自然人在被宣告死亡期间实施的民事法律行为的效力。"自然人自然死亡前实施的民事法律行为与被宣告死亡引起的法律后果相抵触的，则以实施的民事法律行为为准。

(三) 自然人死亡后的利益保护

自然人死亡，其是否还存在一定的权利能力？在学理上有肯定说与否定说两种观点。肯定说认为自然人的民事权利能力终于死亡，这只是一般性规定，对此存在例外情况。如已故自然人的人格权、著作人格权的权利能力是存在的，但这种例外的存在是以法律规定为限的。这一观点与《民法总则》的规定不一致，也容易导致民法理论的自相矛盾，故我国多数学者不同意此种主张。否定说认为自然人死亡则其民事权利能力终止。对死者某些权利的维护，在理论上又有某些权利仍然存续说、遗族利益维护说、社会利益维护说、遗族利益与社会利益共同维护说、遗族利益与有关人员利益维护说、死者人格利益延伸说等。否定说符合《民法总则》的规定，使民事权利能力理论具有逻辑上的统一。

本书认为，自然人死亡后，其民事权利能力终止，死者既不是民事主体，也不享有民事权利。在我国司法实践中，对死者姓名、肖像、名誉、荣誉、隐私等利益的保护，是对死者近亲属利益的保护。依据《最高人民法院关于确定民事侵权精神损害赔偿责任若干问题的解释》的规定，严重侵害死者的姓名、肖像、名誉、荣誉、隐私，造成近亲属精神痛苦的，其近亲属有权请求精神损害赔偿。《民法总则》还对英雄烈士的利益进行了保护，第185条规定："侵害英雄烈士等的姓名、肖像、名誉、荣誉，损害社会公共利益的，应当承担民事责任。"

第二节 自然人的民事行为能力

一、自然人民事行为能力的概念

自然人的民事行为能力是指自然人能以自己的行为取得民事权利、承担民事义务的资格。

自然人民事行为能力与权利能力的取得时间不同。民事权利能力始于出生,而民事行为能力的确定依赖于人的意思能力。意思能力包括认识能力和判断能力。认识能力是指一个人能意识到自己行为的后果,能够辨认自己的行为;判断能力是指能够独立处理自己的事务,能够控制自己的行为。认识能力和判断能力是指智力发展水平,而非受教育的程度。

确定自然人具备认识能力和判断能力有两个尺度。一是以年龄为尺度。在我国,18周岁以上的自然人具有正常的认识和判断能力,就具有完全民事行为能力。二是以智力是否正常为尺度。有些人即使达到成年年龄,但智力很低,或精神不正常,仍然不具备认识能力和判断能力,因此,也不具有完全民事行为能力。

二、自然人民事行为能力的种类

根据《民法总则》的规定,按照不同年龄段和智力是否正常,将自然人的民事行为能力分为如下三类。

(一) 完全民事行为能力

完全民事行为能力,是指自然人通过自己的独立行为取得民事权利和承担民事义务的资格。《民法总则》第17条规定"十八周岁以上的自然人为成年人",第18条第1款规定"成年人为完全民事行为能力人,可以独立实施民事法律行为"。我国确定自然人年满18周岁为完全民事行为能力人主要是考虑其智力状况,而不是考虑其经济状况。年满18周岁的自然人,即使没有经济来源,只要智力正常,仍是完全民事行为能力人。

但是,《民法总则》第 18 条第 2 款也规定:"十六周岁以上的未成年人,以自己的劳动收入为主要生活来源的,视为完全民事行为能力人。"劳动收入是指从事体力劳动或脑力劳动所获得的报酬。如果处于这一年龄段的人已参加社会劳动,有固定的或比较稳定的收入,并以其收入为主要生活来源,可以认为他们具备独立处理自己事务的能力,视为完全民事行能力人。16 至 18 周岁年龄段的人如果劳动收入不能成为主要生活来源,仍不具备完全民事行为能力。

(二)限制民事行为能力

限制民事行为能力,是指自然人只具有部分民事行为能力,其享有民事权利和承担民事义务的资格受到一定限制。《民法总则》第 17 条规定"不满十八周岁的自然人为未成年人",第 19 条规定"八周岁以上的未成年人为限制民事行为能力人,实施民事法律行为由其法定代理人代理或者经其法定代理人同意、追认,但是可以独立实施纯获利益的民事法律行为或者与其年龄、智力相适应的民事法律行为"。

8 周岁以上的未成年人,已具备一定的智力水平,对事物有一定的认识和判断能力,因此,法律允许他们实施日常生活必须的民事法律行为,进行某些获取法律上利益而不必负担义务的民事法律行为,享有以自己的行为取得的荣誉权、发明权、著作权等民事权利。但这些未成年人的智力发育毕竟没有成熟,认识能力受到局限,因此,法律有必要对他们的行为能力给予适当限制,一些重要的或复杂的事情需要其法定代理人代理或征得法定代理人同意。

此外,《民法总则》第 22 条规定:"不能完全辨认自己行为的成年人为限制民事行为能力人,实施民事法律行为由其法定代理人代理或者经其法定代理人同意、追认,但是可以独立实施纯获利益的民事法律行为或者与其智力、精神健康状况相适应的民事法律行为。"不能完全辨认自己行为的精神病人(包括痴呆症人),虽有精神障碍,但并未完全丧失思维能力,他们能够实施与其智力相适应的民事活动,还可以接受奖励、赠与。法律对此类纯获利益的行为自当允许。但对于重大或复杂事务不宜由其本人独立实施的情况，应由其代理人代理，或征得他的法定代理人同意方能为之。

（三）无民事行为能力

无民事行为能力，是指自然人不具备以自己的行为参与民事法律关系取得民事权利和承担民事义务的资格。《民法总则》第 20 条规定："不满八周岁的未成年人为无民事行为能力人，由其法定代理人代理实施民事法律行为。"该法第 21 条又规定："不能辨认自己行为的成年人为无民事行为能力人，由其法定代理人代理实施民事法律行为。八周岁以上的未成年人不能辨认自己行为的，适用前款规定。"由于此类自然人年龄小或精神上存在严重障碍，对事物缺乏认识和判断能力，不能独立参加民事活动。为了维护其合法权益，他们的民事活动应由其法定代理人代理。

三、无民事行为能力和限制民事行为能力的宣告

不能正确辨认自己行为的自然人，国家为保护其利益而设立了宣告制度。

我国对不能辨认或者不能完全辨认自己行为，构成限制行为能力和无行为能力的成年人采取宣告制度。《民法总则》第 24 条规定："不能辨认或者不能完全辨认自己行为的成年人，其利害关系人或者有关组织，可以向人民法院申请认定该成年人为无民事行为能力人或者限制民事行为能力人。"

宣告自然人为无民事行为能力或限制民事行为能力应具备以下要件：①被宣告人须为不能辨认或者不能完全辨认自己行为的成年人。②须经利害关系人或者有关组织申请，没有利害关系人申请，人民法院不得主动宣告。利害关系人主要是指该成年人的配偶、父母、成年子女及其他亲属等，有关组织包括：居民委员会、村民委员会、学校、医疗机构、妇女联合会、残疾人联合会、依法设立的老年人组织、民政部门等。③须经人民法院宣告。除人民法院外，任何组织和个人都无权宣告自然人为无民事行为能力或限制民事行为能力，只有人民法院有权依照法定程序做出宣告。

自然人被宣告为无民事行为能力人或限制民事行为能力人后，如果其智力障碍排除，具有认识能力，可以根据其健康恢复状况，经本人、利害关系人或者有关组织申请，人民法院可以根据其智力、精神健康恢复的状况，认

定该成年人恢复为限制民事行为能力人或者完全民事行为能力人。

四、自然人民事行为能力的终止

自然人民事行为能力的终止，是指其民事行为能力消灭。死亡的发生不仅是自然人民事权利能力消灭的原因，也是其民事行为能力消灭的原因。

第三节 监 护

一、监护的概念和特征

（一）监护的概念

监护是对未成年人和精神病人的人身、财产及其他合法权益进行监督和保护的一种民事法律制度。履行监督和保护职责的人，称为监护人；被监督和保护的人，称为被监护人。从立法例上看，监护可以分为人身上的监护和财产上的监护。

监护起源于罗马法，各国对无行为能力人和限制行为能力人的监护和保护，设有亲权、监护、监护监督、保护和保佐等各种不同的制度。《民法总则》中没有亲权和保佐的概念，统称监护。

《民法总则》第34条规定："监护人的职责是代理被监护人实施民事法律行为，保护被监护人的人身权利、财产权利以及其他合法权益等。监护人依法履行监护职责产生的权利，受法律保护。监护人不履行监护职责或者侵害被监护人合法权益的，应当承担法律责任。"

（二）监护的设置目的

设置监护的目的是保护无民事行为能力人和限制民事行为能力人的合法权益，进而有利于社会秩序的稳定。

被监护人或者为无民事行为能力人或者为限制民事行为能力人，其权利能力的实现因民事行为能力之不足而受影响，监护制度弥补了被监护人行为能力之不足，可有效地保护其合法权益。被监护人由于缺乏对自身行为社会后果和法律意义的正确认识，可能实施不法行为，给他人的合法权益造成损害，从而影响社会秩序。监护制度要求监护人对被监护人加以监督和管束，防止他们实施违法行为，一旦被监护人实施违法行为造成他人利益的损害，监护人对此承担民事责任，这样就有利于社会秩序的稳定。

(三) 监护的性质

监护是一种民事权利抑或是一种职责，学者中有不同意见。

一种意见认为，监护人的职责不仅是一种义务，也是一种权利。[①] 监护人有权保护被监护人的身体健康，有权照顾被监护人的生活，有权管理和保护被监护人的财产，有权代理被监护人进行民事活动，有权对被监护人进行管理和教育，有权代理被监护人进行诉讼。其依法行使监护权利，任何组织和个人均无权干涉。如果监护人的合法监护权利遭到非法侵害，监护人有权向人民法院提起诉讼，请求给予法律保护。[②]

另一种意见认为，我国民法理论长期认为监护是一种身份权，此可谓"监护权利说"。这种观点是错误的，因为权利的最终落脚点是权利人从权利中获得利益。如果说监护是一种权利，就等于说监护人可通过监护他人获得利益。但实际上，《民法总则》关于监护的规定并未赋予监护人任何利益，而只是加诸负担。监护制度乃为保护被监护人的利益而设，若说监护为权利，岂不等于说监护制度乃为监护人的利益而设？这显然是说不通的。从世界各国关于监护的立法看，无不确定监护为一种义务，这点在我国亦不应例外。[③]

需要指出的是，参照其他国家立法例，一些国家在民事立法上区分亲权和监护，亲权是父母对未成年人以教养保护为目的，在人身和财产方面权利和义务的统一。其中人身方面的亲权可分为保护权、教育权和惩戒权；财产方面的亲权可分为财产管理权、使用收益权、处分权和财产上的代理权、同意权。监护是为不在亲权之下的未成年人，或被宣告为禁治产人的人身财产

---

① 张佩林主编：《中国民事法律理论与实务》，法律出版社1992年版，第28页。
② 佟柔主编：《中国民法学·民法总则》，中国人民公安大学出版社1990年版，第124页。
③ 彭万林主编：《民法学》，中国政法大学出版社2002年版，第71页。

利益保护所设立的法律制度。① 由此可见，亲权是基于父母子女之间的身份关系而产生的专属于父母的权利；监护是对不在亲权之下的未成年人，或精神病人的人身财产利益保护所设立的法律职责，两者是不同的民事法律制度。但《民法总则》未区分亲权和监护，概以监护论之，导致监护的职责本性与法定权利性的混淆。

本书认为，《民法总则》关于监护的规定，并未赋予监护人任何利益，纯粹为被监护人的利益而创设。之所以有学者视监护为权利，盖因立法上未将监护与亲权做概念划分，致使监护与亲权在内容上产生竞合时呈现权利与职责的双重表现。解决此问题的方法应当是在未来的民事立法中设立亲权概念，将监护与亲权分立。

二、监护的设立

(一) 法定监护

法定监护是指监护人由法律直接规定而设立的监护。《民法总则》规定的法定监护包括对未成年人的法定监护和对精神病人的法定监护。

1. 对未成年人的法定监护

《民法总则》对未成年人的法定监护人规定了四种：第一种是未成年人的父母，即父母对未成年子女的监护因子女出生的法律事实而发生。第二种是在未成年人的父母死亡或丧失监护能力时，由下列人员中有监护能力者任监护人：祖父母、外祖父母、兄、姐。第三种是在上述两类监护人不存在的情况下，其他愿意担任监护人的个人或者组织承担监护职责，但是须经未成年人住所地的居民委员会、村民委员会或者民政部门同意。第四种是上述三种监护人均不存在的情况下，由民政部门或者由具备履行监护职责条件的被监护人住所地的居民委员会、村民委员会担任监护人。

2. 对无民事行为能力或者限制民事行为能力的成年人的法定监护

《民法总则》规定下列有监护能力的人按顺序担任监护人：一是配偶，二是父母、子女，三是其他近亲属，四是其他愿意担任监护人的个人或者组

---

① 史尚宽：《亲属法论》，荣泰印书馆股份有限公司1980年版，第622页。

织，但是须经被监护人住所地的居民委员会、村民委员会或者民政部门同意。在我国司法实践中，对上述四种监护人，如果条件基本相当，应按照上面排列的顺序确定监护人。如果条件差别较大，则应具体考虑谁更适合保护被监护人的利益，照顾其生活，监督其行为而定。没有依法具有监护资格的人的情况，监护人由民政部门担任，也可以由具备履行监护职责条件的被监护人住所地的居民委员会、村民委员会担任。

在法定监护人确定的过程中，依法具有监护资格的人可以协商确定监护人，但是应该充分尊重被监护人的真实意愿，按照最有利于被监护人的原则确定监护人。对此，《民法总则》第30条规定，"依法具有监护资格的人之间可以协议确定监护人。协议确定监护人应当尊重被监护人的真实意愿"。

（二）指定监护

指定监护，是指没有法定监护人或者对担任监护人有争议的，监护人由有关部门或人民法院指定而设置的监护。《民法总则》第31条规定："对监护人的确定有争议的，由被监护人住所地的居民委员会、村民委员会或者民政部门指定监护人，有关当事人对指定不服的，可以向人民法院申请指定监护人；有关当事人也可以直接向人民法院申请指定监护人。居民委员会、村民委员会、民政部门或者人民法院应当尊重被监护人的真实意愿，按照最有利于被监护人的原则在依法具有监护资格的人中指定监护人。"

为维护被监护人利益，《民法总则》规定，监护人有下列情形之一的，人民法院根据有关个人或者组织的申请，撤销其监护人资格，安排必要的临时监护措施，并按照最有利于被监护人的原则依法指定监护人：①实施严重损害被监护人身心健康行为的；②怠于履行监护职责，或者无法履行监护职责并且拒绝将监护职责部分或者全部委托给他人，导致被监护人处于危困状态的；③实施严重侵害被监护人合法权益的其他行为的。

有申请权的有关个人和组织包括：其他依法具有监护资格的人，居民委员会、村民委员会、学校、医疗机构、妇女联合会、残疾人联合会、未成年人保护组织、依法设立的老年人组织、民政部门等。

（三）意定监护

意定监护是本人与监护人事先就监护事项达成合意，在本人意思能力欠缺后法院选任意定监护监督人时意定监护合同生效意定监护开始的制度，其是以最小的国家公权力干预在最大限度内保障本人意愿的实现。意定监护的特点是尊重被监护人的意愿，无论是监护人的选任，还是监护事项的委托，均应由被监护人确定。意定监护的核心内涵是被监护人在有意思能力时为自己选任监护人，并将自己的人身照顾和财产管理等事宜委托给监护人，待自己丧失意思能力后，由监护人按照被监护人的意愿处理监护事宜。意定监护是为应对老龄社会而创设的老年人保护制度，其立法宗旨是尊重老年人的自我决定权，使老年人有尊严地度过晚年生活。意定监护起源于1954年美国弗吉尼亚州创设的持续性代理权制度，此后，德国在此基础上创设了照管制度，日本创设了任意监护制度。

我国法律也增设了意定监护制度，《民法总则》第33条规定："具有完全民事行为能力的成年人，可以与其近亲属、其他愿意担任监护人的个人或者组织事先协商，以书面形式确定自己的监护人。协商确定的监护人在该成年人丧失或者部分丧失民事行为能力时，履行监护职责。"

意定监护是为保障老年人、残疾成年人等的权益而创设的法律制度，充分体现了民法的人文关怀精神，也体现了民法作为人法的特质。

（四）遗嘱监护

遗嘱监护是指父母用遗嘱方式为其子女指定监护人。《民法总则》第29条规定："被监护人的父母担任监护人的，可以通过遗嘱指定监护人。"以遗嘱方式设立监护人应符合以下条件：①被遗嘱指定的人同意做监护人；②该指定对被监护人并无不利；③抚养子女的一方，不得以遗嘱方式取消生父或生母对该子女的监护，但被遗嘱取消监护的人对被监护人有犯罪行为，或无监护能力者除外。

三、监护人的职责

监护人的职责是代理被监护人实施民事法律行为，保护被监护人的人身权利、财产权利以及其他合法权益等。监护人的职责如下。

（1）担任被监护人的法定代理人，代理被监护人进行民事活动，实施民事法律行为。

（2）保护被监护人的人身、财产及其他合法权益，除为被监护人利益外，不得处理被监护人的财产。

（3）承担被监护人致人损害的侵权责任。监护人尽了监护责任的，可以适当减轻其民事责任，赔偿金从被监护人的财产中支出，不足部分由监护人赔偿。

（4）监护人不履行监护职责或侵害被监护人的合法权益，给被监护人造成财产损失的，应负赔偿责任，人民法院可根据有关人员或单位的申请，撤销监护人的监护资格。

监护人依法履行监护职责产生的权利，受法律保护。监护人不履行监护职责或者侵害被监护人合法权益的，应当承担法律责任。监护人应当按照最有利于被监护人的原则履行监护职责。监护人除为维护被监护人利益外，不得处分被监护人的财产。未成年人的监护人履行监护职责，在做出与被监护人利益有关的决定时，应当根据被监护人的年龄和智力状况，尊重被监护人的真实意愿。成年人的监护人履行监护职责，应当最大限度地尊重被监护人的真实意愿，保障并协助被监护人实施与其智力、精神健康状况相适应的民事法律行为。对被监护人有能力独立处理的事务，监护人不得干涉。

四、监护的变更和终止

监护的变更是指因一定的原因和事实变更监护人，它包括：①监护人死亡、丧失了民事行为能力或被宣告为限制民事行为能力人，此时需变更监护人；②监护人不履行职责，给被监护人造成损害的，或借监护之机侵犯、侵吞被监护人财产的，经有关人员或单位申请，人民法院变更监护人；③监护人之间也可依法签订变更协议，更换监护人。

监护终止的原因有如下情形。

（1）被监护人获得完全民事行为能力。未成年人成年而具有完全民事行为能力，精神病人康复而恢复了民事行为能力，均可使为其设置的监护自然终止。

（2）监护人或被监护人一方死亡。监护人或被监护人死亡（包括宣告死亡）的，监护关系终止。

（3）监护人丧失了行为能力。

（4）监护人辞去监护。监护人有正当理由，如患病、迁居、服兵役等，法律应允许其辞去监护。但监护人辞去监护应该经过有指定权的机关同意。未成年人的父母不得辞去对未成年人的监护。

（5）监护人被撤销监护资格。监护人不履行监护职责或利用监护之便侵害被监护人合法权益的，经利害关系人申请，人民法院可以撤销监护人的监护资格，并由此终止监护关系。

（6）人民法院认定监护关系终止的其他情形。

监护关系终止后，被监护人仍然需要监护的，应当依法另行确定监护人。

第四节 宣告失踪和宣告死亡

一、宣告失踪

宣告失踪是指自然人离开自己的住所，下落不明达到法定期限，经利害关系人申请，由人民法院宣告其为失踪人的法律制度。宣告失踪是对一种确定的自然事实状态的法律确认，目的在于结束失踪人财产关系的不确定状态，保护失踪人及其利害关系人的利益。

（一）宣告失踪的条件

《民法总则》第40条规定："自然人下落不明满二年的，利害关系人可以向人民法院申请宣告该自然人为失踪人。"宣告失踪应具备以下条件。

1. 自然人失踪的事实

自然人失踪的事实是宣告失踪的前提条件。自然失踪的事实包含两个方面：其一是指自然人离开自己的住所或居所后无音讯。其二是指这种无音讯状态持续时间满2年。自然人下落不明的时间从其失去音讯之日起计算。战争期间下落不明的，下落不明的时间自战争结束之日或者有关机关确定的下落不明之日起计算。

2. 利害关系人的申请

必须有利害关系人向人民法院申请，才能启动宣告失踪的程序。所谓利害关系人，是指下落不明的自然人的近亲属或对该自然人负有监护责任的人，以及该自然人的债权人和债务人。这些利害关系人必须具有完全民事行为能力。根据《最高人民法院关于贯彻执行〈中华人民共和国民法通则〉若干问题的意见（试行）》第24条规定，有权申请自然人为失踪人的近亲属包括：配偶、父母、子女、兄弟姐妹、祖父母、外祖父母、孙子女、外孙子女以及其他与被申请人有民事权利义务关系的人。若没有利害关系人的申请，人民法院不能主动宣告自然人为失踪人。

3. 人民法院的受理和宣告

宣告失踪只能由人民法院做出判决，其他任何机关和个人无权做出宣告失踪的决定。人民法院接到宣告失踪的申请后，应对下落不明的自然人发出公告，其公告期为3个月，公告期满后，该自然人仍未出现的，人民法院才能宣告其为失踪人。

（二）宣告失踪的效力

自然人被宣告失踪后，其效力是对其财产的管理和财产义务的履行。因失踪人民事主体资格仍然存在，因而不产生其财产所有权转移的法律后果，也不改变与其人身有关的民事法律关系。根据《民法总则》的规定，宣告失踪将产生如下法律后果。

1. 失踪人的财产管理

宣告失踪的主要目的之一就是为失踪人的财产设置管理制度。失踪人的财产由他的配偶、父母、成年子女或者其他愿意担任财产代管人的人代管。代管有争议的，或没有以上规定的人或者以上规定的人无能力代管的，人民法院应从有利于保护失踪人及其利害关系人的合法权益、有利于财产的管理出发，为失踪人指定财产代管人。

2. 财产管理人的责任

失踪人的财产代管人在管理失踪人的财产时，应妥善管理，代管人在保管、维护、收益时，应与管理自己的财产尽同样的注意。代管人不得利用和擅自处分失踪人的财产。如果代管人的行为给失踪人的财产造成损失，失踪人的利害关系人可以向人民法院请求代管人承担民事责任。

财产代管人有权清偿失踪人的债务并追索其债权，从失踪人的财产中支付失踪人所欠税款、债务及其他应付费用，以及履行失踪人被宣告失踪前签订的合同等。代管人追索失踪人的债权所取得的财产，应为失踪人所有，由代管人管理。代管人为失踪人清偿债务应以失踪人全部财产为限，代管人管理失踪人财产所需的费用，可以从失踪人的财产中支付。

（三）失踪宣告的撤销

失踪人重新出现，经本人或者利害关系人申请，人民法院应当撤销失踪宣告。失踪人重新出现，有权要求财产代管人及时移交有关财产并报告财产代管情况。失踪宣告一经撤销，代管人的代管权随之终止，代管人应将其代管的财产交还给被撤销失踪宣告的人，并将代管期间对其财产管理和处置的详细情况予以告知。

二、宣告死亡

宣告死亡是指自然人下落不明达到法定期限，经利害关系人申请，人民法院宣告其死亡的法律制度。

宣告死亡，又称推定死亡，与生理死亡对应。生理死亡是自然事实，宣告死亡是法律事实，它是一种推定，即从自然人下落不明达到法定期限的事实，推定出他死亡的事实。既然是一种推定，自然人是否死亡的事实处在不确定状态，被宣告死亡的自然人可能仍生存。

宣告失踪与宣告死亡两种制度设置的目的不同。宣告失踪解决的是失踪人财产管理问题，宣告死亡旨在解决因失踪人生死不明而引起的民事法律关系的确定问题。在宣告失踪和宣告死亡的法律制度中，有三种立法模式：第一种是只设立宣告失踪，不设立宣告死亡；第二种是只设立宣告死亡，不设立宣告失踪；第三种是同时设立宣告失踪和宣告死亡制度。《民法总则》采第三种立法模式。

（一）宣告死亡的条件

根据《民法总则》第46、47条的规定，宣告自然人死亡须具备以下条件。

1. 自然人失踪的事实

自然人下落不明达到法定期间，是宣告死亡的实质条件。自然人下落不明满4年，从自然人下落不明事实的次日起算；意外事故，自然人下落不明期限满2年，从事故发生之日起算。因意外事件下落不明，经有关机关证明该自然人不可能生存的，申请宣告死亡不受2年时间的限制。凡符合上述条件者，利害关系人可向人民法院申请对自然人的死亡宣告。

2. 利害关系人的申请

《最高人民法院关于贯彻执行〈中华人民共和国民法通则〉若干问题的意见（试行）》第25条规定，申请宣告死亡的利害关系人的顺序是：①配偶；②父母、子女；③兄弟姐妹、祖父母、外祖父母、孙子女、外孙子女；④其他有民事权利义务关系的人。申请撤销死亡宣告不受上列顺序限制。只有利害关系人提出宣告死亡的申请，人民法院才能依法做出死亡宣告。

申请自然人宣告死亡的利害关系人是否有顺序限制，分为有顺序说和无顺序说两种主张。有顺序说认为，利害关系人提出申请是有顺序的，前一顺序人未申请宣告死亡的，后一顺序人不得申请，但同一顺序不受影响；即在意外事故中，自然人下落不明满2年后，前一顺序利害关系人未申请宣告死亡的，后一顺序利害关系人不得申请宣告死亡。① 其意义在于维护配偶的身份权，因为如后顺序人有权申请宣告死亡，法院判决宣告死亡，其婚姻关系消灭。无顺序说认为，只要是利害关系人均有同等的申请权，不受前顺序人是否申请或反对申请或者申请宣告失踪的影响。② 其意义重在维护继承人的继承权。因为配偶不申请宣告死亡，其他人不得申请宣告死亡，失踪人的财产由配偶管理，不发生继承。本书认为，宣告死亡制度的目的重在保护利害

---

① 马原主编：《中国民法教程》，人民法院出版社1989年版，第64-65页。
② 梁慧星：《民法总论》，法律出版社1996年版，第102页；余能斌、马俊驹主编：《现代民法学》，武汉大学出版社1997年版，第94页。

关系人的利益，特别是其近亲属的利益，与谁提出申请无关。对于债权人，是否适于作为宣告死亡的申请人，在学理上存在争议。一种观点认为，债权人与其他利害关系人一样，可以作为申请人。《最高人民法院关于贯彻执行〈中华人民共和国民法通则〉若干问题的意见（试行）》则采用了此观点。另一种观点认为，允许债权人作为申请人，虽然有利于保护债权人的利益，但其效力超出了债权效力的范畴，对于债权人利益的保护，可通过宣告失踪制度解决，宣告死亡的申请人应限定在下落不明人的近亲属范围内。①

3. 人民法院的受理和宣告

人民法院受理利害关系人的书面申请后，应立即发出寻找失踪人的公告，普通失踪的公告期为1年，因意外事故失踪的公告期为3个月。公告期满，人民法院应当根据宣告死亡的事实是否得以确认，做出宣告死亡的判决或者驳回申请的判决。宣告死亡的判决应确定被宣告死亡人的死亡日期，判决中未确定死亡日期的，人民法院宣告死亡的判决做出之日视为其死亡的日期。

宣告失踪不是宣告死亡的必经程序。自然人下落不明满4年，但利害关系人只申请宣告失踪的，人民法院只能做出失踪宣告，而不能做出死亡宣告。

（二）宣告死亡的效力

（1）关于死亡日期的确定。根据《民法总则》第48条规定，"被宣告死亡的人，人民法院宣告死亡的判决作出之日视为其死亡的日期；因意外事件下落不明宣告死亡的，意外事件发生之日视为其死亡的日期"。

（2）被宣告死亡的自然人与其他人之间的各种民事法律关系归于消灭。从这个意义上讲自然人被宣告死亡会产生与生理死亡同样的法律后果。主要包括被宣告死亡的自然人与其配偶间婚姻关系的消灭，其继承人可继承遗产，他的债权人有权向其继承人请求清偿债务。

（3）有民事行为能力的自然人在被宣告死亡期间实施的民事法律行为有效。宣告死亡只是依法对失踪人死亡的推定，事实上该失踪人的生命不一定完结。《民法总则》第49条规定："自然人被宣告死亡但是并未死亡的，不影响该自然人在被宣告死亡期间实施的民事法律行为的效力。"可见，自然

---

① 王利明：《民法总则研究》，中国人民大学出版社2003年版，第359页。

人自然死亡前实施的民事法律行为与被宣告死亡引起的法律后果相抵触的，则以实施的民事法律行为为准。

（三）死亡宣告的撤销

失踪人被宣告死亡只是法律上的推定，当被宣告死亡的人重新出现，或者确知其下落，经本人或者利害关系人申请，人民法院应当撤销对他的死亡宣告。《民法总则》第50条规定："被宣告死亡的人重新出现，经本人或者利害关系人申请，人民法院应当撤销死亡宣告。"

被宣告死亡的人的婚姻关系，自死亡宣告之日起消灭。死亡宣告被撤销的，婚姻关系自撤销死亡宣告之日起自行恢复，但是其配偶再婚或者向婚姻登记机关书面声明不愿意恢复的除外。被宣告死亡的人在被宣告死亡期间，其子女被他人依法收养的，在死亡宣告被撤销后，不得以未经本人同意为由主张收养关系无效。被撤销死亡宣告的人有权请求依照继承法取得其财产的民事主体返还财产。无法返还的，应当给予适当补偿。利害关系人隐瞒真实情况，致使他人被宣告死亡取得其财产的，除应当返还财产外，还应当对由此造成的损失承担赔偿责任。

第五节 自然人的住所

一、住所的概念

自然人的住所，是指自然人生活和法律关系的中心地。一个人在生活中总要和其他人有多种交往，会有多种法律关系，为了便于交往和确立正常的法律关系，就需要确定法律关系的中心地，在法律上将法律关系的中心地称为住所。

（一）住所与居所

在立法上关于住所的规定有单一主义和复数主义。法律规定一人不得同时有两个住所的，称为单一主义，如《瑞士民法典》（第23条第2款）。法律规定一人可以同时有两个以上住所的，称为复数主义，如《德国民法典》（第7条第2款）。《民法总则》第25条规定："自然人以户籍登记或者其他有效身份登记记载的居所为住所；经常居所与住所不一致的，经常居所视为住所。"我国的规定属于单一主义。

居所是自然人居住的处所，通常指自然人为特定目的暂时居住的处所，也可以是自然人经常居住的处所。《日本民法典》规定，住所不明时或者无住所者，将居所视为住所（第22、23条）。我国"民国时期"的"民法典"第23条规定："因特定行为选定居所者，关于其行为，视为住所。"《民法总则》第25条后段规定："经常居所与住所不一致的，经常居所视为住所。"《最高人民法院关于贯彻执行〈中华人民共和国民法通则〉若干问题的意见（试行）》第9条规定，经常居住地是指自然人离开住所后连续居住1年以上的地方，但住医院治病的除外。公民由户籍所在地迁出后至迁入另一地点前，无经常居住地的，仍以其原户籍所在地为住所。

（二）住所与户籍

户籍是记载自然人姓名、出生、性别、籍贯、民族、结婚、离婚、住址等反映自然人基本情况的法律文件。在我国，户籍主要具有行政法上的意义。户籍上的住址在多数情况下与自然人的住所是同一的。民法总则亦规定自然人以户籍登记或者其他有效身份登记记载的居所为住所。户籍以登记产生效力，但住所不以登记产生效力。住所主要具有民法上的意义。

二、自然人住所的法律意义

住所是决定有关法律关系的中心地，根据我国现行法律规定，住所的主要法律意义有如下几个方面。

（一）确定自然人权利、义务的享有地和承担地

如依《中华人民共和国民事诉讼法》第34条第3项的规定，继承人一般应在被继承人死亡时住所地或者主要遗产所在地主张继承权；又如依《合同法》第62条第3项的规定，如果履行合同的地点不明确，给付货币的，接受给付的一方的所在地为履行地，其他标的在履行义务的一方所在地履行。

(二) 确定有关组织或者机关的管辖权

依《民法总则》规定，对监护人的指定，依法应由被监护人住所地的居民委员会、村民委员会或者民政部门指定监护人。有关宣告失踪或者宣告死亡的案件，依法应由下落不明人住所地的基层人民法院受理。对自然人提起的民事诉讼，由被告住所地人民法院管辖；被告住所地与经常居住地不一致的，由经常居住地人民法院管辖。仲裁裁决、公证债权文书等的执行应由被执行人住所地或者被执行人的财产所在地的人民法院执行等。

(三) 宣告失踪和宣告死亡的时间计算

宣告失踪或者宣告死亡的条件之一是自然人下落不明达到法定期限。下落不明，是指自然人离开住所地或者最后居住地后没有音讯的状况，住所或者居所是认定下落不明的基点。

(四) 在涉外民事案件中，确定法律适用的准据法

在涉外遗产继承关系中，遗产的法定继承，一般动产适用被继承人死亡时住所地法律，不动产适用不动产所在地法律。

三、确定住所的标准

自罗马法以来，各个国家和地区的民法中确定住所的标准不一。归纳起来主要有三种主张：①主观说。该说强调意思因素，认为以当事人长久居住的意思决定住所，普通法系国家多采用此种主张。②客观说。该说强调事实因素，认为实际上长期居住地就是住所，民法法系国家多采用此说。③折中说。该说把意思因素和事实因素结合起来，认为以久住的意思而经常居住的某一住处为住所。瑞士和我国台湾地区采此说。

根据《民法总则》第25条规定，我国立法采取以户籍所在地为标准的方法。

四、自然人住所的种类

在民法法系国家民法和民法理论中，住所可分为法定住所、意定住所和拟制住所。我国民事立法只对自然人的住所做了概括性规定，而未做具体规

定。随着我国社会经济的发展和人口的迁徙，仍有探讨自然人住所种类之必要。

（一）法定住所

法定住所，是指不依当事人的意思而设立，而由法律规定的住所。例如，《德国民法典》第 11 第 1 款前段规定："未成年人以其父母的住所为住所。"对此，我国民法做专门规定。在我国，无民事行为能力人和限制民事行为能力人也有自己的户籍，因而应以其户籍所在地的居所地为其住所；如果他同监护人共同生活，则监护人的住所是被监护人的经常居住地，视为被监护人的住所。

《民法总则》规定自然人以其户籍所在地的居住地为住所，其性质属于法定住所。

（二）意定住所

意定住所，又称任意住所，是指基于当事人的意思而设立的住所。意定住所与迁徙自由紧密相连。随着我国市场经济的发展，住所和户籍分离的存在，在客观上要求法律肯定自然人的意定住所。

（三）拟制住所

拟制住所，是指法律规定在特殊情况下把居所视为住所。我国民法规范和司法实践肯定了拟制住所的存在：①自然人的经常居住地与住所不一致的，经常居住地视为住所；②自然人由其户籍所在地迁出后至迁入另一地点前，无经常居住地的，仍以其户籍所在地为住所；③当事人的住所不明或者不能确定的，以其经常居住地为住所。

第四章 法　　人

第一节　法人的概述

一、法人的概念与特征

法人是传统民法上与自然人并列的两大法定民事主体之一。《民法总则》颁布之后，法人与自然人、非法人组织共同构成了我国民事主体的三大类别。我国《民法通则》在民事立法中首次界定了法人的基本含义。《民法通则》第36条规定"法人是具有民事权利能力和民事行为能力，依法独立享有民事权利和承担民事义务的组织"。这一概念在《民法总则》中得到了沿用。《民法总则》专设一章规定了法人的一般规则，法人的设立、变更和终止以及承担责任的范围，同时，还突破了原有的法人分类概念和体系，采取营利法人和非营利法人的基本分类方法，并规定了特别法人的相关内容。

法人主要具有以下基本特征。

（一）法人是具有民事权利能力和民事行为能力的组织

相较于个体而言，法人作为一种社会组织，突出"集合体"的概念，因而法人体现出自然人的联合和财产的聚合，即法人既可以是其成员的变更与其存在没有任何关系的人的联合体，也可以是为一定目的并具有为此目的而筹集的财产而组织起来的组织体。法人作为组织体是区别于自然人生命体的关键所在。应当注意的是，并不是任何集合体都可以称做法人。法人资格的取得是法律承认的结果，只有具备法定的条件，并且得到了法律的确认，才能取得法人资格。而法律是否赋予团体或者组织法人地位则要取决于一个国家的立法政策。法人具有民事权利能力和民事行为能力，表明法人能够享有民事权利和承担民事义务，能够独立从事民事活动。只有具备民事权利能力和民事行为能力的社会组织，才能取得法人资格。即使取得法人资格的社会组织，也不是在任何情况下都以法人的名义进行活动。① 如某市政府在进行行政行为时就不是以法人的身份而是以行政主体的身份出现的，只有在进行民事活动或者民事诉讼活动时，才以法人的名义出现。

（二）法人是依法独立享有民事权利和承担民事义务的组织

独立性是法人区别于其他组织的最本质的特征，主要表现在以下几个方面。

（1）人格独立。法人人格独立是指法人能够以自己的名义，独立地享受权利，承担义务，并能在法院起诉和应诉，具有民事权利能力和民事行为能力。法人所享有的民事主体资格与组成法人的成员的民事主体资格彼此独立，法人的成员的死亡、退出，不影响法人的存续。

（2）财产独立。财产独立是指法人所有的或依法经营管理的全部财产，独立于其成员或者出资者的其他财产。法人拥有独立的财产或者经费，是法人作为独立主体存在的基础和前提条件，也是法人独立地享有民事权利和承担民事义务的物质基础。

（3）责任独立。法人既然能够享有权利，就应当对自己不履行法定义务、违反民事法律规定的行为后果承担责任，这表现在法人以其全部财产对自己的债务承担无限责任，而法人成员以其出资额为限对法人的债务承担有限责任。通常情况下，当法人的财产不足以清偿债务时，法人的出资者不承担责任。独立承担民事责任是法人具有独立人格和独立财产的必然结果。《民法总则》第60条规定了法人的无限责任和独立责任，即"法人以其全部财产独立承担民事责任"。

二、法人制度的意义

法人制度是商品经济高度发展的产物，是法律技术运用的结果，为自然

---

① 马俊驹、余延满：《民法原论》，法律出版社2010年版，第132页。

人充分实现自我提供了有效的法律工具。法人制度的意义体现为以下几方面：①使多数的人及一定的财产得以成为权利义务主体（社团、财团），便于充实法律交易；②将法律的责任限定于法人的财产，避免个人的财产因而受到影响；③使法人能超越个人而长期存续。法人是一种目的性的创造，而非自然人的拟制，在社会实际生活中有其自我活动作用的领域，在此意义上也具有社会的实体性，在各方面均起到重大社会作用。[1]

第二节 法人的分类

一、民法学理对法人的分类

在民法学理上，法人分类通常采取三个层次：①依据法人设立的法律依据是公法还是私法，将法人首先区分为公法人和私法人。②依据私法人成立的基础，将其区分为社团法人和财团法人。前者以社员为基础，是人的组织体，成员在社团中取得社员权；后者以特定的财产为基础，是财产的组织体，不存在成员。③依据社团法人成立的目的，将其进一步分为营利社团、公益社团和中间社团。营利社团即从事经济行为逐利，并将利润和剩余财产分配于社员的社团。公益社团是以不特定多数人的公益为目的的社团。中间社团指既不是以公益为目的也不是以营利为目的，而是为了特定成员的共同利益成立的社团。[2]

（一）公法人与私法人

根据法人设立的法律根据为标准，可将法人分为公法人和私法人，这是法人最为基本的分类。凡依公法设立的法人为公法人，如地方政府、国家机关等。凡依私法设立的法人为私法人，如公司、企业等。两者的差别归根结底在于社会利益和公共利益的问题。公法人设立或者活动的目的主要是社会

---

[1] 王泽鉴：《民法概要》，中国政法大学出版社2003年版，第53页。
[2] 谢鸿飞："民法总则法人分类的层次与标准"，载《交大法学》2016年第4期，第42页。

的利益，并依法行使国家权力或者承担政府职能，国家不过是社会利益的集中代表者；私法人设立和活动的目的则是私人利益。区分公法人与私法人的意义在于适用法律、诉讼方式等方面的差别。对于公法人因行使公共权利所生争执，依行政救济程序解决，或行政复议或行政诉讼，适用《中华人民共和国行政诉讼法》《中华人民共和国行政复议法》等法律。对于私法人间所生争执，依民事诉讼或者仲裁程序解决，由民事实体法和民事程序法加以规范。此外，若公法人因行使职务行为时产生侵权损害，依照国家赔偿法或者特别规定承担赔偿责任；私法人因侵权行为导致的损害则根据民法的相关规定，如《侵权责任法》等法律予以赔偿。

(二) 社团法人与财团法人

根据法人成立的基础，法人可以分为社团法人与财团法人。社团法人是指以人的集合为基础，以有一定的成员为成立条件的法人。例如，公司、学校等法人属于社团法人。财团法人是指以一定的目的财产的集合为基础，以一定的捐助行为为成立条件的法人。例如，基金会、慈善组织等法人为财团法人。就如日本学者所言，对于人的团体，承认其具有成为权利义务主体资格的，叫作社团法人；对于财产的集合，承认其具有成为权利义务主体资格的，叫作财团法人。[①] 区分社团法人与财团法人的主要意义在于：这两种法人设立的基础不同，因而在设立行为的性质、设立人的地位、设立目的、组织机构等方面存在着差别。[②]

但是，应当注意到一人公司的出现挑战了社团法人的社团性。[③]《中华人民共和国公司法》第57条规定："本法所称一人有限责任公司，是指只有一个自然人股东或者一个法人股东的有限责任公司。"传统民法理论认为，公司是以营利为目的的社团法人，故其设立必须有两名或两名以上的股东，仅有一名股东不得成立社团法人。因此，对一人公司社团性的质疑，直接撼动了大陆法系法人制度之社团法人和财团法人的二分法。

[①] 〔日〕山本敬三：《民法讲义 I：总则》，解亘译，北京大学出版社 2004 年版，第 296－297 页。
[②] 王利明、杨立新：《民法学》，法律出版社 2008 年版，第 61 页。
[③] 董学立："法人人格与有限责任"，载《现代法学》2001 年第 5 期，第 33 页。

（三）营利法人与公益法人

根据法人的目的事业的性质，法人可划分为公益法人和营利法人。公益法人是指以公益为目的事业的法人。营利法人是指以营利为目的事业的法人。所谓营利，是指通过商业活动获取利益，并将该利益分配给成员。仅仅营利而不能将利益分配给出资人的法人，不能称为营利法人，如公立学校虽然收取学费或也从事其他营利活动，但所得利益用于补充经费不足或扩大其事业规模，"营利是为了更好的公益"，所以仍属于公益法人。民法理论将法人分为"公益法人"与"营利法人"，意在揭示法人设立之不同目的，并因此决定法人设立的不同方式和法律适用上的重大区别。

二、《民法总则》对法人的分类

（一）营利法人与非营利法人

我国《民法通则》关于法人基本分类的二分结构"企业法人"与"机关法人、事业单位法人和社会团体法人"，早已因为我国社会经济结构的巨大变化而变得与时代脱节，在民法典编纂中对其进行变革甚至重构，已成学术界之共识。[1]《民法总则》正确地认识到了企业法人与非企业法人分类模式的局限性，采取"营利法人与非营利法人"作为法人的分类标准，并相对放松了非营利性法人的成立条件，相比以往的立法有长足的进步。由于营利法人与非营利法人不能完全涵盖现实之中的所有法人，《民法总则》新增了特别法人，从而形成了营利法人、非营利法人以及特别法人这一新的"三分法"模式。

考虑到我国民法更为注重法人在经济生活中的地位和作用，采用"营利法人"与"非营利法人"的分类方式具有现实意义。首先，营利性和非营利性能够反映法人之间的根本差异，传承了《民法通则》按照企业法人和非企业法人进行分类的基本思路，比较符合我国的立法习惯，实践意义也更为突出；其次，将非营利法人作为一类，既能涵盖事业单位法人、社会团体法人

---

[1] 谭启平、黄家镇："民法总则中的法人分类"，载《法学家》2016年第5期，第34页。

等传统法人形式，还能够涵盖基金会和社会服务机构等新法人形式；最后，此种分类适应改革社会组织管理制度、促进社会组织健康有序发展的要求，创设非营利性法人类别，有利于健全社会组织法人治理结构，有利于加强对这类组织的引导和规范，促进社会治理创新。

1. 营利法人

《民法总则》第76条规定："以取得利润并分配给股东等出资人为目的成立的法人，为营利法人。营利法人包括有限责任公司、股份有限公司和其他企业法人等。"《中华人民共和国公司法》对有限责任公司和股份有限公司做出了具体的规定。有限责任公司又称有限公司，是根据公司法及有关法律规定的条件设立，股东以其出资额为限对公司承担责任，按股份比例享受收益，公司以其全部资产对公司的债务承担责任的企业法人。股份有限公司是指公司全部资本分为等额股份，股东以其认购的股份为限对公司承担责任，公司则以其全部资产对公司债务承担责任的企业法人。两者在规模、设立方式、管理要求等方面存在显著差异。

公司以外的其他企业法人主要是指股份合作制企业。例如，《上海市股份合作制企业暂行办法》第3条规定："本办法所称的股份合作制企业，是指以企业职工出资为主或者全部由企业职工出资构成企业法人财产，合作劳动，民主管理，按劳分配和按股分红相结合的企业法人。"再如，《北京市城镇企业实行股份合作制办法》第3条规定："本办法所称股份合作制，是指以合作制为基础，实行以企业职工的劳动联合与资本联合为主的企业组织形式。城镇企业依照本办法实行股份合作制而成立的企业，称为城镇股份合作企业。"

2. 非营利法人

《民法总则》第87条规定："为公益目的或者其他非营利目的成立，不向出资人、设立人或者会员分配所取得利润的法人，为非营利法人。非营利法人包括事业单位、社会团体、基金会、社会服务机构等。"第一，事业单位是指由政府利用国有资产设立的，从事教育、科技、文化、卫生等活动的社会服务组织。事业单位接受政府领导，是表现形式为组织或机构的法人实体。与企业单位相比，事业单位有以下特征：一是不以营利为目的；二是财政及其他单位拨入的资金主要不以经济利益的获取为回报。第二,社会团体是指我国公民行使结社权利自愿组成,为实现会员的共同意愿,按照其章程开展活动的非营利性社会组织。第三,基金会是指利用自然人、法人或者其他组织捐赠的财产,以从事公益事业为目的,按照《基金会管理条例》的规定成立的非营利性法人。基金会分为面向公众募捐的基金会和不得面向公众募捐的基金会。公募基金会按照募捐的地域范围,分为全国性公募基金会和地方性公募基金会。根据《基金会管理条例》规定,基金会必须在民政部门登记方能合法运作,就其性质而言是一种民间非营利组织。第四,社会服务机构是指由政府、社会团体或个人兴办的,通过社会福利从业人员,包括专业社会工作者、其他专业的服务人员、辅助工作人员等,为特定的、有需要的服务对象提供专业服务的非营利组织。我国社会服务机构主要包括下列四种类型:①政府。我国的社会保障(福利)业务分由几个行政部门主管,其中主要是民政部、人力资源和社会保障部等。②群众团体组织,主要是指共青团、妇女联合会、工会、老龄工作委员会、残疾人联合会和红十字会。③社会支持类事业单位。④社会服务类民间组织。

3. 特别法人

此外,《民法总则》还增设特别法人,在法人一章下专设一节规定特别法人的具体制度。《民法总则》第96条规定:"本节规定的机关法人、农村集体经济组织法人、城镇、农村的合作经济组织法人、基层群众性自治组织法人,为特别法人。"第一,机关法人。机关法人是指依法享有国家赋予的权力,以国家预算作为活动经费,因行使职权的需要而享有民事权利能力和民事行为能力的各级国家机关。机关设立的目的是履行公共管理等职能,这与其他法人组织存在明显差别。第二,农村集体经济组织法人。农村集体经济组织是为实行社会主义公有制改造,在自然乡村范围内,由农民自愿联合,将其各自所有的生产资料(土地、较大型农具、耕畜)投入集体所有,由集体组织农业生产经营,农民进行集体劳动,各尽所能,按劳分配的农业社会主义经济组织。农村集体经济组织具有鲜明的中国特色。农村集体经济组织既不同于企业法人,又不同于社会团体,也不同于行政机关,自有其独特的政治性质和法律性质。赋予其法人地位符合党中央有关改革精神，有利于完善农村集体经济实现形式和运行机制，增强农村集体经济组织的发展活力。第三，基层群众性自治组织法人。基层群众性自治组织是指在城市和农村按居民的居住地区建立起来的居民委员会和村民委员会。它是建立在我国社会的最基层、与群众直接联系的组织，是在自愿的基础上由群众按照居住地区自己组织起来管理自己事务的组织。村民委员会、居民委员会等基层群众性自治组织在设立、变更和终止以及行使职能和责任承担上都有其特殊性。第四，城镇、农村的合作经济组织。城镇、农村合作经济组织主要是指从事农业生产、加工以及流通的个人与组织，在外部环境（如政策、经济、法律、科技、社会资本等）及自身条件的约束下，基于生产经营的共同利益，在自愿互利基础上通过一定的合作机制组建而成的特定经济体。这类合作经济组织对内具有共益性和互益性，对外也可以从事经营活动，依照法律的规定取得法人资格后，作为特别法人。赋予上述主体法人资格，有利于其更好地参与民事生活，也有利于保护其成员和与其进行民事活动的相对人的合法权益。

《民法总则》第97条和第98条规定了机关法人的法定职责以及机关法人终止的法律后果。第97条规定："有独立经费的机关和承担行政职能的法定机构从成立之日起，具有机关法人资格，可以从事为履行职能所需要的民事活动。"第98条规定："机关法人被撤销的，法人终止，其民事权利和义务由继任的机关法人享有和承担；没有继任的机关法人的，由作出撤销决定的机关法人享有和承担。"第99条至第101条分别确认了农村集体经济组织、城镇农村的合作经济组织和基层群众自治组织的法人资格。值得一提的是，关于居民委员会、村民委员会的法人地位的问题，有的部门、地方和一些基层干部群众代表提出，居民委员会、村民委员会是基层群众性自治组织，为履行其职能需要从事一些民事活动。《民法通则》没有规定其民事主体地位，致使其在一些情况下不能顺利从事民事活动，应明确赋予居民委员会、村民委员会法人资格。对此，《民法总则》增加规定："居民委员会、村民委员会具有基层群众性自治组织法人资格，可以从事为履行职能所需要的民事活动。未设立村集体经济组织的，村民委员会可以依法代行村集体经济组织的职能。"

第三节 法人的民事能力

一、法人的民事权利能力

法人的民事权利主体地位得到了《民法总则》的确认。法人作为民事权利主体，和自然人一样，都具有民事权利能力和民事行为能力。

（一）法人的民事权利能力的概念及其限制

法人的民事权利能力，就是法人作为民事主体所具有的能够参与民事法律关系并且取得民事权利和承担民事义务的资格。

法人作为重要的民事主体，其资格是由法律赋予的。但是由于两者本质属性上的差异，法人的权利能力与自然人有很大不同，主要体现在：①权利能力开始和终止方式不同。自然人的民事权利能力始于出生，终于死亡。无论是出生还是死亡都是法律事实中的事件，都不是自然人自己所能控制的。而法人的民事权利能力从法人成立时产生，法人终止时消灭。但无论是法人成立时的登记行为，法人终止时的撤销、解散、宣告破产等行为都是法律行为的结果。②权利能力的范围不同。自然人是生命体，因此其权利能力的范围较广，包括一些与自然人生命不可分离的人身权，如生命权、身体权、隐私权、肖像权等。而法人是组织体，因此无法享有这些特殊的权利能力。

（二）法人民事权利能力的限制

从上述自然人和法人民事权利能力的差异中，可以看出法人的民事权利能力受到了一定的限制。

1. 自然性质的限制

尽管法人是独立的民事权利主体，但专属自然人的某些权利能力的内容，如继承权利、接受扶养的权利等，法人不可能享有。但是，法人可以享有名称权、荣誉权、名誉权等人格权。

2. 法人的民事权利能力依法受法律和行政法规的限制

自然人的权利能力由法律统一规定,具有普遍性和平等性,任何自然人不因其种族、性别、年龄、财产等方面的原因而在权利能力方面具有差异。法人的权利能力则是一种特殊的权利能力,法人只能在法律或行政命令的范围内,具有享有权利和承担义务的能力。如《中华人民共和国企业破产法》对清算法人的权利能力的限制;《中华人民共和国合伙企业法》第3条规定,国有独资公司、国有企业、上市公司以及公益性的事业单位、社会团体不得成为普通合伙人。

3. 法人目的的限制①

法人是为了实现一定的目的而成立的组织体,因此公司章程所规定的目的,成为对法人活动的限制。体现在立法上,则表述为"经营范围"。如《中华人民共和国公司法》第25条和第81条关于有限责任公司及股份有限公司"章程应当载明事项"中,均无公司"目的",而代之以"公司经营范围"。因此,法人目的的限制,对于中国的法人而言应当成为法人经营范围的限制。

(三) 法人的民事权利能力的起止

《民法总则》第59条规定:"法人的民事权利能力和民事行为能力,从法人成立时产生,到法人终止时消灭。"这明确了法人的民事权利能力和民事行为能力的开始和终止时间。第一,法人的民事权利能力从法人成立时产生。法人成立需要登记的,自登记时产生;不需要登记的自主管机关批准成立时产生。应当注意的是,法人在筹建阶段尚无民事权利能力,因此只能以非法人团体的身份进行民事活动,不得以法人的资格进行活动。但为了筹建法人,发起人须进行一些民事活动,由此发生的权利义务,在法人成立后可转由法人承受。若法人因故未成立,则应由发起人承受。第二,法人的民事权利能力从法人终止时消灭。法人终止是因某种原因被撤销、解散、宣告破产等引起的,体现为《民法总则》第68条所规定的若干事由。由于各类法人消灭的原因不同,不同的法人民事权利能力终止的时间也不同。一般来讲,

---

① 史尚宽:《民法总论》,中国政法大学出版社2000年版,第154页。

法人在终止后无须清算的法人，自被撤销之日权利能力终止，如机关法人。在终止后必须进行清算的法人，根据《民法总则》第72、73条的规定，法人终止后，在依法进行清算的阶段，其权利能力仍然是存在的。但是在清算期间，法人不得从事与清算无关的活动。自清算完毕，法人注销登记后，法人的民事权利能力才完全终止。

二、法人的民事行为能力

法人民事行为能力，是指法人以自己的意思独立进行民事活动，取得民事权利并承担民事义务的能力或资格。赋予法人以民事行为能力，就是为了保证法人实现其民事权利能力。《民法总则》第57条肯定了法人享有民事行为能力。

与自然人的民事行为能力相比较，法人的民事行为能力有以下特点。①法人的民事行为能力享有的时间与其民事权利能力享有的时间一致。对于法人来说，有民事权利能力必然有民事行为能力，两者同时发生，同时消灭。而公民的民事行为能力受其年龄、健康状况等因素的影响，公民有权利能力不一定有行为能力，权利能力与行为能力也不同时产生。②法人的民事行为能力的范围与民事权利能力的范围一致。换句话说，法人能够以自己的行为取得权利和承担义务的范围，不能超出它们的民事权利能力所限定的范围。③法人的民事行为能力由法人机关或者代表人实现。法人机关只是法人组织体的构成部分，法定代表人对外可以代表法人，而法人机关对内可以执行法人的事务，但机关的行为必须体现法人团体的意志，其法律后果由法人承担。

三、法人的民事责任能力

民事责任能力，是指民事主体据以独立承担民事责任的法律地位或法律资格，又称侵权行为能力。

《民法总则》第60条规定："法人以其全部财产独立承担民事责任。"这就从法律上明确肯定了法人具有侵权行为能力。《侵权责任法》关于侵害他人的姓名权、名誉权、荣誉权的责任，关于产品瑕疵的责任、高度危险的责任、环境污染责任、危险施工的责任、建筑物所有人或管理人的责任等，都可以适用于法人。《民法通则》第43条规定："企业法人对它的法定代表人和其他工作人员的经营活动，承担民事责任。"《民法总则》第62条规定："法定代表人因执行职务造成他人损害的，由法人承担民事责任。"这就从法律上肯定法人不仅具有独立的侵权责任能力，而且应当承担独立的侵权责任。法定代表人和法人机关成员在执行职务过程中造成他人损害的，应当视为法人的行为，应由法人对该行为负责。

四、法人人格否认

按照法人的一般理论，法人与其成员的人格彼此独立，法人不为其成员的债务承担责任，其成员也不为法人的债务承担责任。但是，在特殊情况下，当法人在运行中出现了有违法人独立责任的前提时，可以在个案中突破这种独立责任而将法人的责任直接归属于其成员，也就是将法人成员的有限责任变为无限责任，这就是法人人格否认制度。具体而言，法人人格否认是指法人虽然是独立的主体，承担独立于其成员的责任，但当出现有违法人存在目的及独立责任的情形而若再坚持形式上的独立人格与独立责任将有违公平时，在具体个案中视法人的独立人格于不顾，直接将法人的责任归结为法人成员的责任。法人人格否认的价值在于：第一，平衡了股东的有限责任与债权人利益损失之间的矛盾；第二，为防止股东控制权的滥用提供了规范性保障。

第四节　法人的设立

一、法人设立的条件

《民法总则》第58条的规定："法人应当依法成立。法人应当有自己的名称、组织机构、住所、财产或者经费。法人成立的具体条件和程序，依照法律、行政法规的规定。设立法人，法律、行政法规规定须经有关机关批准的，依照其规定。"虽然《民法总则》改变了《民法通则》第37条对于法人成立条件列举式的表述，但仍未改变法人成立所必须具备的几大要素。

(一)依法成立

法人是由法律赋予法律人格的社会组织,因此法人非依法律的规定,不得成立。依法成立主要包括两个方面的内容:一方面,是指成立程序和成立条件合法。我国许多法律和法规对各种类型的法人的设立程序都有特别的规定,例如,企业法人须依据《中华人民共和国公司法》和《民法总则》的规定,机关法人须依据有关组织法的规定,消费者协会须依据《中华人民共和国消费者权益保护法》的规定等。若法律规定了登记的要求,则法人的成立原则上必须经过登记方可取得法人资格。另一方面,是指法人组织合法。法人组织的合法性,首先是指法人的目的和宗旨合法,即法人成立的目的符合法律的规定,符合国家和社会公共利益的要求。此外,组织的合法性还包括组织机构、经营范围、经营方式等内容的合法。

(二)有必要的财产或者经费

法人拥有必要的财产和经费,即法人须拥有自己的独立财产,这是法人独立享受民事权利和承担民事义务的前提条件,也为法人独立承担民事责任创造了可能性。有必要的财产或者经费作为法人成立的一项重要条件,可区分不同的法人类型加以理解。第一,以有限责任公司和股份有限公司为典型的营利法人,它们是以营利为目的而从事生产经营活动的组织,因此必须具备与其经营范围相一致的必要的财产。第二,对于国家机关等公法人来说,他们主要通过国家的财政拨款而获得独立经费,或者通过社会捐助、社员集资等方式获得财产,所以它们需要有必要的经费,以维持其存在而从事某些必要的民事活动。第三,对于基金会等非营利法人而言,其主要是将财产拟制为法律人格,所以更需要有自身独立的财产,并且要有健全的财产管理机构。

(三)有自己的名称、组织机构和住所

1. 法人的名称

法人的名称是某一法人区别于其他法人的标志。社会组织要成为法人,必须有自己的名称。法人对于已经登记注册的名称享有专用权。法人的名称受到法律的保护,《民法总则》第110条规定,法人、非法人组织享有名称权、名誉权、荣誉权等权利。

2. 法人的组织机构

法人的组织机构是对内管理法人的事务，对外代表法人从事民事活动的机构总称。法人的团体意志只有通过一定的组织机构才能形成，并且只有通过一定的组织机构才能具体实现。不同类型的法人，对组织机构的要求也各有不同。以股份有限公司为例，其组织机构包括股东大会、董事会、监事会和经营管理者。

3. 法人的住所

法人的住所是法人的主要活动地点，法人在该地点设立银行账户。法人的住所也涉及债务的履行、诉讼的管辖以及清算地点的确定等。确定住所也可以明确法律文书和其他函件的送达地，在涉外民事法律关系中，法人住所的确定亦有助于解决法律的冲突。法人的主要办事机构所在地即为住所，主要办事机构所在地，即执行法人的业务活动、决定和处理法人事务对法人的机构所在地。《民法总则》第63条规定："法人以其主要办事机构所在地为住所。依法需要办理法人登记的，应当将主要办事机构所在地登记为住所。"

二、法人设立的原则

法人不可能凭空产生，必须经由设立人设立，才能成立。关于法人设立的原则，因法人类型及时代的不同而有所差别。我国大陆学者和一些日本学者认为，法人设立的原则为自由设立原则、特许主义原则、许可主义原则、准则主义原则和强制主义原则。

（一）设立原则的分类

（1）自由设立主义原则，又称为"放任主义原则"，是指法人的成立完全依设立人的意志自由，不要求具备任何形式要件，国家不加以任何干预。通过对自由设立原则的实证考察，未能发现法人自由设立的法律原则，理论上的讨论也十分有限。

（2）特许主义原则，是指任何一个法人的设定必须依据法律或国家元首许可。此种主义对于法人的设立，采取禁止、遏制态度，干涉、限制过多，该原则在目前私法中已经鲜有使用，但是其在公法中仍然可以作为重要的原则。

（3）许可主义原则，是指法人须经国家行政主管部门的许可方得成立的原则。这一原则因适应国家对特殊行业法人的控制得到广泛使用，德国民法对于财团法人之设立采取这种原则，日本民法对于设立公益法人、部分财团法人也采取这种原则。

（4）准则主义原则，也称为"登记主义"，即法律对于法人之设立，预先规定一定的条件，可遵照该条件设立，无须先经行政机关许可，依照法定条件设立后，仅须向登记机关办理登记，法人即可成立。从目前来看，准则主义是私法人成立的主要原则，为世界许多国家的立法所确认。《中华人民共和国公司法》对于有限责任公司与股份有限公司也采取这一原则。

（5）强制主义原则，即国家对于法人的设立，实行强制设立法人。此种主义唯适用于特殊产业或特殊团体。

（二）我国的法人设立原则

《民法总则》采取了营利法人、非营利法人和特别法人的三分法。营利法人是经济组织，营利法人的设立则追逐的是利润，对于营利法人可以按照经济发展的理念，倡导经济自由、企业自由，在准入问题上奉行准则主义。非营利法人是社会组织，彰显了在现代法治社会中自然人的结社自由，同时，它也与国家的政治、文化、宗教、社会等方方面面密切关联。所以，对于非营利法人结社自由，国家社会整体利益之间的平衡相当关键。准入问题上就不能采行放任主义，而是应当严格把关，因此在设立原则上践行核准主义，即行政许可主义。至于特别法人，包含机关法人、农村集体经济组织法人、城镇农村的合作经济组织法人和基层群众性自治组织法人，则应当采取特许主义原则。

三、法人设立的程序

（一）实施设立行为

设立法人的第一个程序性要件就是要求人的联合，这个联合的过程就是由每个人对其他人做出意思表示,表明成立一个由他们设想的组织从而设立一个社团,这一过程也可视为是签订契约的过程。① 从法律性质上看,设立合同是一种多方法律行为,它要求全体当事人做出一致的意思表示,并且对全体当事人具有拘束力。以企业法人的设立为例,企业法人在设立时往往需要由发起人从事设立行为,这种发起行为在性质上是一种发起人之间的共同行为,可以准用合伙的规定,但如果发起人成立了一个筹备处,则在性质上已经转化为一个设立中的法人。

(二) 制定章程

法人的章程,是指法人的成员就法人的整个活动范围、组织机构以及内部成员之间的权利义务等问题所订立的书面文件。《民法总则》第79条规定:"设立营利法人应当依法制定法人章程。"第91条规定:"设立社会团体法人应当依法制定法人章程。"第93条规定:"设立捐助法人应当依法制定法人章程。"由此可以看出,制定章程是设立上述类型法人的必要条件与行为。德国学者指出,建立一个团体性组织首先需要制定一个章程,章程是在法律规定范围内对其成员有拘束力的内部规范。除了规定社团的宗旨和名称外,章程尤其还要规定在社团内形成决议和对外以社团名义进行活动的规范。同时,章程还要指明社团将要登记并取得权利能力。

(三) 按照法定程序交付财产或者筹集财产、确定机关

财产是所有类型法人承担民事责任的物质基础,维护法人财产的安全对维护社会经济秩序具有重要意义,因此,法人设立时,应当按照法定程序交付财产或者筹集财产。因法人性质的不同,对其财产的要求也不尽相同。一般而言,法律对公法人的设立往往并无出资或财产的特别要求,而对私法人的设立则设定了较为具体的条件。

法人应依法确定法人机关,由法人机关形成法人的意思,代表法人从事民事活动,实现法人的民事权利能力和民事行为能力。例如,营利法人应当设权力机构、执行机构和监督机构;社会团体法人应当设会员大会或者会员

---

① 李永军:《民法总论》,中国政法大学出版社2008年版,第115页。

代表大会等权力机构,应当设理事会等执行机构;捐助法人应当设理事会、民主管理组织等决策机构,并设执行机构和监督机构。

(四) 取得有关部门的许可

如果按照法律规定,有些法人的设立需要取得有关部门的许可,则必须取得这些部门的许可。如我国公司法上较为特殊的股份有限公司与有限责任公司,如金融性的有限责任公司等,必须取得有关部门的许可方可成立。

(五) 申请设立登记

法人设立登记是法人依法成立,取得民事主体资格的要件。依《民法总则》《中华人民共和国企业法人登记管理条例》《中华人民共和国公司登记管理条例》《社会团体登记管理条例》《事业单位登记管理暂行条例》及《民办非企业单位登记管理暂行条例》等规定,企业法人、部分事业单位法人和绝大多数社会团体法人应依法进行设立登记。关于设立登记的效力,大陆法系国家一般采取成立要件主义,即法人如未经登记,纵使其设施内容十分完备,但也只能认为事实上成立,属于一种团体,而不得成为团体法人,也不能取得团体法人资格。[1]

第五节 法人的机关

一、法人的机关的概念与特点

法人机关是指根据法律、章程或者条例的规定,于法人成立时产生,不需要特别委托授权就能够以法人的名义对内负责法人的生产经营或者业务管理,对外代表法人进行民事活动的集体或者个人。法人需要必要的机关,因为只有通过机关,法人才能作为法律上的整体,形成统一的"总意思",并且进行活动,特别是参与法律活动。法人机关的法律特征如下。

---

[1] 郑玉波:《民法总则》,三民书局1998年版,第157页。

（1）法人机关是根据法律、章程或者条例的规定而设立的。我国营利法人，非营利法人中的事业单位，以及特别法人中的机关法人等是依法律或者条例的规定而设立的；依照《中华人民共和国公司法》的规定，有限责任公司和股份有限公司以及其他企业法人的机关是依法律、章程设立的；而非营利法人中的社会团体和基金会等的机关主要依章程而设立。

（2）法人的机关是法人的有机组成部分。法人机关并不是独立主体，它不能独立于法人之外而单独存在，而是依附于法人，并且作为法人组织机构的一个重要组成部分而存在。同时，任何社会组织要成为法人，也必须设立自己的机关，法人的机关与法人的成立同时产生。否则，法人就无法实现其民事权利能力和民事行为能力，就无法成为独立的民事主体。

（3）法人的机关是形成、表示和实现法人意志的机构。法律赋予法人以独立的民事主体地位，意味着法人可以独立存在于社会之中，并具有自己独立的意志，而法人作为一种社会组织，与自然人不同，其意志应通过机关形成，其意志的表示或者实现要通过机关来完成，其意志的健全或者完善，要通过一定的机关的约束和监督。因此，法人机关的意志就是法人的意志，法人机关所为的民事行为就是法人的行为，其法律后果由法人承担。

（4）法人的机关是法人的领导或者代表机关。法人机关对内负责法人的生产经营或者业务管理，对外代表法人进行民事活动。

（5）法人机关由单个的个人或者集体组成。由单个的个人形成的法人机关称为独任制机关，如全民所有制企业的厂长或者经理；由集体组成的法人机关称为合议制机关，如股份有限公司的股东大会、董事会、监事会。法人的机关不同于法人的组织机构。法人的组织机构外延很大。法人机关是法人组织机构的重要组成部分，仅指法人组织机构中的权力机关、执行机关和监督机关。

二、法人机关的构成

一般来说，法人机关由权力机关、执行机关和监督机关三部分构成。

法人的权力机关，又称决策机关，是法人的最高权力机关。它是法人自身意思的形成机关，有权决定法人的生产经营或者业务管理的重大问题，如股份有限公司的股东大会。以股份有限公司为例，股份有限公司是一个由不断变动的多个成员为了统一行动而组成的团体，原则上所有成员都参与对公司事务的决定。为此目的，他们就必须按照一定规则召开大会。股东大会按照"少数服从多数"的原则做出决议。股东大会的主要任务是决定公司的内部事务，尤其是股份有限公司内部的重大事项，如公司重大经营政策的变化、章程的修改、公司的分立或者合并等。但是股东大会一般不直接支配法人的财产，也不直接与第三人发生关系，也就是说股东大会不能对外代表法人。如果股东大会的决议违反实体法或者程序法的规定，或者侵犯股东合法权益的，股东有权通过诉讼请求救济。应当注意的是，根据传统民法的分类，社团法人才具备意思机关，财团法人以及公法人均无这一机关。

法人的执行机关，是法人权力机关的执行机关，有权执行法人章程、条例或者设立命令所规定的事项以及法人权力机关所决定的事项，有权代表法人对外进行民事活动。任何法人都必须有执行机关。以《中华人民共和国公司法》为例，《中华人民共和国公司法》上有限责任公司与股份有限公司的执行机关为董事会，董事会由公司权力机关选举产生。根据《中华人民共和国公司法》第46条的规定，有限责任公司的董事会对股东会负责，行使下列职权：①召开股东会会议，并向股东会报告工作；②执行股东会的决议；③决定公司的经营计划和投资方案；④制订公司的年度财务预算方案、决算方案；⑤制订公司的利润分配方案和弥补亏损方案；⑥制订公司增加或者减少注册资本以及发行公司债券的方案；⑦制订公司合并、分立、变更公司形式或者解散的方案；⑧决定公司内部管理机构的设置；⑨决定聘任或者解聘公司经理及其报酬事项，根据经理的提名决定聘任或者解聘公司副经理、财务负责人及其报酬事项；⑩制定公司的基本管理制度；⑪公司章程规定的其他职权。

法人的监督机关，是指对法人执行机关的行为进行检查监督的机关。由于法人的成员大会并非天天伴随法人事务的执行者，因此，法人的成员为了自己的利益设立一个向自己负责并报告工作的机构，以监督公司执行机关的行为及财务状况，这就是法人的监督机关，如股份有限公司的监事会。但是，监督机关并非所有法人的必设机关。在我国，监督机关仅仅是股份有限公司、有限责任公司的必设机关，而对其他类型的法人则是任意性机关。

三、法定代表人

（一）法定代表人的概念和特征

《民法总则》第61条规定法定代表人是指依照法律或者法人章程的规定，代表法人从事民事活动的负责人。法定代表人的特点如下。

（1）法定代表人是法定的或者章程确定的。《民法总则》第81条规定，营利法人的执行机构为董事会或者执行董事的，董事长、执行董事或者经理按照法人章程的规定担任法定代表人；未设董事会或者执行董事的，法人章程规定的主要负责人为其执行机构和法定代表人。第89条规定："事业单位法人的法定代表人依照法律、行政法规或者法人章程的规定产生。"第91条规定："社会团体法人应当设理事会等执行机构。理事长或者会长等负责人按照法人章程的规定担任法定代表人。"第93条规定："捐助法人应当设理事会、民主管理组织等决策机构，并设执行机构。理事长等负责人按照法人章程的规定担任法定代表人。"《中华人民共和国全民所有制工业企业法》第44条规定厂长或者经理是企业的法定代表人。《中华人民共和国公司法》第13条规定，公司法定代表人依照公司章程的规定，由董事长、执行董事或者经理担任，并依法登记。公司法定代表人变更，应当办理变更登记。

（2）法定代表人是代表法人行使职权的负责人。法人的法定代表人与法人的其他工作人员一样，都能够代表法人行为，但是法定代表人一般是执行机关的主要负责人，如公司的董事长、总经理等。他可以依照法律或者章程的规定而无须法人机关的专门授权，就可以法人的名义，代表法人对外进行民事活动，并为签字人。

（3）法定代表人是代表法人从事民事活动的自然人。法定代表人只能是自然人，且该自然人只有代表法人从事民事活动和民事诉讼活动时才具有这种身份。当自然人以法定代表人的身份从事法人的业务活动时，并不是独立的民事主体，而只是法人这一民事主体的代表。因此，法定代表人合法执行职务的活动,为法人所设立的权利应为法人享有,由此产生的义务和责任,亦应当由法人承担。由于法定代表人可以当然代表法人对外行为,所以法定代表人不需要事先获得法人的特别授权,就可以代表法人从事民事活动。

(二) 法定代表人的责任

法人的法定代表人是法人的组成部分,这并不意味着法定代表人的一切行为后果都由法人承担。对于法定代表人非执行职务而产生的行为后果,法人无须承担相应的责任。法定代表人有权代表法人对外行使职权,同时也有义务严格遵守国家的法律、法规,保障企业合法经营。如果法定代表人利用职权进行非法活动,应当承担法律责任。若法定代表人在执行职务的过程中存在过错,在追究法人的法律责任的同时,应根据不同情况追究法定代表人的法律责任。《民法总则》对此做出了相应的规定,《民法总则》第61条第2款规定:"法定代表人以法人名义从事民事活动,其法律后果由法人承受。"第62条规定:"法定代表人因执行职务造成他人损害的,由法人承担民事责任。法人承担民事责任后,依照法律或者法人章程的规定,可以向有过错的法定代表人追偿。"

(三) 对法定代表人的限制

法定代表人作为法人的代表机关,其代表权是否可以限制及限制的效力为何?德国学者拉伦茨指出,章程可以规定,董事会为一定行为的代表权必须事先得到股东大会的同意。按照《德国民法典》的规定,章程中有关限制董事会代表权的规定需要在社团登记簿上进行登记,仅当章程的规定进行过登记或者与之进行法律行为的第三人知道这种规定时,这种限制才能对抗第三人。日本民法的规定,大致与德国相同。我国台湾地区的"民法典"也规定,有关董事代表权的限制,不得对抗善意第三人。

《中华人民共和国公司法》第13条、第25条、第81条规定,公司章程应当规定公司的法定代表人,当然包括对其职权进行限制,但这种限制不能对抗善意第三人。但是,在内部效力上,若法定代表人超出章程授权,即使在外部对第三人有效,也可能受到法人的内部责任追究。

第六节 法人的分支机构

一、法人分支机构的概念

法人的分支机构是根据法人的意志在法人总部之外依法设立的法人分部,其活动范围限于法人的活动范围内。从性质上看,法人的分支机构是法人的组成部分,其只是隶属于法人的机构,不能作为独立的民事权利主体。因此,法人的分支机构的行为后果,最终由所属法人承担。法人的分支机构可以设在法人的住所地,也可以设在法人的住所地以外的地方。法人的分支机构包括领取了营业执照和未领取营业执照两种,二者的区别表现在:首先,未领取营业执照的分支机构,不得以自己的名义独立从事民事活动,而只能以法人的名义签订合同。领取了营业执照的分支机构,可以对外从事法律行为。其次,在诉讼上有营业执照的分支机构可以成为独立的诉讼主体,以自己的名义起诉、应诉,但无执照的分支机构只能以法人的名义起诉、应诉。最后,在责任承担方面,有营业执照的分支机构可以先以自己的财产承担责任,未领取营业执照的分支机构应当由其所属的法人承担清偿责任。

二、法人分支机构的成立条件

根据我国企业法人登记管理条例的规定,法人的分支机构应具备以下条件才能成立。

(1) 依法成立。法人的分支机构必须是法律允许设立的经济组织,其设立分支机构应当履行法定程序。如商业银行在我国境内外设立分支机构,必须经中国人民银行审查批准。经批准设立的商业银行分支机构,由中国人民银行颁发经营许可证,并凭该许可证向工商行政管理部门办理登记,领取营业执照。

(2) 有自己的名称、组织机构和场所。法人的分支机构必须具有不同于其所属法人的依核准登记的名称。在核准登记的范围内,对其名称具有专用权,并以该名称进行业务活动。法人的分支机构应设有管理内部事务及对外活动的组织机构,有进行业务活动的场所。

(3)有一定的财产或者经费。这是法人分支机构进行经营活动的物质基础。例如,按照《中华人民共和国公司法》规定,外国公司在我国境内设立分支机构,应向该分支机构拨付与其从事的经营活动相适应的资金。

《民法总则》第74条规定:"法人可以依法设立分支机构。法律、行政法规规定分支机构应当登记的,依照其规定。分支机构以自己的名义从事民事活动,产生的民事责任由法人承担;也可以先以该分支机构管理的财产承担,不足以承担的,由法人承担。"我国其他一些单行法律法规对法人的分支机构也进行了规定,如《中华人民共和国保险法》第74条规定:"保险公司在中华人民共和国境内设立分支机构,应当经保险监督管理机构批准。保险公司分支机构不具有法人资格,其民事责任由保险公司承担。"《中华人民共和国商业银行法》第19条第1款规定:"商业银行根据业务需要可以在中华人民共和国境内外设立分支机构。设立分支机构必须经国务院银行业监督管理机构审查批准。在中华人民共和国境内的分支机构,不按行政区划设立。"第22条规定:"商业银行对其分支机构实行全行统一核算,统一调度资金,分级管理的财务制度。商业银行分支机构不具有法人资格,在总行授权范围内依法开展业务,其民事责任由总行承担。"《中华人民共和国公司法》第14条也有类似规定。这些规定明确了法人的分支机构的地位,即法人的分支机构属于法人的组成部分,其行为后果由法人承担。

三、法人分支机构的法律地位

我国民事立法否认法人分支机构民事主体资格地位,但是承认其诉讼主体资格。根据我国《中华人民共和国民事诉讼法》第48条第1款规定,"公民、法人和其他组织可以作为民事诉讼的当事人"。而根据《最高人民法院关于适用〈中华人民共和国民事诉讼法〉的解释》第52条的规定,"民事诉讼法第四十八条规定的其他组织是指合法成立、有一定的组织机构和财产,但又不具备法人资格的组织,包括:(一)依法登记领取营业执照的个人独资企业；（二）依法登记领取营业执照的合伙企业；（三）依法登记领取我国营业执照的中外合作经营企业、外资企业；（四）依法成立的社会团体的分支机构、代表机构；（五）依法设立并领取营业执照的法人的分支机构；（六）依法设立并领取营业执照的商业银行、政策性银行和非银行金融机构的分支机构；（七）经依法登记领取营业执照的乡镇企业、街道企业；（八）其他符合本条规定条件的组织"。

第七节　法人的变更与消灭

一、法人的变更

（一）法人变更的概念

法人的变更是指法人在存续期间内，它的组织形式、活动宗旨、登记事项（如经营范围、法定代表人、住所等）发生变更或者法人的分立或合并。法人登记事项的变更，必须经过法人章程规定或者法律规定的程序做出决定，然后再到登记管理部门办理变更登记，否则不得对抗善意第三人。《民法总则》第64条规定："法人存续期间登记事项发生变化的，应当依法向登记机关申请变更登记。"第65条规定："法人的实际情况与登记的事项不一致的，不得对抗善意相对人。"

（二）法人变更的类型

1. 组织形式的变更

组织形式的变更指的是法人成立后组织类型发生变化。《中华人民共和国公司法》第9条规定："有限责任公司变更为股份有限公司，应当符合本法规定的股份有限公司的条件。股份有限公司变更为有限责任公司，应当符合本法规定的有限责任公司的条件。"

2. 法人的分立

法人的分立是指一个法人分成两个或者两个以上法人的行为。法人分立分为新设分立和派生分立两种。新设分立是指一个法人分为两个或者两个以上的法人后，原来的法人不再存在。派生分立是指法人分出一个法人后，原法人继续存在。法人的分立应当经债权人同意或者向债权人提供担保。法人分立后债权债务关系的处理，《民法总则》第67条第2款做出了规定："法人分立的，其权利和义务由分立后的法人享有连带债权，承担连带债务，但是债权人和债务人另有约定的除外。"《中华人民共和国公司法》重申了此项规定，第176条规定："公司分立前的债务由分立后的公司承担连带责任。但是，公司在分立前与债权人就债务清偿达成的书面协议另有约定的除外。"

3. 法人的合并

法人的合并是指两个或者两个以上的法人归成一个法人主体的行为。法人的合并分为吸收合并和新设合并，吸收合并是指数个法人被一个法人吞并，而其他法人消灭的情形。企业法人兼并或者事业单位法人合并多属这种形式。新设合并是指参加合并的各方均在合并中消灭，而一个新的法人实体从而产生的行为。同样，法人的合并也应当经债权人同意或者向债权人提供担保。《民法总则》第67条第1款规定："法人合并的，其权利和义务由合并后的法人享有和承担。"

4. 法人其他重要事项的变更

法人其他重大事项的变更是指法人的活动宗旨和业务范围等事项的变化。根据《中华人民共和国企业法人登记管理条例》第17条规定："企业法人改变名称、住所、经营场所、法定代表人、经济性质、经营范围、经营方式、注册资金、经营期限，以及增设或者撤销分支机构，应当申请办理变更登记。"

二、法人的消灭

（一）法人消灭的概念

法人消灭，是指法人丧失作为民事主体的资格，又称为法人终止。其意义与自然人的死亡相同。但是法人作为社会组织体，与自然人的死亡也存在不同之处。自然人生命终结，引发继承的问题，而法人则无此问题。因此，法人消灭必须经过一定的法律程序。

(二) 法人消灭的原因

《民法总则》第68条规定:"有下列原因之一并依法完成清算、注销登记的,法人终止:(一)法人解散;(二)法人被宣告破产;(三)法律规定的其他原因。法人终止,法律、行政法规规定须经有关机关批准的,依照其规定。"

法人解散是指法人的目的事业完成或者无法完成,法人机关的决议、法人章程规定的存续期限届满或者解散事由的发生而自动解散的情况。法人被宣告破产是指法人不能清偿到期债务时,人民法院可根据债权人或者债务人的申请,依法宣告其破产。其他原因指的是法人的合并、分立、国家经济政策的调整和发生战争等。

三、法人的清算

(一) 清算的概念

清算是指对一个终止商事经营并消灭主体资格的法人的债权、债务及财产所做的综合清理行为,其主旨在于一次概括性地结束法人在经营中所有的财产关系,为其安全退出市场提供法律保障。这是使法人归于消灭的必经程序。《民法总则》第70条第1款规定:"法人解散的,除合并或者分立的情形外,清算义务人应当及时组成清算组进行清算。"

(二) 清算的种类

以清算的原因是否是法人不能清偿债务为标准,可将清算划分为破产清算和非破产清算。破产清算是指依照破产法规定的清算程序进行清算。非破产清算则是不依破产法规定的程序进行的清算。两者的本质区别在于:破产清算是在法人现有财产不足以清偿其全部债务的情况下,为公平地概括性地清偿所有债权人的债权所设的一种特别清算程序;而非破产清算是在法人解散或者因其他原因而消灭的时候,对所有的债权债务关系进行清理以便结束所有的财产关系并最终确定法人的剩余财产以分配给出资人的清算程序。非破产清算可以转化成破产清算。《中华人民共和国公司法》第187条规定:

"清算组在清理公司财产、编制资产负债表和财产清单后，发现公司财产不足以清偿债务的，应当依法向人民法院申请宣告破产。"如果应当转化为破产清算而故意或者因重大过失未转化为破产清算，从而给公司或者债权人造成损失的，应当承担赔偿责任。

（三）清算人及其职责

清算人是指负责进行清算的组织或者个人，《民法总则》统一称为清算组。《民法总则》第70条规定："法人解散的，除合并或者分立的情形外，清算义务人应当及时组成清算组进行清算……清算义务人未及时履行清算义务，造成损害的，应当承担民事责任；主管机关或者利害关系人可以申请人民法院指定有关人员组成清算组进行清算。"《民法总则》第107条规定："非法人组织解散的，应当依法进行清算。"关于清算组的职责，《民法总则》第71条规定："法人的清算程序和清算组职权，依照有关法律的规定；没有规定的，参照适用公司法的有关规定。"《中华人民共和国公司法》第184条规定："清算组在清算期间行使下列职权：（一）清理公司财产，分别编制资产负债表和财产清单；（二）通知、公告债权人；（三）处理与清算有关的公司未了结的业务；（四）清缴所欠税款以及清算过程中产生的税款；（五）清理债权、债务；（六）处理公司清偿债务后的剩余财产；（七）代表公司参与民事诉讼活动。"

（四）清算终结

清算终结，即法人完成上述清算职责。清算终结，应当由清算人向登记机关办理注销登记并公告。完成注销登记和公告，法人即告消灭。《民法总则》第72条第3款规定："清算结束并完成法人注销登记时，法人终止；依法不需要办理法人登记的，清算结束时，法人终止。"

第五章 非法人组织

第一节 非法人组织概述

一、非法人组织的含义

非法人组织是指不具有法人资格但可以自己的名义进行民事活动的组织,现代各国民法,大都在法人和自然人之外,承认非法人是具有某种主体性的组织体。《民法总则》第 102 条对非法人组织的概念予以界定。非法人组织,在德国仅指无权利能力社团;在日本包括非法人社团和非法人财团;在我国台湾地区称为非法人团体。传统民法上民事主体理论和立法经历了一个从承认单一主体到多元主体的发展过程,非法人组织具有一定的民事权利能力、民事行为能力和诉讼能力的事实也逐渐得到普遍的认同,这也是承认法人实在说这一法人本质学说的必然结果。法人实在说承认法人并非出于法律凭空的拟制,而是社会生活中"实在"存在的组织体。既然采取法人实在说,承认法人是社会生活中存在的组织体,则不能无视未取得法人资格的组织体之存在。

与自然人与法人相比,非法人组织具备其特殊性。自然人与法人有自己独立的财产,能独立承担民事责任;非法人组织有相对独立的财产,不能完全独立承担民事责任。

二、非法人组织应具备的条件

(一)须为由多数人组成的社会组织体

非法人组织,与社会团体法人一样,应为人合的社会组织体,这既是非法人组织的特征,又是非法人组织的第一要件。此人合组织体不是临时的、松散的,而应为具备稳定性的组织体,才能符合非法人组织的"团体性"要件。

(二)须具有自己的目的

与法人一样,非法人组织须有自己的目的。非法人组织的目的可以是非营利性目的,例如,发展科学、技术、文化、教育、艺术、体育、宗教、慈善事业;也可以是经济性目的,如以获取经济利益为目的。在我国现行法上,营利性目的称为经营范围。因此,对营利性非法人组织来说,必须具有特定的经营范围。

(三)须以团体的名义从事法律行为

非法人组织须有自己的名称并以团体的名义对外进行民事活动,这是非法人组织区别于自然人或者契约关系或者一般松散集合的标志。如果不以团体的名义对外从事法律行为,如属于不须对外从事法律行为,或须对外从事法律行为,而以成员个人的名义或者其他团体的名义对外进行活动,则不具备对外的独立性,其行为不属于非法人组织的行为,也就没有作为非法人团体而成为其主体性的必要。

(四)须有自己的财产或者经费

非法人组织必须有属于自己能支配的财产或者经费,这是非法人组织进行民事活动的物质基础,也是非法人组织实现其团体目的必不可少的条件。与法人组织不同,非法人组织并不要求该财产或者经费属于自己独立享有,即无须享有所有权,只要求独立支配即可。非法人组织的财产也不要求必须与其成员的财产截然分开,如个人独资企业。

(五)应设有代表人或者管理人

非法人组织属于人合组织体,为实现自己的目的,应设立代表人或者管理人,对外代表非法人组织,进行民事行为。非法人组织的代表人或者管理人,应当与非法人团体的机关相区别。对于法人,法律要求设立董事会或者理事会等机关,且关于董事会或者理事会有严格的形式要求。对于非法人组织,不要求必须按照法律规定的组织形式。

三、非法人组织的制度价值

（一）非法人组织是实现结社自由的重要载体

结社自由作为近代以来公民最主要的政治、民主权利，虽然所表征的是公法意义上的权利，但是这一权利首先是一种严格意义的私权利，是民事主体契约自由、营业自由的核心内容和必要形式，其中民事结社权和商事结社权又是这一权利的核心部分。也就是说，结社自由所反映的"社"，既包括法人组织，也包括非法人组织。

（二）非法人组织内容多样和形式开放

与法人组织人格的独立性与制度要素的严格、规范相比较，非法人组织具有内容更为丰富多样和形式上更为活泼开放的特点，这一特点又恰好能够适应人们的社会生活和日常交往，更能满足人们结社、公益、交流中简便、快捷、即时、易行的各种需要。因此，从社会实在意义上看，非法人组织往往要比法人组织涉及的领域更广泛、存在的数量更庞大、对底层社会的影响更直接，而这一特点在具有公共性或公益性的非营利领域表现得更为明显。因此，对法人组织和非法人组织采取不同的法律规则十分必要。①

第二节　非法人组织的类型

一、学理上对非法人组织的分类

对于非法人组织，学理上有各种分类。通常以其设立目的和成立条件进行以下分类。

（一）营利性非法人组织和非营利性非法人组织

根据设立目的，非法人组织可以分为营利性非法人组织和非营利性非法

---

① 肖海军："非法人组织在民法典中的主体定位及其实现"，载《法商研究》2016年第2期，第133页。

人组织。营利性非法人组织，是指以营利为目的不具有法人资格的社会组织。营利性非法人组织的特点在于从事以营利为目的经营活动，其设立的目的就是从事营利活动。这类组织是在经济领域活动的，是市场经济主体的重要组成部分，属于第二部门组织。非营利性非法人组织，是指不以营利为目的不具备法人资格的社会组织。这类组织的根本特点在于其不得从事以营利为目的的经营活动，其设立的目的是从事非营利性的社会服务活动。非营利性非法人组织主要是在社会管理中发挥作用，活跃于社会活动领域，因之属于所谓的第三部门组织。①

（二）须经审批的非法人组织和无须审批的非法人组织

根据设立的条件，非法人组织可以分为须经审批的非法人组织和无须审批的非法人组织。须经审批的非法人组织，其设立须经主管机关批准，未经主管机关批准的，不得设立。无须审批的非法人组织，是指其设立无须经行政审批的社会组织，无须审批的非法人组织可由设立人按照规定的标准任意设立。《民法总则》第103条第2款规定："设立非法人组织，法律、行政法规规定须经有关机关批准的，依照其规定。"这一规定是划分须经审批的非法人组织和无须审批的非法人组织的法律依据。一般说来，非营利性的非法人组织的设立须经行政主管机关批准，营利性非法人组织的设立则无须经行政审批。

（三）需登记的非法人组织与不需要登记的非法人组织

对于非法人组织还有一种分法，即分为需登记的非法人组织与不需要登记的非法人组织。需登记的非法人组织不经登记不能成立，不能以组织的名义进行活动；不需要登记的非法人组织是指其成立不需要进行登记的非法人

---

① 根据主体性质的不同，可将各种类型的组织划分为第一、二、三部门。第一部门主要是指政府，又称为"公部门"，它主要承担起公共事务管理活动核心主体的职责；第二部门主要是指企业或者市场组织，又称为"私部门"，其主要目的在于追求经济利益；第三部门，又称为"志愿部门"，即独立于国家组织和市场组织之外，从事政府和私营企业"不愿做、做不好，或者不常做的事"的组织，具备民间性、非营利性和志愿性等特征，其宗旨可概括为"通过志愿提供公益"。作为公共事务活动主体的有效补充，第三部门在现实生活中发挥着重要的作用，它为解决介于政府和私人企业之间的公共事务活动提供了一个有效的路径。

组织。① 这一分类是以存在不需登记的非法人组织为前提的。非法人组织是否可以不经登记而成立呢？对此，有两种不同的观点。一种观点主张，非法人组织并非都需经登记才能成立；另一种观点则主张，非法人组织都需经登记才能设立，未经登记不能成立。《民法总则》第103条第1款规定："非法人组织应当依照法律的规定登记。"这一规定采用的是上述第二种观点。非法人组织的成立均应登记，有利于加强对非法人组织的控制和管理。

二、现行法上对非法人组织的分类

民法总则中是否应具体规定非法人组织的种类呢？对此有不同的观点。一种观点主张，应在非法人组织中一并规定具体的非法人组织；另一种观点则认为，非法人组织种类繁多，难以具体列举穷尽，不必具体规定。从规定看，民法总则中并未具体规定各种非法人组织。但是，《民法总则》第102条第2款对非法人组织做了列举性规定："非法人组织包括个人独资企业、合伙企业、不具有法人资格的专业服务机构等。"这一规定列举出了非法人组织中的最主要的三种。

（一）个人独资企业

个人独资企业，是指由一个自然人投资，财产属于投资人个人所有，投资人以其个人财产对企业承担无限责任的经营实体。其特征是：①一个自然人出资，生产资料归投资者所有。在法律允许的范围内，投资者即企业主对生产资料享有占有、使用、收益和处分的权利；②雇工经营。在独资企业中，企业主不一定直接参加劳动，或者不是劳动的主要力量，需以雇佣劳动力作为生产经营活动的基本力量或者主要力量；③具有一定的生产经营规模。独资企业作为经济组织必须具备一定的规模。一是有投资者申报的资金；二是有自己的名称；三是须有一定数量的从业人员；四是有固定的生产经营场所和必要的生产经营条件；五是有一套符合法律、法规的企业管理和财务、会计制度等。

《民法总则》将个人独资企业作为非法人组织，其理由如下。

---

① 郭明瑞："民法总则中非法人组织的制度设计"，载《法学家》2016年第5期，第53页。

首先，个人独资企业具有团体性要件。依照我国现行法律和政策，个人独资企业有自己的名称；有自己相对独立的财产；有一定数量的从业人员；有适于自己经营的组织机构等，这些均说明个人独资企业具有团体性要件。个人独资企业还享有作为组织体才享有的民事权利，如字号权、申请注册商标的权利等。

其次，个人独资企业有自己的经营目的和经营范围。在该经营范围内，个人独资企业享有与此相适应的民事权利能力和民事行为能力。个人独资企业可以自己的名义而不是企业主或者投资人的名义从事经营活动。

最后，个人独资企业不能独立承担民事责任。这表明个人独资企业不具有法人资格。个人独资企业的资产虽具有相对独立性，但企业主仍能够凭借其所有权人身份转移资金。为了保护债权人的利益和维护经济生活的稳定，私营企业的投资者应以个人财产对企业债务负无限责任；个人独资企业投资人在申请企业设立时，明确其以家庭共有财产作为个人出资的，应当依法以家庭共有财产对企业债务承担无限责任。

（二）合伙企业

1. 合伙的概念和特征

合伙是由两个以上的自然人、法人或者其他组织，根据合伙协议共同出资、共同经营，依照协议约定或者法律规定承担责任的组织。《中华人民共和国合伙企业法》第2条规定："本法所称合伙企业，是指自然人、法人和其他组织依照本法在中国境内设立的普通合伙企业和有限合伙企业。普通合伙企业由普通合伙人组成，合伙人对合伙企业债务承担无限连带责任。本法对普通合伙人承担责任的形式有特别规定的，从其规定。有限合伙企业由普通合伙人和有限合伙人组成，普通合伙人对合伙企业债务承担无限连带责任，有限合伙人以其认缴的出资额为限对合伙企业债务承担责任。"由此可见，合伙人在通常情况下都承担无限连带责任，但是在有限合伙的情况下，可能承担有限责任。

合伙包含了两方面的关系：一是合伙合同关系，它是确定合伙人之间的权利和义务关系的协议，合伙协议是调整内部关系的依据。依据《中华人民共和国合伙企业法》规定，设立合伙企业的一个必要条件就是有书面合伙协议。合伙人应当按照合伙协议约定的出资方式、数额和缴付期限，履行出资义务。二是合伙组织，即在对外表现形式上，合伙人作为一个组织体，可以与第三方发生各种法律关系。在企业型的合伙中，合伙人不仅要订立合伙合同，而且要建立合伙组织。其法律特征主要表现在如下几个方面。

（1）合伙是两个以上的合伙人所组成的组织。合伙必须有两个以上的自然人、法人或者其他组织组成，一个民事主体当然不能形成合伙。通常情况下，合伙人并无资格限制，只要具有行为能力，可以签署合伙合同，均可成为合伙人；但是，《中华人民共和国合伙企业法》第3条规定："国有独资公司、国有企业、上市公司以及公益性的事业单位、社会团体不得成为普通合伙人。"

（2）合伙存在的基础是合伙协议。合伙人组成合伙必须订立合同，合伙协议是共同出资、共同经营的"协议"，也是两个以上的合伙人之间共同一致的意思表示。合伙协议如同章程之于公司一样，是合伙组织最重要的内部法律文件，各个合伙人都应当按照合伙协议享有权利和承担义务。

（3）合伙以经营共同事业为目的。合伙的目的是合伙人经营共同的事业，这种事业既可以是持续性的，也可以是临时性的。正是由于以经营共同事业为目的，合伙才能成为以一种多个合伙人所组成的组织体而存在。

（4）在外部关系方面，每一合伙人均被视为其他合伙人的代表，其他合伙人对其对外行为承担连带责任。

2. 合伙与法人的区别

合伙与法人具有相似性，但也有区别，主要体现在以下方面。

（1）财产、责任独立性不同。法人具有独立财产，法人的财产完全独立于法人成员的个人财产，法人的责任也不同于其成员的责任；但是，合伙的财产、责任并没有彻底与合伙人分离。一般来说，在普通合伙企业中，合伙人的个人财产与合伙企业财产并未严格分离，普通合伙人要对合伙企业债务依法承担无限连带责任。① 不过，在按照《中华人民共和国合伙企业法》成

---

① 魏振瀛主编：《民法（第五版）》，北京大学出版社2013年版，第99页。

立的有限合伙企业中，由于存在仅仅以其认缴的出资额为限对合伙企业债务承担责任的有限合伙人，所以有限合伙人的财产与合伙企业的财产将发生分离，有限合伙人的个人责任应独立于有限合伙企业。

（2）成员与团体的关系不同。在法人内部，股东一般不能直接参与公司的事务；在普通合伙企业中，合伙人对执行合伙事务享有同等的权利，因此都享有直接支配财产的权利。除非按照合伙协议的约定或经全体合伙人决定，委托一个或数个合伙人对外代表合伙企业执行合伙事务。但有限合伙人不参与合伙事务的管理，依据《中华人民共和国合伙企业法》的规定，只有普通合伙人才能执行合伙事务。

（3）确定权利和义务的依据不同。法人成员的权利与义务大多是通过法律和章程规定的，章程要通过登记予以公示，而合伙人的权利和义务主要是通过合伙协议来确定的。

（4）构成基础不同。社团法人，主要是指有限责任公司，既有人合性质又有资合性质，财团法人主要是资合性质；而合伙主要是人合的组织体。合伙人彼此之间必须具有高度的信任关系，因此，彼此承担连带责任。

（三）不具备法人资格的专业服务机构

专业服务机构，是指应用某些方面的专业知识和专门知识，按照客户的需要和要求，为客户在某一领域内提供知识含量和科技含量较高的特殊服务的机构。以证券行业为例，证券专业服务机构是为证券发行、上市或者证券交易活动出具审计报告、资产评估报告或者法律意见书等文件的专业机构，主要包括会计师事务所、综合类资产评估机构和专项资产评估机构以及律师事务所。不具备法人资格的专业服务机构主要是指会计师事务所和律师事务所等，它们可以采取合伙企业的形式，尤其是特殊的普通合伙形式。《中华人民共和国合伙企业法》第55条第1款规定："以专业知识和专门技能为客户提供有偿服务的专业服务机构，可以设立为特殊的普通合伙企业。"第107条规定："非企业专业服务机构依据有关法律采取合伙制的，其合伙人承担责任的形式可以适用本法关于特殊的普通合伙企业合伙人承担责任的规定。"

除上述三种非法人组织外，这里的"等"组织还应当包括以下几类。

1. 个体工商户和农村承包经营户

《民法总则》中规定了自然人、法人和非法人组织三类民事主体，在"自然人"一章中以单节规定了个体工商户和农村承包经营户。

（1）个体工商户。个体工商户是指在法律允许的范围内，依法经核准登记，从事工商经营活动的自然人或者家庭。个体工商户的特征是：①从事工商个体经营的是单个自然人或者家庭。单个自然人申请个体经营的，必须是具有民事行为能力的自然人；②个体工商户必须依法进行核准登记。自然人或者家庭要想开展个体经营工商业，必须依法向工商行政管理部门提出申请，并由受理机关核准登记，颁发个体经营的营业执照后，才取得个体工商户的资格，并且必须依法在核准登记的范围内从事经营活动。③个体工商户应在法律允许的范围内从事工商业经营活动。这里所说的工商业经营活动是广义的，除手工业、加工业、零售商业外，还包括修理业、服务业等。但是，不论进行何种工商业经营活动，都应当在法律允许的范围内进行，方受法律保护。

个体工商户是准组织体。依照我国现行法律，个体工商户可以雇工经营，表明个体工商户具有准组织体的性质，虽然在现实生活中个体工商户存在个人单独经营的情况。此外，个体工商户可以起字号，可以刻公章，可以设立银行账户，还依法享有只有组织体才享有的商标权等，都表明个体工商户具有组织体的属性。个体工商户具有明确的目的，其目的就是其经营范围，并在其经营范围内享有相应的有别于自然人的民事权利能力和民事行为能力。个体工商户依法享有经营权、起字号权、商标注册申请权等自然人不享有的权利，依法承担纳税及接受监督、检查的义务。个体工商户具有相对独立的财产，该财产主要用于其所从事的工商经营活动。当然个体工商户的财产与个人财产、家庭财产不是严格区分的。

（2）农村承包经营户。农村承包经营户是指在法律允许的范围内，按照承包合同的规定从事商业经营的农村经济组织的成员。其主要特征是：①农村承包经营户是农村集体经济组织的成员。农村集体经济组织的成员依法承包集体经济组织所有的农、副业，从而成为农村承包经营户。②农村承包经营户是基于各种承包合同发生的。合同规定承包的生产项目，交付使用的生产资料的数量和承包日期，承包户使用水利等公共设施的权利，双方当事人的其他主要权利及违约责任等。③农村承包经营户是在法律允许的范围内从事商品生产、经营活动。农村承包经营户应依照合同的约定从事农、副业生产。

农村承包经营户不是一个单纯的家庭消费单位，而是一个相对独立的商品生产者和经营者，享有承包权和商品生产经营权。农村承包经营户作为民事主体，仅限于与集体组织签订承包合同等与此有关的民事活动中。农村进城务工或者向城镇居民出售粮食、蔬菜等农产品，其主体地位为自然人，而非农村承包经营户。对于违反承包合同或者侵犯其经济权利的集体经济组织或者个人，他们有权向人民法院提起诉讼要求保护。农村承包经营户应接受集体经济组织的指导和管理，集体经济组织应当尊重农村承包经营户的自主权，不得非法干预。

（3）个体工商户和农村承包经营户的性质界定。有人认为，个体工商户和农村承包经营户规定在自然人章节之下，应当属于自然人的范畴。但是，区别是否为自然人这类主体不在于是一人投资经营还是两人以上投资经营，而在于是以个人名义还是以非个人的名义进行民事活动。个体工商户也好，农村承包经营户也好，都是以"户"的名义而非以个人的名义进行民事活动的，因此，它们应当是不同于自然人的独立的民事主体。实际上，个体工商户与个人独资企业的区别仅在于规模不同而已，其法律地位不应不同。农村承包经营户与所谓的专业大户、家庭农场的区别也是仅在于规模，它们在民事活动中都不是以个人的名义而是以"户"或农场的名义。既然个人独资企业、家庭农场为非法人组织这类主体，个体工商户、农村承包经营户也应为不同于自然人和法人的第三类主体。尽管《民法总则》仍沿用《民法通则》的体例，在"自然人"一章中专门设置一节对个体工商户、农村承包经营户做了特别规定，但是这不意味着他们属于自然人。一方面法律以专门的一节做特别规定，就表明它们不同于自然人；另一方面《民法总则》中规定他们对民事活动后果的责任承担不同于自然人。个体工商户和农村承包经营户，尽管都是以"户"的名义存在，但是"户"的含义并不同。个体工商户之"户"是指工商登记的"户"，而农村承包经营户的"户"是户籍登记中的"户"，即一个家庭。《民法总则》第56条规定："个体工商户的债务，个人经营的，以个人财产承担；家庭经营的，以家庭财产承担；无法区分的，以家庭财产承担。农村承包经营户的债务，以从事农村土地承包经营的农户财产承担；事实上由农户部分成员经营的，以该部分成员的财产承担。"这表明个体工商户，农村承包经营户在责任承担上与非法人组织是相同的。

2. 筹建中的法人

筹建中的法人又称设立中的法人，它是指为设立法人组织而进行筹建活动的非法人组织。其特征是：①筹建中的法人是一种组织，而非筹建人或者设立人个人。筹建中的法人有自己的名称，有自己的财产，有自己的组织机构和场所。筹建中的法人的名称和财产是与筹建人或者设立人的名称或者财产相分离的。②筹建中的法人是为设立法人而存在的组织体。筹建中的法人可以自己的名义进行筹建活动相关的民事活动。③筹建中的法人是非法人组织，而不是法人。《民法总则》第75条第1款规定："设立人为设立法人从事的民事活动，其法律后果由法人承受；法人未成立的，其法律后果由设立人承受，设立人为二人以上的，享有连带债权，承担连带债务。"实际上，多数情形下，在法人的设立过程中发起人不是以自然人个人的名义进行民事活动，而是以筹建组织的名义进行活动的。《最高人民法院关于适用〈中华人民共和国公司法〉若干问题的规定（三）》第3条规定："发起人以设立中公司名义对外签订合同，公司成立后合同相对人请求公司承担合同责任的，人民法院应予支持。公司成立后有证据证明发起人利用设立中公司的名义为自己的利益与相对人签订合同，公司以此为由主张不承担合同责任的，人民法院应予支持，但相对人为善意的除外。"这一解释表明法院对设立中公司的主体性的认可。因此，筹建中的法人也属于常见的非法人组织。

筹建中的法人作为非法人组织的一种，其民事权利能力应当受到两方面的限制：一方面，应以筹建或者设立所必要的事项为限享有民事权利能力。这里所说的必要事项，可由法律条文规定的方式、章程确定、设立人之间的约定以及依行为的性质等方式予以认定。筹建中法人不能享有与筹建或设立活动无关的民事权利能力。另一方面,应以将来法人成立为条件享有民事权利能力。即筹建中法人虽享有民事权利能力,但将来法人不能登记成立时,其民事权利能力溯及消灭,而由筹建人或者设立人承担其法律后果。[1]

3. 其他

除上述非法人组织外,非法人组织还有不具备法人条件的中外合作企业和外资企业;企、事业单位开办的不具有法人资格的经营实体,不具有法人资格的公益团体等。无论是不具有法人资格的经营实体,还是不具有法人资格的公益团体,都必须依法进行登记,否则,便不享有非法人组织的资格。

第三节　非法人组织的民事能力

一、非法人组织的民事权利能力

主体的民事权利能力是其以自己的名义享受民事权利和负担民事义务的资格。有民事权利能力者才能成为民事主体。反之,凡为民事主体者,必有民事权利能力。民事权利能力是非法人团体的民事能力的核心。关于非法人团体是否具有民事权力能力,立法和学说分为肯定和否定两种主张。

其一,肯定说。该学说从社会生活实际出发,承认非法人组织具有一定的民事权利能力,因而在统一范围内具有民事行为能力。在今日,依据习惯法或判例法肯定非法人社团在法律上的主体性。非法人组织享有人格权,与法人相比并无差别。

其二,否定说。以德国法为代表,《德国民法典》第54条将非法人组织称为无权利能力社团,并对其适用关于合伙的规定。有学者指出,立法者未看到民法上的合伙与无权利能力社团之间存在着基本构造的差异。民法上的合伙,只是少数人依双务的信赖关系结成的结合体。所以,合伙在对外关系

---

[1] 魏振瀛主编:《民法（第五版）》,北京大学出版社2013年版,第115页。

上是作为多数人，而不是一人。原则上合伙事务应由合伙成员共同执行，应经合伙成员一致同意。此与无权利能力社团正好相反。无权利能力社团虽然是人的结合体，但此结合体常作为独立于成员而存在的组织体，追求其特定的目的。对这样的人的结合体来说，有必要规范其成员的加入、退出、对外的意思形成及代表的规则。因此，《德国民法典》第54条被指为违背社会生活实际的立法，而德国联邦普通法院判例则通过解释适用关于社团的规定，回避第54条的适用，在一定程度上符合了社会生活实际的要求。[①]

中国现行法律制度承认不具备法人资格的组织体经核准取得营业执照，可以在核准的经营范围内从事经营活动，参加民事法律关系，享有权利负担义务，因此应断定中国现行法承认非法人组织在核准登记的范围内具有民事权利能力，属于肯定说。

《民法总则》明确规定非法人组织为独立于自然人和法人的另一类主体，也就赋予非法人组织以民事权利能力。非法人组织有自己的名称，可以起字号，可以以自己的名义在银行开设账户，可以自己的名义进行不动产等产权登记。也就是说，非法人组织可以自己的名义享有民事权利和承担民事义务，即具有一定的民事权利能力。非法人组织的民事权利能力，自成立时享有，于终止时消灭。同时，非法人组织的民事权利能力范围也会受到限制。这一限制包括两方面：一是自然属性上的限制。非法人组织作为一个组织，当然不能享有自然人基于自然人的自然属性而享有的权利。二是社会属性上的限制。非法人组织为实现一定的目的而存在于社会，它只能享有与实现其宗旨有关的必要的权利，对于与其设立宗旨相悖的权利并无资格享有。例如，以从事公益事业为目的的非法人组织，不具有从事营利性经营活动的民事权利能力；以从事商品生产经营为目的的营利性非法人组织，不具有从事公益社会事务的民事权利能力。非法人组织具有民事权利能力，得以自己的名义享受民事权利和负担民事义务。因此，它在社会上必有一个参与民事权利和义务关系的中心地，即住所。

---

① 〔德〕拉伦茨：《法学方法论》（日文本），米山隆译，第627-631页。

二、非法人组织的民事行为能力

民事行为能力是主体独立从事民事活动的资格。只有具备民事行为能力，才能以自己的名义进行民事活动，通过自己的行为设定权利义务。有民事行为能力者，必有民事权利能力；有民事权利能力者，未必有民事行为能力。《民法总则》第102条中明确规定非法人组织"能够依法以自己的名义从事民事活动"，这也就赋予非法人组织以民事行为能力。非法人组织的民事权利能力与民事行为能力具有时间范围上的一致性。这一点与法人的民事权利能力与民事行为能力的关系并无不同。

民事行为能力是实施民事法律行为的能力，而行为又受意思支配。非法人组织作为一个组织，也必以一定的形式形成组织的意志，以特定的自然人的行为来实现其民事行为能力。不同的非法人组织的组织意志形成的程序各不相同，依其各自的章程的规定而定。一般来说，除法律特别规定外，非法人组织的设立人或者成员都有权代表组织进行民事活动。《民法总则》第105条规定："非法人组织可以确定一人或者数人代表该组织从事民事活动。"这里说的是"可以"，而非"应当"或者"必须"。因此，是否确定代表人代表组织从事民事活动，是非法人组织的权利。但是，非法人组织一经确定代表人代表该组织从事民事活动，其他人可对代表人的行为实施监督并可提出异议，但不能以该组织的名义代表该组织从事民事活动。其他人的行为虽不能代表该组织，但也不得以其不具有代表权而对抗善意第三人。非法人组织的代表人以该组织名义实施的行为就是该组织的行为，其后果由该组织承受。

三、非法人组织的民事责任能力

民事责任能力是主体以自己的财产为自己的债务独立承担民事责任的资格。一个组织若仅以自己的独立财产为自己的债务承担责任，则为具有民事责任能力；若不是仅以自己的财产为自己的债务承担责任，而是其投资者、设立人、成员也要以自己的个人财产为该组织的债务承担责任，则该组织不具备民事责任能力。《民法总则》第104条规定："非法人组织的财产不足以清偿债务的，其出资人或者设立人承担无限责任。法律另有规定的，依照其规定。"这表明非法人组织并不是仅以自己的财产为其债务承担责任的，在其财产不足以承担责任时，组织成员或者设立人还要以自己在组织外的其他财产承担责任，即其对组织的债务并非仅以其投入或者认缴的财产为限承担责任。这一规定说明非法人组织是不具有完全民事责任能力的。这一条中所说的，"法律另有规定的，依照其规定"，主要是指《中华人民共和国合伙企业法》中的另外规定。依照《中华人民共和国合伙企业法》规定，有限合伙中的有限合伙人仅以出资为限对合伙债务承担有限责任。但有限合伙也必须有至少一个普通合伙人，普通合伙人对合伙债务承担无限责任。能否独立承担民事责任，是法人与非法人组织的根本区别。可见，确定一个组织是否具有完全民事责任能力，是判断该组织是否为法人的根本标准。正如学者所言，在权利能力和行为能力上，非法人组织与法人并无实质的差别。而非法人组织与法人的实质差别，仅在于不具有完全的民事责任能力。[①] 非法人组织正是因为不具有完全民事责任能力，才不具有法人的资格，才成为区别于法人的另一类主体。非法人组织之所以不具有完全民事责任能力，是因为其财产、意志等没有与组织的成员或者设立人完全分开，即不具有完全的独立性。

第四节　非法人组织的成立与终止

非法人组织作为组织，虽不能如自然人一样有出生和死亡，但却如法人一样地成立和终止。非法人组织的主体性基于成立而发生，基于终止而消灭。

一、非法人组织的成立

非法人组织经设立而成立。关于非法人组织的设立和成立，《民法总则》中未做规定，但是其第108条规定："非法人组织除适用本章规定外，参照适用本法第三章第一节的有关规定。"因此，非法人组织的成立条件，应参照适用关于法人成立的规定。《民法总则》第58条第1款规定："法人应当依法成

[①] 梁慧星：《民法总论（第四版）》，法律出版社2011年版，第148页。

立。"这里的依法成立,既包括依法律规定的实体条件成立,也包括依法律规定的程序条件成立。一个组织,若非依法成立,则属于非法组织。非法组织不仅不能成为民事主体,而且设立人还应当承担相应的行政责任或刑事责任。由于各类非法人组织的宗旨和功能不同,法律对其成立的条件要求也各不相同。一般来说,从实体条件上说看,非法人组织的设立应有章程。章程是非法人组织成立后进行活动的基本规章,应经设立人全体一致同意。非法人组织也应有自己的名称、机构和住所。从程序条件上看,法律规定其设立须经行政审批的非法人组织,应经批准后方可设立。法律规定应予登记的,非法人组织于依法登记并取得相应的执照后才能成立,才可以组织的名义进行民事活动,否则该组织不能成立。法律未规定应予登记的非法人组织,则于设立后即可成立。

二、非法人组织的终止

非法人组织的终止,即非法人组织的消灭。非法人组织的终止,一是须有终止的事由;二是须经必要的程序。

（一）非法人组织终止的事由

非法人组织终止的事由,也就是导致非法人组织解体的原因。《民法总则》第106条规定:"有下列情形之一的,非法人组织解散:（一）章程规定的存续期间届满或者章程规定的其他解散事由出现;（二）出资人或者设立人决定解散;（三）法律规定的其他情形。"这一规定表明,非法人组织可基于以下原因终止。

1. 章程规定的存续期间届满

非法人组织的章程有规定组织存续期间的,该期间届满,该非法人组织解散。若出资人或设立人不同意在原规定期间届满时解散,则应修改章程中关于存续期间的规定,并办理相应的变更登记。非法人组织的章程未规定具体存续期间,但规定具体任务的,该任务完成或者结束,该非法人组织已无存在的必要,也应解散。

2. 章程规定的其他解散事由出现

非法人组织除设立人仅为一人的情形如个人独资企业之外,都是其成员自愿协商设立的。章程就是当事人之间的协议。当事人可以在协议中事先约定解除协议的事由，一旦约定的解除事由出现，当事人即可解除协议。协议解除，组织体也就解散。因此，章程中规定的解散事由出现，该非法人组织也就解散。

3. 出资人或者设立人决定解散

非法人组织是由出资人或者设立人自愿设立的。当事人既可以自行决定设立某组织，也可以自行决定解散该组织。决定解散应由组织全体成员一致同意。若组织成员中有的同意解散，有的不同意解散，该组织不能解散。在此情形下，愿意解散的组织成员可以退出该组织，但若两个以上的人组成的非法人组织，仅有一人不同意解散，则该组织应当解散。章程中对组织解散程序另有规定的，应依其规定。

4. 法律规定的其他情形

这是兜底条款，除上述事由外，出现法律规定的其他解散情形时，非法人组织也应解散。例如，因从事非法活动被勒令解散的。

（二）非法人组织终止的程序

《民法总则》第107条规定："非法人组织解散的，应当依法进行清算。"以此规定，非法人组织解散的，须经下列程序才能终止。

1. 清算

非法人组织解散时的清算，一般由其组织的成员协商确定清算人，当事人协商不成的，也可请求法院指定清算人。清算人负责执行清算事务。非法人组织清算人应执行的清算事务与法人的清算无多大差别。

2. 注销登记

非法人组织于清算结束后，经过登记的，须办理注销登记。于注销登记后，非法人组织终止。与法人终止不同的是，非法人组织终止后，除法律另有规定外，其设立人或者组织成员对未清偿的原非法人组织的债务仍应负清偿责任。只有在法律规定的时效期间届满后，设立人或者组织的成员才可取得不再清偿原非法人组织应清偿的债务的时效经过抗辩权。

第三编 民事法律关系的客体

第六章 民事法律关系客体

第一节 民事法律关系客体概述

一、民事法律关系客体的概念与特征

民事法律关系客体,通指民事法律关系主体享有的民事权利和承担的民事义务所共同指向的对象,也称为民事权利客体。民事法律关系建立的目的,总是保护某种利益、获取某种利益,或者分配转移某种利益。因此,民事法律关系客体所承载的利益,是民事权利和民事义务联系的中介。这些利益虽可从不同角度进行分类,但可归结为物质利益和非物质利益。

自罗马法以来的法律思想认为,民事法律关系的客体是权利客体,又称权利标。权利客体受权利主体支配。权利客体远较"物"的概念含义广泛,是指受权利主体支配的各种权利的对象,不仅包括物,而且包括各种权利、利益以及无财产价值的作为或不作为。[①]

民事法律关系客体具有以下特点:①利益性。民事法律关系客体是指能够满足人们利益需要的载体。民事主体参与民事法律关系,享有民事权利总是为了满足自己的利益需要,如父母对未成年子女的权利是以身份利益为客体的,这种利益主要是为了满足未成年人的需要,若无该种利益,就不会存在该种权利。由于人的利益需求是多方面的,既有物质利益,也有非物质利益。因此,民事法律关系客体既包括物质利益,也包括非物质利益。②客观

---

① 施启扬:《民法总论》,三民书局1997年版,第173页。

性。民事法律关系客体是存在于主体之外的，是不以主体的意志为转移的。在客观上根本不存在的事物不能成为法律关系的客体，如长生不老药、永动机等。①

二、民事法律关系客体的范围

关于民事法律关系客体的范围，中外学者多有争议，主要有如下观点：①民事法律关系客体是物；②民事法律关系客体是物和行为；③民事法律关系客体是体现一定物质利益的行为；④民事法律关系客体是物、行为、智力成果和与人身不可分离的非物质利益。本书作者认为，民事法律关系的客体为各种物质利益和非物质利益，其范围包括：

（1）物。物权是对物直接支配的权利。物权关系的客体是各种物，包括动产和不动产。

（2）行为。债权是请求特定人为一定给付的行为，这种行为通常体现财产利益，因此债务人的作为和不作为是债权的客体。

（3）人身利益。人身权的客体为非物质利益，亦称精神利益。如人格权的客体是人格利益；自由权的客体是自由价值；身份权的客体是身份利益等。

（4）有价证券。有价证券与物不是同一概念，有价证券通常为权利凭证。它既可以成为物权的客体，又可以成为债权的客体。

（5）智力成果。知识产权是对智力成果享有的权利，智力成果是知识产权的客体。

（6）权利。权利是否可作为民事法律关系的客体，多有争议。通说认为，在法律有规定的情况下，权利可成为民事法律关系的客体。《民法总则》第 115 条规定，"法律规定权利作为物权客体的，依照其规定"。

（7）个人信息。个人信息通常以数据为载体，以资料为存在形式。个人信息具有识别性，是可以直接和间接识别本人信息的总和。

（8）虚拟财产。虚拟财产为当代社会的一种新的财产形态，具有满足人

---

① 另有学者认为，民事权利客体的特征还包括法定性、多样性、可支配性等。见李建华、彭诚信：《民法总论》，吉林大学出版社 1998 年版，第 201、202 页；郭明瑞主编：《民法》，高等教育出版社 2003 年版，第 86 页。

们精神需要的功能。虚拟财产既具有一般财产的基本属性，又具有自身的特殊属性。

第二节 物

一、物的含义

法律上的物，作为民事法律关系客体之一，是指存在于人身之外，能够满足人们的社会需要而又能为人所实际控制或者支配的物质客体。这一定义表明，民法上的物，都具有物理属性，也都是哲学意义上的物质，但是物理学及哲学意义上的物及物质却并不都能成为法律上的物。如日、月、星辰，不为法律上的物。从另一角度讲，作为民事法律关系客体之一的物，具有广泛的意义。凡是存在于人身之外，能够满足人们一定的社会需要而又能为人所实际控制和支配的自然物及人类创造物，都能成为法律上的物。从这个意义上讲，法律上物的范围将随着人类征服自然、改造自然的能力不断扩大而呈扩大趋势。

二、物的分类

（一）动产与不动产

以物是否能移动并且移动是否损害其价值为标准，可将物分为动产和不动产。这一分类是自罗马法以来，各国民法上对物的基本分类。《民法总则》第115条使用了不动产和动产的概念。

1. 动产

动产是指能够移动而不损害其价值或用途的物。此外，在法律上各种可以支配控制的自然力，在性质上也应认定为动产。[1] 某些物在性质上能够移动，但因其价值较高，且在交易习惯上其转让程序较为慎重，在法律

---

[1] 施启扬：《民法总论》，三民书局1997年版，第180页。

上也具有不动产的某些特征,在学理上称为"准不动产",如船舶及民用航空器等。

2. 不动产

不动产是指不能移动或者移动会损害其用途或者价值的物。不动产主要指土地及土地上的定着物。

3. 区分动产与不动产的意义

动产与不动产,是法律上对物进行的最重要的分类。由于动产和不动产在经济价值以及利用方法等各个方面均有极大的不同,因此,法律上对其调整原则也有很大不同,这也是区分动产与不动产的主要法律意义所在。具体而言主要有如下几点。

(1) 物权变动的法定要件不同。依《物权法》规定,不动产物权变动一般以登记为生效要件。如房屋买卖,当事人必须订立书面合同,还必须向房屋所在地房管机关登记,办理过户手续,才能发生所有权转移的后果。① 而对于动产物权的变动,则一般以物的交付为要件。

(2) 物权类型不同。土地承包经营权、地役权等用益物权以不动产为限,而动产质权、留置权以动产为限。

(3) 诉讼管辖方面的不同。因不动产发生的民事纠纷,由不动产所在地人民法院专属管辖,而动产的诉讼管辖则比较灵活。

(二) 流通物与限制流通物

根据物的流通性,物可以分为流通物和限制流通物,又称融通物和限制融通物。流通物是指法律允许民事主体之间依法定程序自由流转的物。限制流通物,是指法律对其流转给予一定程度的限制或者禁止自由流转的物。这种分类是以物在民事流转过程中是否受限制以及受限制的程度为标准划分的。在我国,限制流通物主要有以下几种。

1. 专属国家所有的财产

专属国家所有的财产,如矿藏、水流、海域、无线电频谱资源等。民事主体对这类国家专有财产的使用,必须依法取得相应的用益物权。

---

① 见《中华人民共和国城市房地产管理法》第61条。

2. 非专属国家所有的财产

非专属国家所有的财产，但在流通中给予一定限制，如：①土地、森林、山岭、草原、荒地、滩涂、水面等自然资源，可以转让其使用权，而不能转让其所有权。②军用武器、弹药、毒品、麻醉药品等，为了维护社会秩序，保障公共安全，对这类物品的生产、流通、使用甚至保管，都得依照法律进行，不得随意私自进行。③黄金，包括金条、金块、金粉、金铸币、金制品等，都只能由国家规定的专营单位经营。④文物。国家对文物实行保护管理，依法属于国家所有的文物，任何人不得自行挖掘，据为己有。自然人依法可以持有某些文物，但严禁将文物走私出口。⑤黄色淫秽的书刊、磁带、录像带等，国家禁止这类物品的流通转让。

对流通物与限制流通物的分类，有助于我们明确某一具体的物可以设立法律关系的性质与范围。如以限制流通物为标的物设定法律关系时，须了解法律的相关规定，以保证所设定的法律关系不因标的物不合法律要求而致无效。如果无视国家基于社会公共利益和国家利益做出的对某些物的流通的限制的规定，不仅所设定的法律关系归于无效，相应的自然人或者社会组织还要受到法律制裁。因此，民事主体在进行民事活动中，须得了解国家有关限制流通物的规定。

（三）特定物与种类物

根据物是否具有独立的特征或者是否被权利人指定而特定化，可将物分为特定物与种类物。

特定物是指自身具有独立的特征，或者被权利人指定而特定化，不能以其他物代替的物，包括在特定条件下独一无二的物和从一类物中根据民事主体的意志指定而特定化的物。前者如鲁迅先生的一页手稿，齐白石先生的一幅画等；后者如从一批奥迪牌汽车中挑选出来的某一辆汽车等。

种类物是指具有共同的特征，能以品种、规格、质量或者度量衡加以确定的物。如质量、价格相同的大米，同一型号的钢管等。

种类物与特定物区分的法律意义主要有：

（1）有些法律关系只能以特定物为标的物，如所有权法律关系、租赁法律关系等；而有些法律关系的标的物既可以是特定物也可以是种类物，如买卖法律关系等。特定物与种类物的分类仅在交易中有意义。

（2）物意外灭失的法律后果不同。特定物在交付前意外灭失的，由于其具有不可替代的特性，故而可以免除义务人的交付义务，而只能请求赔偿损失。种类物如在交付前意外灭失的，由于其具有可替代性，故而不能免除义务人的交付义务，可责令义务人以同种类的物为交付。

（四）主物与从物

见本节"三、从物"。

（五）原物和孳息

见本节"四、孳息"。

（六）可分物与不可分物

依照物能否分割，以及分割是否损害其用途及价值的特点，物可分为可分物与不可分物。可分物是指可以分割并且不因分割而损害其用途及价值的物。如一袋米可分为数小袋米。不可分物是指按照物的性质不能分割，或者分割将损害其用途及价值的物，如一头牛、一辆汽车等。

可分物与不可分物区分的法律意义在于：

（1）便于共有财产的分割。当数人共有一物时，若物为可分物，则财产分割时可以采取实物分割的方法；若物为不可分物，则只能采取变价分割或者作价补偿其他共有人的方法。

（2）便于明确多数人之债的债权债务。多数人之债中，若其标的物为可分物，则数人可共享按份债权或者共担按份债务；若标的物为不可分物，则数人之债权为不可分债权，而其债务为不可分债务。此外，当事人可依协议或者约定在一定期限内不得将可分物分割，则其债权债务于此特定期限内为不可分债权或者不可分债务。

（七）消耗物与非消耗物

根据物经使用后的形态变化性，物可分为消耗物和非消耗物。消耗物是指一次使用就归于消灭或者改变原有形态和性质的物。粮、油、糖、茶等生活用品均为消耗物。非消耗物是指可以长期多次使用，并不会改变其形态和性质的物。如房屋、机器、牛、马等。

区分消耗物与非消耗物的意义在于：消耗物不能作为转移物的使用权的债的标的物，只能作为消费借贷或者转移所有权等债的标的物；非消耗物可以成为转移使用权的债的标的物。

（八）有主物与无主物

根据物在一定时期内是否有所有人，可将其划分为有主物与无主物。有主物是指所有人明确的物，如自然人某甲的手表等。无主物是指没有所有人的物，如抛弃物、无人继承的物等。

区分有主物与无主物的法律意义在于：①对于无主物，当事人可以依法以自己单方意志取得；而对于有主物，不能依单方意志取得所有权。②确定无主物的归属。无主物所有权的取得，各国民法有不同的规定。依《物权法》第113条的规定，遗失物自发布招领公告之日起六个月内无人认领的，归国家所有。依《中华人民共和国继承法》第32条的规定，无人继承又无人受遗赠的遗产，归国家所有，但死者生前是集体所有制组织成员的，归所在集体所有制组织所有。

（九）单一物、合成物与集合物

根据物是由一个还是多个独立物构成，可将其划分为单一物、合成物与集合物。单一物是独立成一体的物，如一张桌子、一把椅子等。合成物是指由数个单一物构成的物。数个单一物合成为一体，在法律上或者观念上视为一物的，为合成物。例如，配有鸡心宝石的金项链、嵌有钻石的金戒指等。合成物的各个组成物之间无主物、从物关系，而是合成一体的。集合物是指由多个单一物或合成物聚合而成的，在法律或者交易观念上视为一物的物的总体，如一个图书馆的所有藏书。

对物做这种分类的法律意义在于明确，无论是哪种物，作为权利的客体时，在法律和观念上都是一个完整的物。具体而言，在作为物权客体时，单一物、合成物与集合物有同一法律性质，只能对物的整体设定一个所有权或者相容的数个他物权，或者另行设定他物权；在作为交易客体时，不得随意变更物的组合状况，否则将构成债的不履行。

三、从物

从物是相对于主物而言的。根据两个物在物理上相互独立,而在经济用途上又相互联系的关系,把物划分为主物与从物。在必须结合使用才能发挥经济效益的两个独立的物中,起主要效用的为主物;在两个独立物结合使用中处于附属地位,起辅助和配合作用的物是从物。如船和配合其使用的桨等。《民法总则》未采用主物和从物的概念,但《合同法》第164条和《物权法》第115条采用了这一概念。

从物的法律意义主要在于:在法律没有相反规定或者当事人没有相反约定时,主物所有人处分主物时,效力及于从物,如转移主物所有权,则从物所有权亦随之转移;在当事人没有特别约定的情况下,因标的物的主物不合约定解除合同的,解除合同的效力及于从物,但不能与之相反;若对主物所有权为一定限制,则限制亦及于从物,如设定抵押,则抵押之效力亦及于从物。

四、孳息

孳息是指因物或者权益而生的收益。广义的孳息还有用益的意思,除通常所称的孳息外,还包括因物的使用或者权利的行使而获得的一切利益,如利用房屋经营商业。随着人们对孳息认识的不断深入,孳息的范围也逐渐地发生着变化。孳息分为天然孳息和法定孳息。孳息是相对于原物而言的。原物是指依照法律规定或者依其自然性质产生新物的物,如产出幼畜的母畜,带来利息的存款等。因买彩票所中奖金在学理上称为射幸孳息。

(一)天然孳息

天然孳息是指依照物的自然性质而产生的收益物,又称直接孳息。如果树上采摘的果子,动物之产物如鸡蛋、羊毛、鹿茸等均属天然孳息。但是,宰牛所获的牛肉、开垦的农田则非天然孳息,利用现代技术产生的电力亦非孳息。

(二)法定孳息

法定孳息是指依照法律规定产生的收益物,又称间接孳息。法定孳息必须因他人使用而发生,使用自己的金钱、房屋、衣服,虽也有利益,但此种利益乃基于事实关系所享有的利益，而非基于法律关系所产生的收益，不能认定为法定孳息。法定孳息如租金、存款利息等。

(三) 孳息的法律意义

孳息的法律意义在于确定孳息收取权。《物权法》第116条规定，天然孳息由所有权人取得；既有所有权人又有用益物权人的，由用益物权人取得；当事人另有约定的，按照约定。法定孳息，当事人有约定的，按照约定取得；没有约定或者约定不明确的，按照交易习惯取得。《合同法》第163条规定，标的物在交付之前产生的孳息，归出卖人所有，交付之后产生的孳息，归买受人所有。

五、货币

货币是充当一般等价物的特殊商品，属于民法上的种类物。货币作为社会一般财富的代表，其本身的价值并不为人们所重视，人们看重的是其所代表的社会财富的多少，即表现为一定数量票面金额的多少。只要其所代表的社会财富相等，这几张货币与那几张货币，或者此种货币与彼种货币，就在质上相等。因此，作为种类物，货币具有很高的替代性。货币作为一般等价物，具有价值尺度和支付手段的功能。

我国的法定货币是人民币，包括各种纸币和铸币。除法律另有规定外，人民币是我国境内唯一通行的货币，外国货币、金银都不得作为支付手段。民事主体要实现民事权利或者履行民事义务，必须遵守国家法律的规定，以人民币为支付手段，而不能违反法律规定进行外币黑市交易、逃汇、套汇等非法活动。

货币作为民法上特殊的种类物，其特殊之处是：①货币占有权与所有权合二为一，货币的占有人视为货币所有人。②货币所有权的转移以交付为要件，即使在借款合同中，转移的也是货币所有权，而非货币的使用权。无行为能力人交付的货币也发生所有权的转移。③货币不发生返还请求权与占有回复诉权问题，仅能基于合同关系、不当得利或者侵权行为提出相应的请求。其特殊之处是由货币的流通性决定的。

第三节 行　　为

一、行为的概念

作为民事法律关系客体的行为，是指依照法律规定和当事人约定，权利人有权要求义务人进行的行为和义务人应当进行的行为。随着社会的发展，服务业发展迅猛，提供服务或是劳务的行为作为民事法律关系的客体地位越来越重要。

通常，作为法律关系客体的行为往往会达成某种结果：一种是物化结果，即义务人的行为凝结于一定的物体，产生一定的物化产品或营建物，如房屋、道路、桥梁等；另一种是非物化结果，即义务人的行为没有转化为物化实体，而仅表现为一定的行为过程，直至终了，最后产生权利人所期望的结果或效果。

不过，值得注意的是，在很多时候，其实行为本身才具有意义，行为结果反而并不重要。在崇尚意思自治的民法国度里，现实中普遍存在很多难以用效果衡量的作为客体的行为，权利人在义务人完成一定行为后，往往客观上难以认定是否达成某些效果，有时候甚至权利人对行为的结果并不追求，仅仅关心行为本身，法律应尊重社会的需求和当事人的意愿，对此类民事法律关系加以保护。

一定意义而言，行为本身才是法律关系的客体，而行为结果，只不过是我们在一些情况下对行为附加的要求。如果我们把行为结果而不是行为本身作为客体，很多情况下会扭曲法律关系的本质，造成理论与现实的脱节。

二、民事法律关系中两种"行为"的区分

在民法上，行为有两层含义：一是作为民事法律关系客体的行为；二是作为民事法律关系变动原因的行为，即能够引起民事法律关系的设立、变更与终止的行为。本节所称行为是指前者。

作为民事法律关系客体的行为与作为民事法律关系变动原因的行为，都属于行为的范畴，具有共性，但两者是有区别的：①作为民事法律关系变动原因的行为，按照是否合法，可分为合法行为（适法行为）和不法行为（包括违约行为、侵权行为等），也就是说合法行为和违法行为均可引起民事法律关系的设立、变更与终止。作为民事法律关系客体的行为是依照法律规定和当事人约定，权利人有权要求义务人进行的行为和义务人应当进行的行为，只能是合法行为。②作为民事法律关系变动原因的行为，按照行为人意识状态，可分为表意行为（即民事法律行为）和非表意行为（即事实行为）。作为民事法律关系客体的行为，是债权人和债务人在已经明确权利义务的情况下实现权利义务的行为，故只能是表意行为，不能是事实行为。③作为民事法律关系变动原因的行为，按照行为性质的不同，可分为民事法律行为、行政行为和司法行为等，即无论民事法律行为、行政行为和司法行为，均可引起民事法律关系的设立、变更与终止。作为民事法律关系客体的行为，只能局限于民事领域，不能扩大到行政、司法领域。

三、行为的种类

（一）作为与不作为

根据行为的方式不同，可以将行为分为作为和不作为。这里的作为，是指依照法律规定和当事人约定，权利人有权要求义务人进行的积极行动和义务人应当进行的积极行动。如出租人有权要求承租人按照约定的期限支付租金；不作为是指依照法律规定和当事人约定，权利人有权要求义务人进行的消极行动和义务人应当进行的消极行动。如出租人有权要求承租人不得擅自改造租赁物，不得擅自转租。

（二）基于合同之债的行为、基于侵权之债的行为、基于不当得利之债的行为及基于无因管理之债的行为

行为（给付）是债权关系的客体，债依据其发生原因的不同可分为合同之债、侵权之债、不当得利之债和无因管理之债等，故可将作为民事法律关系客体的行为按照民事法律关系种类的不同，分为基于合同之债的行为、基于侵权之债的行为、基于不当得利之债的行为及基于无因管理之债的行为。

基于合同之债的行为，是指合同债权人要求合同债务人所应进行的履行合同义务和合同附随义务的行为。

基于侵权之债的行为，是指因侵权人的侵权行为损害了受害人的合法权益，受害人（债权人）有权要求作为侵权人（债务人）所应进行的补偿受害人损失的行为。

基于不当得利之债的行为，是指不当得利之债发生后，受损人（债权人）要求受益人（债务人）所应进行的返还不当得利的行为。

基于无因管理之债的行为，是指无因管理之债发生后，管理人所应进行的履行适当管理、通知、报告等义务的行为和有权进行要求受益人偿付其必要费用的行为。

（三）交付财物、支付金钱、移转权利、提供劳务及提交成果等行为

根据行为具体形态的不同，可以将行为分为交付财物、支付金钱、移转权利、提供劳务和提交成果等不同类型。

交付财产，是指债务人向债权人交付一定形态的财产。买卖、赠与、租赁等合同均以交付财产为行为的具体形态。

支付金钱，是指债务人向债权人交付一定数量的金钱。当移转财产的所有权或使用权时，支付金钱作为债务人所获权利的对价，如买卖合同中买受人向出让人交付的货款，租赁合同中承租人向出租人交付的租金等。当消费他方劳务时，支付金钱作为债务人消费劳务的报酬，如运输合同中托运人向承运人交付的运费。

移转权利，是指债务人将一定的权利而非财物移转给债权人，如商标权转让合同、债权让与合同、企业名称权转让合同等。

提供劳务，是指债务人通过提供一定的劳务来履行债务，如运输合同中承运人的运送行为、保管合同中保管人的保管行为等。

提交成果，是指债务人以自己的劳动、技能和智慧为债权人完成一定工作，并提交相应工作物，如承揽合同中承揽人完成工作并提交工作物。

第四节　人身利益

一、人身利益的概念与特征

在民法上，人身利益是人身权的客体。人身利益，又称非物质利益，是指民事主体享有的，与其人身不可分离的生理和心理上的精神利益。人身利益包括人格利益和身份利益。人格利益是民事主体为维持其主体性要素所必备的利益，身份利益则是基于特定身份产生的伦理性利益。

多数学者认为，人身利益既包括自然人享有的人身利益，也包括法人享有的人身利益。就自然人而言，其人身利益主要包括生命、身体、健康、姓名、名誉、肖像、隐私、荣誉和亲属利益等，分别构成生命权、身体权、健康权、姓名权、名誉权、肖像权、隐私权、荣誉权、配偶权、亲权和亲属权的客体。就法人而言，其人身利益主要包括名称、名誉、荣誉等，分别构成法人名称权、名誉权和荣誉权的客体。《民法总则》第110条规定，自然人享有生命权、身体权、健康权、姓名权、肖像权、名誉权、荣誉权、隐私权、婚姻自主权等权利。法人、非法人组织享有名称权、名誉权、荣誉权等权利。

实际上，在民法中人身利益仅为自然人享有，法人不享有人身利益，因为法人虽然也享有名称权、名誉权与荣誉权，但是，法人享有的这些权利在性质上属于物质性质的权利，当行为人侵害法人享有的这些权利时，他们仅对法人承担财产损害赔偿责任，不承担非财产损害赔偿责任。

人身利益作为人身权法律关系的客体，具有以下法律特征：①人身利益与人身紧密联系，具有不可分离性。人身利益的不可分离性，又称人身利益的专属性、不可让与性，是指人身利益依民事主体的存在而存在，任何民事主体都不能将其人身利益让与他人。如果权利人将其生命、姓名、肖像等人格利益让与他人，无异于抛弃人格，不仅在事实上不可能，在法律上也不被允许。②人身利益并非财产利益，不具有直接的物质利益内容。民事主体享有和行使人身权，是为了满足精神利益的需要，并非寻求物质利益。物质利益具有交换价值和使用价值，能够用金钱加以估算和衡量。人身利益并非如此，其主要表现为人格独立、人格自由、人格尊严以及亲属之间相互关爱等精神利益。③人身利益与财产利益具有密切联系。人身利益虽然不具有直接的物质利益内容，但与物质利益紧密相关。首先，某些人身利益的享有是获得财产利益的前提，如继承权须以特定身份的存在为前提。其次，某些人身权利的行使可以为权利主体带来物质利益，如姓名权、肖像权可以通过许可他人使用的方式获得金钱对价。最后，当人身利益遭受侵害时，权利主体可以主张财产损害赔偿。

二、人格利益

人格利益，是指作为民事主体所必须具备的，为维持其人格独立、人格自由和人格尊严所必须享有的利益，建立在人格利益基础上的权利就是人格权。

我国民法学者依据人格利益范围的不同，将人格利益分为具体人格利益和一般人格利益。

具体人格利益，是指民事主体享有的，由法律明确做出具体规定的人格利益，包括生命、健康、身体、姓名、名誉、肖像、隐私等内容。具体人格利益由法律明文规定，内容具体明确，具有法定性特征。根据具体人格利益表现形式的不同，具体人格利益进一步分为有形人格利益和无形人格利益。有形人格利益是指自然人对其生命、身体和健康享有的人格利益。无形人格利益是指自然人对其姓名、名誉、隐私、肖像等享有的人格利益。建立在有形人格利益基础上的权利就是有形人格权，建立在无形人格利益基础上的权利就是无形人格权。

一般人格利益，是指民事主体享有的，法律并未做出具体规定，而以人格独立、人格自由和人格尊严为内容的人格利益。一般人格利益内容抽象概括，具有包容性。《民法总则》第109条规定，自然人的人身自由、人格尊严受法律保护。

三、身份利益

身份利益，是指民事主体因特定的身份而依法享有的利益。身份，则是指民事主体在民事关系中，所享有的不可让与的地位和资格，建立在身份利益基础上的权利就是所谓的身份权。在民法上，身份利益同人格利益存在重要差异，身份利益可以依据不同的标准做出不同的分类。

（一）人格利益与身份利益的区别

人格利益与身份利益虽然均属人身利益的范畴，但两者存在以下区别。

1. 取得原因不同

人格利益基于自然人的出生或法人的成立而取得，是人之所以成为人所固有的、必备的利益。因此，人身利益人人享有，毫无例外。身份利益却基于特定身份而取得，并非民事主体所固有和必备。例如，自然人一出生，就享有生命权、名誉权、肖像权等人格权，却无须享有荣誉权、配偶权等身份权。正因为如此，人格利益不能被剥夺，但身份利益却可以依法剥夺。

2. 利益归属不同

人格利益归属于权利人自己，而某些身份利益则主要是为了相对人而设。如亲权的身份利益主要表现为父母对未成年子女的抚养、管教及相互尊重、照顾的责任，这种身份利益不仅为父母所享有，更主要为未成年子女而存在。

3. 存续期间不同

人格利益无存续期间的限制，只要民事主体存在，人格利益就不会消灭。身份利益以特定身份的存在为前提，特定身份不存在，身份利益就会随同消失。

（二）身份利益的分类

1. 亲属法上的身份利益和非亲属法上的身份利益

依据准据法的不同，可将身份利益分为亲属法上的身份利益和非亲属法上的身份利益。

亲属法上的身份利益，是指依据亲属法上的身份关系而享有的身份利益，包括基于配偶权、亲权、亲属权所享有的身份利益。例如，配偶权中，夫妻之间共同生活、相互依靠、相互扶助、相互关爱的情感利益。

非亲属法上的身份利益,是指非依亲属法上的身份关系而享有的身份利益,包括基于荣誉权、知识产权而享有的身份利益等。例如,荣誉权中,权利人对特定荣誉称号的保有、支配,非经法定条件和程序不被剥夺的利益;著作权中,权利人有发表、署名、修改和保护作品完整的利益等。

亲属法上的身份利益,以亲属关系的存在为前提,因而只有自然人才能享有,而非亲属法上的身份利益,自然人、法人均可享有。

2. 基本身份利益和派生身份利益

依据身份利益的关系和地位,可将身份利益分为基本身份利益和派生身份利益。

基本身份利益,是指基于民事主体的基本身份而享有的利益,如配偶权、亲权和亲属权利益等。派生身份利益,是指由基本身份利益所派生的各种利益,如由亲权所派生的照顾权、惩戒权、宣告死亡申请权等身份利益。

派生身份利益由基本身份利益衍生,基本身份利益存在时,派生身份利益始得发生;基本身份利益消失时,派生身份利益也随之消亡。

第五节 有价证券

一、有价证券的概念与法律特征

证券为彰显某种权利的凭证。证券可分为有价证券和无价证券。有价证券是指设定并证明持券人有权取得一定财产权利的书面凭证。无价证券是指不具有交换价值的证券。无价证券由政府职能部门签发,各国政府在经济困难时期或者商品短缺时期,均签发无价证券,如我国政府在20世纪60年代前后签发的粮票、布票、油票、烟票等。无价证券虽不具有交换价值,即禁止买卖,但却具有使用价值,即彰显持票人具有凭票购物的权利。《中华人民共和国证券法》第2条中所指的证券,是指有价证券,主要包括股票、公司债券和国务院依法认定的债券。但通说认为,有价证券还应包括票据。

有价证券具有下列特征:①有价证券与证券上所记载的财产权利不能分

离。有价证券需由支付人依法定程序做成证券并交付持券人，持券人行使有价证券所载的权利必须提示并交付证券。可转让的证券转让时，证券上所载权利随着交付而转让给受让人。要享有证券上所代表的财产权利，就必须持有证券。权利人一旦丧失证券，就不能行使证券上的权利。②有价证券的债务人是特定的，即证券的权利人只能向证券上记载的债务人请求实现债权。而有价证券的债权人则可因证券的转让而发生变更，持券人的合法更换不影响债务人对债务的履行。③有价证券的债务人的支付是单方义务，债务人不得请求权利人支付相应对价。债务人一旦履行了证券上规定的支付义务，就可收回有价证券，以消灭债权债务关系。

二、有价证券的几种主要类型

（一）票据

票据是由出票人依法签发的，约定由自己或者委托他人于约定时间无条件支付确定金额给持票人或者收款人的有价证券。根据《中华人民共和国票据法》第2条的规定，票据可分为汇票、本票、支票。

汇票，是指由出票人签发的，委托付款人在见票时或者在指定日期无条件支付确定的金额给收款人或者持票人的票据。在我国，汇票有银行汇票与商业汇票之分。

本票，是指出票人签发的，承诺自己在见票时无条件支付确定的金额给收款人或者持票人的票据。在我国，本票主要是银行本票。

支票，是指出票人签发的，委托办理支票存款业务的银行或者其他金融机构在见票时无条件支付确定的金额给收款人或者持票人的票据。在我国，支票又分现金支票、转账支票和定额支票三种。

（二）债券

债券是国家或者企业依法发行的，约定于到期时还本付息的有价证券。它可以分为公债券和企业债券。公债券是国家发行的债券，如国库券。公债券不能当作货币使用，但可以自由买卖，可以在银行兑现和设定质押，也可以赠与和继承。企业债券是企业发行的债券。企业债券可以转让、设定质押和继承。

(三）股票

股票是股份有限公司依法发行的表明股东权利的有价证券。它是公司股份采取的形式，是股东所持股份的书面凭证。股票上表明的权利为股东权，它的内容包括股息和红利收取权，出席股东大会并行使表决权以及公司解散时分配剩余财产的权利等。

（四）提单

提单是指用来证明海上货物运输合同和货物已经由承运人接收或者装船，以及承运人保证据以交付货物的单证。提单中载明的向记名人交付货物，或者按照指示人的指示交付货物，或者向提单持有人交付货物的条款，构成承运人据以交付货物的保证。提单既是货物运输合同成立的证书，也是承运货物的物权凭证。

第六节 智力成果

一、智力成果的概念与法律特征

智力成果是指人们通过创造性劳动创造的，具有一定表现形式的成果。它是文学艺术和发明、实用新型、外观设计、地理标志、商标以及其他创造性劳动成果的统称。智力成果是人们智力劳动的产物，本身凝结了人类的一般劳动，可以成为权利标的。智力成果自身具有的特点，使其不能简单适用一般财产法，而需要特别法的保护。为此，我国相继颁布了《中华人民共和国专利法》《中华人民共和国著作权法》《中华人民共和国商标法》等特别法对智力成果加以规范和保护。

智力成果具有下列特征：①创造性。以前未曾出现过的智力劳动成果，具有创新和突破的特点。人类的智力成果虽具有继承性，但智力成果要成为权利标的应具有创造性。各项具体的智力成果要求的创造性不同。一般而言，专利发明要求的创造性最高。一项发明要得到专利保护，必须具备新颖性、先进性等条件；它必须是该技术领域中先进的、前所未有的科学技术成就，它所体现的技术思想、技术解决方案，必须使某一领域的技术发生质的飞跃。著作成果要求的创造性次之，它要求文学艺术作品具有独创性，必须是作者创造性劳动成果。商标标记要求的创造性再次之，仅达到易于区别的程度即可。②非物质性。智力成果是一种非物质化的知识形态的劳动产品。人们对其占有不是具体实在的控制，而是表现为认识和利用。但智力成果总要以一定的形式表现出来，如文学作品表现为小说、诗歌、散文等；商标表现为一定的文字、图形或者其组合。③公开性。权利主体在对其智力成果取得专有权或者专用权前应将该成果向社会公开（商业秘密除外）。就专利产品而言，公开是指将申请专利的发明创造的全部构思和技术方案以公告的形式进行公布。商标专用权人为了使自己的商标与他人商标区别开来，就必须公开使用自己的商标。至于作品，作者创作的目的之一，就是使之传播。

二、智力成果的几种主要类型

《民法总则》第123条规定："民事主体依法享有知识产权。知识产权是权利人依法就下列客体享有的专有权利：（一）作品；（二）发明、实用新型、外观设计；（三）商标；（四）地理标志；（五）商业秘密；（六）集成电路布图设计；（七）植物新品种；（八）法律规定的其他客体。"

（一）作品

根据《中华人民共和国著作权法实施条例》第2条规定，作品是指在文学、艺术和科学领域内，具有独创性并能以某种有形形式复制的智力成果。作品必须具备两个条件：一是作品必须具有特定的思想内容，即作品必须表达一定的思想、构思、感情、事实、人物形象等内容；二是作品必须具备客观表现形式，如图书、绘画、雕刻、演说、舞蹈等形式。作品的特征包括：①具有独创性。尽管对独创性有不同的理解[1]，通说认为，它是指由作者自

---

[1] 德国、法国、俄罗斯等国认为，独创性与创造性密切相关，火车时刻表、按字母顺序编排的电话号码簿均不认为是受到著作权保护的作品。英国、美国等国认为，独创性是指原创性，只要是作者自己创作的，均受保护。

己创作，而非抄袭他人的作品。②可复制性。一般说来，可复制性是没有疑义的。③具有经济上的利用价值。作品的可复制性与作品的财产性紧密相连。一般说来，凡能大量复制的作品就很有可能获得财产上的利益。

（二）发明

根据《中华人民共和国专利法》第2条规定，发明是指对产品、方法或者其改进所提出的新的技术方案。发明是专利权的客体之一。无论是产品发明，还是方法发明，要被授予专利权，应具备的实质性要件是：①新颖性。根据《中华人民共和国专利法》第22条规定，新颖性是指该发明不属于现有技术；也没有任何单位或者个人就同样的发明在申请日以前向国务院专利行政部门提出过申请，并记载在申请日以后公布的专利申请文件或者公告的专利文件中。但是，申请专利的发明创造在申请日前6个月内在我国政府主办或者承认的国际展览会上首次展出的；在规定的学术会议或者技术会议上首次发表的；他人未经申请人同意而泄露其内容的，不丧失新颖性。②创造性。根据《中华人民共和国专利法》第22条规定，它是指同申请日以前已有的技术相比，该发明有突出的实质性特点和显著的进步。③实用性。依据《中华人民共和国专利法》第22条规定，它是指该发明能够制造或者使用，并能产生积极效果。

（三）实用新型

根据《中华人民共和国专利法》第2条规定，实用新型是指对产品的形状、构造或者其结合所提出的适于实用的新的技术方案，俗称"小发明"。实用新型不包括方法发明。实用新型是专利权的客体之一。根据《中华人民共和国专利法》第22条的规定，对实用新型授予专利权的实质要件包括新颖性、创造性和实用性。其新颖性要求和实用性要求与发明的新颖性、实用性要求相同；但其创造性要求为具有实质性特点和进步，比发明的创造性要求低。

（四）外观设计

根据《中华人民共和国专利法》第2条规定，外观设计是指对产品的形状、图案或者其结合以及色彩与形状、图案的结合所做出的富有美感并适于工业应用的新设计。外观设计应具有的特征是：①必须与产品有关，二者具有不可分性；②以产品的形状、图案、色彩或者其组合为内容；③富有美感；④适于工业上应用。外观设计是专利权的客体之一。授予外观设计专利权的条件除应适于工业应用外，还有具有新颖性，即应当同申请日前与国内外为公众所知的外观设计不相同或者不相近似。

（五）商标

商标是指以显著的文字、图形或两者的组合并置于商品表面或者商品包装上的标识。它具有以下特征：①合法性。商标的设计和使用应符合法律的规定。②显著性。商标的设计应具有独特的构思，以使其具有显著的特点。③表现性。商标应通过一定的形式表现出来。商标是商标权的客体，根据《中华人民共和国商标法》的规定，一件商标要取得商标权应依照法律程序核准注册。

（六）地理标志

根据《中华人民共和国商标法》第16条第2款的规定，地理标志是指标示某商品来源于某地区，该商品的特定质量、信誉或者其他特征，主要由该地区的自然因素或者人文因素所决定的标志。它具有以下特征：①地域性。地理标志的地域性较为显著，因为地理标志不仅存在国家对其实施保护的地域限制，而且其所有者同样受到地域的限制，只有商品来源地的生产者才能使用该地理标志。②集团性。地理标志可由商品来源地所有的企业、个人共同使用，只要其生产的商品达到了地理标志所代表的产品品质，在同一地区使用同一地理标志的人就不止一个，因此，地理标志的所有者具有集团性。③独特性。地理标志作为一种标记与一定的地理区域相联系，其主要的功能在于使消费者能区分来源于某地区的商品与来源于其他地区的同种商品。

（七）商业秘密

商业秘密是指不为公众所知悉、能为权利人带来经济利益，具有实用性并经权利人采取保密措施的技术信息和经营信息。商业秘密是企业的财产权利，它关乎企业的竞争力，对企业的发展至关重要，甚至直接影响到企业的生存。商业秘密不仅具有非公开性、非排他性的特点，而且与经济利益密切相关。

（八）集成电路布图设计

根据《集成电路布图设计保护条例》第 2 条的规定，集成电路布图设计是指集成电路中至少有一个是有源元件的两个以上元件和部分或者全部互联线路的三维配置，或者为制造集成电路而准备的上述三维配置。集成电路布图设计是布图设计专有使用权的客体。

（九）植物新品种

植物新品种是指经过人工培育的或者对发现的野生植物加以开发，具备新颖性、特异性、一致性和稳定性并有适当命名的植物品种。植物新品种的产生来源于人们对植物的人工培育或者野生植物的开发，因此保护植物新品种权有助于植物新品种的开发和培育。

第七节　其他客体

一、权利

尽管权利的本质多有争议，但是权利总是与利益相联系的，或者说权利就是法律保护的利益。[①] 权利是民事法律关系的内容，但权利的利益属性，使其可以成为民事法律关系的客体。《民法总则》第 115 条规定，法律规定权利作为物权客体的，依照其规定。

权利成为民事法律关系客体的条件是：①必须是财产权利，人身权利通常不可成为民事法律关系的客体。例如，姓名权、肖像权等不可成为民事法律关系的客体。唯一的例外是企业名称权可依法转让，因而可成为民事法律关系的客体。②必须是可转让的财产权利，不可转让的财产权利不可成为民

---

① 施启扬：《民法总论》，三民书局 1997 年版，第 25 页。

事法律关系的客体。例如，专属于权利人自身的财产权不可转让（退休金、养老金、抚恤金、安置费、人寿保险、人身伤害赔偿请求权等权利）。③必须是法律规定可成为民事法律关系客体的权利，如《物权法》对权利抵押、权利质权的规定。

二、个人信息

个人信息是指与特定个人相关联的、反映个体特征的具有可识别性的符号系统，包括个人身份、工作、家庭、财产、健康等各方面的信息。① 个人信息的外延明显大于个人隐私，个人隐私通常是指私密性较强的敏感信息，个人信息不仅包含隐私信息，还包括一般的个人信息。个人信息本人的权利，简称个人信息权，是指基于法律所确认和保障的人身利益——个人信息利益，本人对自己的个人信息所享有的支配权、请求权和获得救济权等。支配权是个人信息本人依法支配其个人信息的权利；请求权是个人信息本人请求义务主体为或不为一定行为的权利；获得救济权是个人信息本人在其个人信息合法权利受到侵害时，请求有关国家机关或社会组织给予公力救济或社会救济的权利。《民法总则》首次将个人信息纳入民法的保护范畴，该法第111条规定："自然人的个人信息受法律保护。任何组织和个人需要获取他人个人信息的，应当依法取得并确保信息安全，不得非法收集、使用、加工、传输他人个人信息，不得非法买卖、提供或者公开他人个人信息。"

三、虚拟财产

虚拟财产是指在网络游戏中为玩家所拥有的、存储于网络服务器上的，以特定电磁记录为表现形式的无形财产。② 通常包括网络游戏中的武器装备、QQ币、QQ号码、电子邮箱以及网址等。虚拟财产研究肇始于游戏道具、网络服务账户等新事物遭遇的法律适用危机，在研究过程中，除极少数意见外，

---

① 王利明："论个人信息权的法律保护——以个人信息权和隐私权的界分为中心"，载《现代法学》2013年第4期，第62-72页。
② 钱明星、张帆："网络虚拟财产民法问题探析"，载《福建师范大学学报（哲学社会科学版）》2008年第5期，第6-12页。

学者很快在"虚拟财产应受法律调整和保护"这一结论上达成了共识。[①] 虚拟财产不仅具有一般财产的属性，如合法性、价值性等，还具有虚拟性、网络依附性等独特特征。虚拟性与客观实在性相对应，传统的有体物具有客观实在性，如土地、房屋等；无体物也具有客观实在性，如商标、专利、作品等。虚拟财产不具有客观实在性，只存在于虚拟世界。网络依附性是指虚拟财产的外部表现形式只能在网络中得到体现，离开网络的虚拟财产只是一堆毫无意义的电磁记录，其价值无法得到实现。虚拟财产作为一种新型的财产形式，被正式纳入了《民法总则》。《民法总则》第127条规定，法律对数据、网络虚拟财产的保护有规定的，依照其规定。

[①] 申晨："虚拟财产规则的路径重构"，载《法学家》2016年第1期，第84-94页。

第四编　民事法律关系的内容

第七章　民事权利

第一节　民事权利概述

民事权利是民事主体享有的特定利益。《民法总则》第3条规定："民事主体的人身权利、财产权利以及其他合法权益受法律保护，任何组织或者个人不得侵犯。"这里说的"权益"包括权利和利益。人们在社会生活中有各种利益，有些利益不在法律调整的范围内；有些利益受民法的保护，但是没有权利之名，学理上称之为"法益"。

随着社会的发展，民事权利会有所增加，在法律尚未明文规定而社会实践又有需要的情况下，根据民法的基本原理和原则，通过判例或者司法解释认可新的民事权利是有必要的。例如，德国民法上的营业权和一般人格权就是判例所确认的。权利的内容既可以来源于法律规定，也可以在私法自治的范围内来源于当事人的约定。

民事权利的种类多，性质各有不同，将各种民事权利分类，有助于掌握不同类型民事权利的形式、特点、功能，有助于正确理解和行使民事权利，正确处理民事纠纷。根据不同的标准，可以对民事权利做不同的分类。

一、财产权、人身权与综合性权利

以民事权利所体现的利益的性质为标准，民事权利可分为财产权、人身权、综合性权利，这是民事权利的基本分类。

财产权是以财产利益为直接内容的权利，包括物权、债权等。

人身权是以人身利益为内容的权利，分为人格权和身份权。人格权是指

民事主体平等享有的，经法律认可以人格利益为客体，作为民事权利义务主体应当具备的基本权利，有生命权、姓名权、名誉权等。身份权是指民事主体基于在特定社会关系中的地位和资格而依法享有的民事权利，如配偶权、亲属权等。对于法人是否有人格权，学者有不同的观点。法人享有民事主体资格，根据《民法总则》的规定，法人享有名称权、名誉权，据此可以认定法人有人格权，但法人的人格权和自然人的人格权的内容不同。

财产权与人身权的性质不同。财产权有财产价值，可以用货币衡量；财产权一般可以转让、继承，依法可以抛弃。人身权不直接体现财产利益，不能用货币衡量；人身权不能放弃、转让和继承。在特定条件下，有些人身权的形式可能形成财产价值，例如，自然人享有肖像权，肖像可以有偿使用或者转让。

民事权利的基本类型分为两大类，但是在这两种权利发生综合的基础上产生了一些新的权利，即综合性权利。这些权利的特点表现在，其内容既包括人身利益，又包括财产利益，例如，知识产权和社员权既有财产因素又有人身因素，除了法律特别规定外，具有财产因素方面适用财产权的有关规定，也具有人身因素方面适用人身权的有关规定。综合性权利的专属性并非十分强烈，如知识产权大多可以转让，但也有些不能转让，如有限责任公司中的社员权、继承权等。

二、支配权、请求权、形成权、抗辩权

以民事权利的作用为标准。民事权利可分为支配权、请求权、形成权、抗辩权。

（一）支配权

支配权是指权利人可以直接支配权利客体、具有排他性的权利。支配权对于权利客体具有绝对的直接支配力。物权与知识产权均属支配权，前者支配有体物，后者则支配无体的非物质利益，即智慧产品。

支配权的特点主要表现为以下四个方面。第一，支配权的客体是特定的，即特定化的财产和人身利益，尤其是就财产利益而言，支配权的客体必须特定化。第二，支配权具有支配性。支配权人直接依自己的意志行使而实现权

利,无须他人协助,不需要外力介入,所有权人可直接依其意志占有、使用或处分标的物。占有亦是对物支配,但这种支配可基于不同的法律关系,可能是有权占有,亦可能是无权占有。因而,占有本身并未显示正当性,不足以成为一项权利,所表现的只是对物的事实支配状态。第三,支配权因支配而产生排他等效力。对于权利客体,支配权人有权直接支配并排除他人的相同意志。支配权所产生的各种效力,因支配权的类型不同而有异。例如,一物之上不能同时成立两个所有权。此外,优先性支配权可能存在优先现象。例如,对于在同一标的物上设立的抵押权,在先抵押权优于在后抵押权;又如,限制物权存续期间,效力优于完全物权,如所有权。第四,对应义务的消极性。由于支配权人在实现其权利时无须他人积极协助,故与支配权相对应的义务即表现为消极地容忍、尊重、不干涉支配权的实现。

支配权的作用主要有两个方面。在积极方面,权利人可以直接支配其权力客体以满足自己的需要,不需要他人行为的介入。在消极方面,权利人可禁止他人妨碍其支配行为,具有排他性。物权是典型的支配权,著作权、商标权、专利权等也是支配权。支配权常常是确认之诉的对象。

(二) 请求权

根据德国民法理论,请求权是指权利人请求他人作为或者不作为的权利。根据我国民法原理,请求权是指权利人请求义务人履行民事义务或者请求责任人承担民事责任的权利,请求权是基于基础权利而发生的,有基础权利才能有请求权。例如,债权是基础权利,订立了买卖合同,有了买卖之债,买卖双方各有请求权,买受人有请求出卖人交付标的物的权利;出卖人有请求买受人支付价款的权利。再如,民事权益被侵害而造成损失的,被侵权人有赔偿损失请求权。从实现方式来看,请求权与支配权相对。

就概念而言,请求权较之债权更具有一般性。但实际上,请求权的基本框架系以债权为模型建立,权利救济时的请求权基础思维亦是以债权为核心。因而,如果不去锱铢计较概念之间的非实质性差别,请求权与债权可作为同义语使用。通常情况下,关于债权的规定可准用于其他类型的请求权。德国通说据此认为,根据对应义务类型不同而区分不同的请求权,并不具有太大意义。

请求权的特点主要表现为以下六个方面。第一，请求性。权利的作用表现为对特定人行为的请求，而非对特定标的物的直接支配。例如，双方就某物订立买卖契约，买受人所取得的权利是请求对方移转标的物所有权，而非直接依买卖契约获得标的物所有权。第二，合作性。仅凭权利人意志不足以实现权利，做出请求之后，尚需义务人的相应行为与之配合。例如，买受人要取得标的物所有权，需要出卖人做出给付。第三，非排他性。请求权所针对的客体是义务履行行为，而义务无妨多次负担，并不具有如同特定物的唯一性，故在同一标的物上可成立数项不兼容的请求权。例如，同一标的物之上可同时有效成立双重甚至多重买卖。第四，平等性。既然请求权效力不具有排他性，同一标的物上的数项请求权便理应相互平等，任何一项请求权皆不享有对其他请求权的优先效力。原则上，对于均已到期的债权，债务人得自由决定清偿顺序。第五，相对性。请求权只能向特定的义务人提出，要求其履行义务。第六，非公示性。由于请求权只是产生在特定当事人之间的关系，所以，一般来说只有特定当事人之间才能了解，第三人并不知道，非公示性是请求权不同于支配权的一个重要特点。

在民法上，根据产生请求权的基础关系，债权请求权是典型的请求权，还包括物权请求权、占有保护请求权、人格权请求权、亲属请求权以及继承请求权、知识产权法上的请求权等。请求权既可以作为独立的权利，也可以作为实体权利的内容。请求权大多表现为实体权利，如物权请求权，人格权请求权等。但请求权也可以只是某项权利的内容，比较典型的是，请求权只是债权的内容，或者说是债权的主要内容。请求权具有可诉性，因此，在当事人进入诉讼领域之后，请求权将派生出诉权。但是诉权是程序法上的权利，请求权是实体法上的权利。

（三）形成权

形成权理论的提出拓展了权利的范畴，被誉为法学上重要发现。形成权来源于恩内克策鲁斯提出的"取得权"概念，后经发展，最终由泽克尔冠以"形成权"之名并予以完善。形成权是依照权利人单方意思表示即可生效从而改变相应法律关系的权利。与支配权相似，二者皆仅需依权利人意志即可实现权利效力。不同之处在于，形成权并不支配具体权利客体，或者说，其"客体"是所要改变的法律关系。同时，依德国通说，形成权属于相对权。

形成权主要具有以下五方面特征。第一，形成权是指权利人根据自己的意思表示，能够使自己既存的法律关系设立、变更或终止的权利。形成权的行使也是一种单方行为。例如，权利人享有法定或者约定的解除权、抵销权，可以基于自己的意志而解除合同或实行抵销行为。第二，形成权效力的产生不需要另一方做出某种付诸的行为或者共同的行为，仅有一方当事人的意思表示即可。第三，形成权的意思表示一旦发出并且到达相对方，就可以使法律关系设立、变更或者终止。由于这种特殊的行使方式，形成权行使所发生的效力很难因相对人的行为而受到影响。第四，形成权大多是依据某种实体的权利而产生的，并可能作为该权利的一项权能而存在，例如抵销权和撤销权就是作为债权的一项权能而发生的。所以形成权大多依附于一定的民事法律关系才能发挥其作用，不得与原权利分离而单独转让。第五，形成权必须在一定期限内行使。由于形成权对相对人的影响特别重大，因此只有及时行使才能使法律关系尽快明确，为此需要在法律上为其规定除斥期间。在一定的期限内不行使形成权，将导致权利消灭。

形成权的要义在于仅需单方意思表示即可使既存法律关系设立、变更或终止，而私法自治的要求则是没有当事人意志的参与，法律关系不能被改变。为了不与私法自治理念发生冲突，形成权的享有需要具备特别的正当性。形成权的正当性存在于两个方面。一是当事人的约定，如约定解除权。如果当事人事先通过约定授予某一方形成权，形成权的行使就不能被认为违背自治原则，因为对方意志参与了形成权的设定。二是立法者的价值判断，法律特别规定的形成权，正当性各有不同。例如，法定代理人对于限制行为能力人所订合同的追认权，意在维护限制行为能力人的利益。再如，本人对于无权代理的追认权以及对于无权处分的追认权，是基于对本人自由意志的尊重。而表意错误的撤销，旨在保护不正确表达的表意人，受欺诈、胁迫当事人的撤销权，则是为了矫正被干扰的自由意志；抵销可避免不必要的相互给付，简化给付过程；法定解除权的产生，通常是因可归责于对方当事人的事由而造成给付障碍等。

根据形成权所生效力的不同,可将形成权分为生效形成权、变更形成权、消灭形成权三类。生效形成权具有使法律关系发生的效力,如追认权。变更形成权产生使法律关系发生变更的效力,如在选择之债中,通过行使选择权使之转化为简单之债,又如对于当事人对错误、受欺诈、胁迫行为具有变更权。消灭形成权具有使法律关系消灭的效力,如抵销权、撤销权、解除权等。

根据权利性质不同,可将形成权分为原权性质的形成权和救济权性质的形成权两类。如选择之债中的选择权就是原权性质的形成权,再如撤销权则是救济权性质的形成权。

根据权利行使方式不同,可将形成权分为单纯形成权与形成诉权两类。单纯形成权,是指仅依一方意思表示即可行使的,如追认权、解除权;形成诉权则须依诉行使,旨在约束权利行使行为,同时避免形成行为效力的不确定性。我国民法上的撤销权基本都是形成诉权。在德国法中,形成诉权则主要体现在亲属法和公司法领域。

形成权的行使行为属于需受领的意思表示,只能针对形成相对人做出。不得附条件或期限,亦不得撤回,以免导致形成相对人所处法律状态不确定。原则上,形成权的行使不必出示理由或称形成原因,只是在相对人表示异议并因此进入诉讼时,形成权人才有义务进行举证。形成权的行使必须遵循两项重要规则:一是形成权的行使不得附条件或附期限。形成权的行使目的在于迅速地使法律关系确定,"既然形成权相对人必须接受他人行使形成权的事实,那么不应该在让他面临不确定的状态了"。二是形成权的行使不得撤销。因为形成权一旦行使,权利人的意思表示到达相对人即发生法律关系变动的效果,所以该意思表示就不能够撤销。此外,形成权必须合理行使,民法上关于权利不得滥用的一般原理对于形成权的行使也可以适用。

(四) 抗辩权

抗辩权是指对抗他人行使权利的权利。抗辩权通常对抗的是请求权,但不限于请求权,对于其他权利的行使也可以抗辩,如对抵销权行使的抗辩。对于抗辩权的抗辩,有学者称为再抗辩,或者准抗辩。

请求权的实现需要相对人的行为予以配合。通常，相对人有义务满足请求权人的权利主张，不得拒绝。但某些情况下的拒绝具有正当性，其所依据的权利即为抗辩权。可见，抗辩权的功能乃是对抗和阻止请求权的行使，是请求权的"反对权"，但他人的权利并不因此而消灭。通常，抗辩权的行使以权利存在并且提出请求为前提，在未提出请求权的情况下，抗辩权无从行使。在权利已经消灭的情况下，不适用抗辩权。例如，债务已经履行，债权已消灭，一方如果提出请求他方履行债务，他方有权拒绝，否认其权利存在，这在性质上可称否认权，不属于抗辩权。

私法上的抗辩权依其效力强度，有延缓抗辩与排除抗辩之别。其中，延缓抗辩又称延期性抗辩，是指权利人在一定时期内可以提出的抗辩权，只能暂时阻止请求权的实现。例如，当事人互负债务，没有约定履行顺序的，应当同时履行；一方当事人自己未履行而请求他方先履行时他方有权拒绝其履行请求，此为同时履行抗辩权，属于延期性抗辩权。这种抗辩权只能在相对人没有先履行合同的情况下，发生阻止对抗相对人的作用。排除抗辩则能够持续阻止请求权的实现，故又称永久性抗辩，权利人有永久阻止他人行使权利的权利。例如，再如诉讼时效届满后，债权人请求债务人履行债务，债务人可提出诉讼时效届满的抗辩。

三、绝对权与相对权

以民事权利的效力范围为标准，民事权利可分为绝对权与相对权。

绝对权是指无须通过义务人实施一定的行为即可实现，并可以对抗不特定人的权利。绝对权的效力及于所有人。[1] 对于所有权、知识产权等权的支配权是典型的绝对权，此外，还包括人格权和无财产内容的人格性亲属权，如父母人身照管权。绝对权有两个特征：一是权利人无须通过义务人的行为，自己可以直接实现其权利；二是义务主体为不特定的任何人，即所谓的世上

---

[1] 梁慧星：《民法总论（第四版）》，法律出版社2011年版，第278页；张俊浩主编：《民法学原理（上册）》，中国政法大学出版社2000年版，第90页。

一切人，故又名对世权。

相对权亦称对人权，效力仅及于特定人，即以特定人为义务人。相对权是指必须通过义务人实施一定的行为才能实现，只能对抗特定人的权利。债权是典型的相对权。除此之外，形成权与抗辩权亦在其列。相对权有两个特征：一是权利人自己不能直接实现其权利，必须通过义务人的行为其权力才能实现；二是只能请求特定的人为一定行为，义务主体是特定的人，因此，又称为对人权。

不少学者对区隔绝对权与相对权颇有微词。质疑主要集中于权利效力范围的分类标准。因为任何权利均具不可侵性，即便是相对权亦不容第三人侵害。同时，绝对权与相对权的界限，还因债权的物权化效力而变得模糊，如买卖不破租赁、预告登记。绝对权与相对权二分可溯源至罗马法。最初用意主要在于据以确定不同权利类型的保护方法。这一思路，直到今天仍为德国法所贯彻。绝对权与相对权的区分，于德国民法具有根本意义，堪称最重要的权利分类。

绝对权与相对权的主要区别表现在以下四个方面。第一，从义务人的范围来看，绝对权的权利人是特定的，但义务人是不特定的；而在相对权中，无论是权利人还是义务人都是特定的。第二，从权利义务是否对应来看，在绝对权法律关系中，权利人享有一定的权利，但并没有相对应的义务；但在相对权法律关系中，权利义务常常具有相对性。第三，从权利是否具有排他性来看，绝对权具有排他性；但相对权只能是针对特定人产生效力的权利。第四，从权利遭受侵害的补救来看，绝对权遭受损害的补救，首先应当采取的补救措施是恢复原状，难以恢复原状时或者根据权利的特别要求时，可以采用赔偿损失的补救措施；而对相对权的侵害，通常是采用损害赔偿的补救方式，其主要目的在于补偿损失。当然，绝对权受到侵害时产生损害赔偿请求权，也会出现特定的义务主体，在此情况下，将会发生绝对权向相对权的转化。

四、主权利和从权利

以民事权利的依存关系为标准，民事权利可分为主权利与从权利。与其他权利分类方式不同，主权利与从权利只在数项并存的情形下才有其意义。若是仅有一项权利，则无所谓主从。

主权利是指相互关联的两个民事权利中，能够独立存在的权利。从权利是不能独立存在而从属于主权利的权利。例如，为担保债权的实现而设立的保证之债的债权为从权利，被担保的债权为主权利。抵押权、质权、留置权对于其所担保的债权而言均为从权利。

主权利与从权利是在相关联的法律关系中相对应的概念，没有主权利，则从权利不能存在；没有从权利，也无所谓主权利。因此，不能笼统地说所有权、债权是主权利。主权利与从权利的关系主要体现在两个方面。一是主权利存在，从权利才能存在。主权利因履行、抵销、免除等原因而消灭时，从权利同时消灭。二是在一般情况下从权利不能与主权利分离而单独转让。

五、专属权与非专属权

以民事权利与主体的关系为标准，民事权利可分为专属权与非专属权。

专属权是指专属于某特定民事主体的权利。人格权、身份权均为专属权。专属权一般不得让与和继承，但也有例外，如企业的名称权。

非专属权是指不属于某特定民事主体专有的权利。非专属权可让与和继承。财产权通常为非专属权，但也有财产权为专属权，如矿藏、水流等的所有权属于国家。

六、既得权与期待权

以民事权利是否已经取得为标准，民事权利可分为既得权与期待权。

既得权是指权利人已经取得而可以实现的权利。如因购买房屋而取得的房屋所有权。

期待权是指将来可能取得的权利。如民事法律行为中附条件或者附期限的权利、继承开始前继承人的权利。

期待权或曰等待权只能出现于具有相当程度确定性的权利发展阶段，而单纯的事实期待则不受保护。例如，要约人对于相对人的承诺有所期待，但并不因此取得承诺期待权。如何把握确定性的程度虽然困难，但并非绝对不可操作。在权利成型阶段，当事人虽然不能实际享有完整的权利，但权利取得人的地位如果已经产生财产价值，法律若不对其加以保护，将来完整权利的享有者可能遭受不当侵害。此时，权利成型阶段即应具有某种"先期效力"，以拘束当事人。

七、原权与救济权

以权利发生的先后及相互关系为标准，民事权利可分为原权与救济权。

原权，又称原权利，是指原始民事法律关系中存在的权利。例如，基于有体物而发生的所有权，基于合同而发生的债权等。

救济权是指原权受到侵害或者有受到侵害的现实危险时发生的权利，其目的在于救济被侵害的原权。救济权一般以请求权的形式出现，权利人请求责任人承担民事责任的权利都属于救济权，亦可表现为形成权，如撤销权。

救济权的特点主要表现为两点。一是救济权是援助性派生权利。救济权本身并无独立存在的价值，其意义在于为遭到侵犯的基础权利提供援助，因此必须依附于相应的基础权利，由基础权利派生而出。二是救济权是实体权利。救济权是当事人为救助其受侵害的原权而产生的实体权利。其实现既可直接通过向侵害人提出，亦可以为基础请求启动诉讼程序。

第二节　民事权利的取得

所谓权利的取得，是指某项权利归属于特定主体的情形。权利取得视权利具体类型的不同存在各种方式。

一、民事权利取得的分类

（一）原始取得与继受取得

权利的原始取得是指权利的取得非自他人继受而来。典型的原始取得如基于对无主物的先占而取得所有权，依自己所有权而取得原物孳息，通过建造取得房屋所有权等。

继受取得，也称传来取得，是指权利自前手继受而来。典型的继受取得是通过法律行为让与权利，也可基于法律行为之外的方式发生，如继承。权利的继受取得可能是移转型，如所有权人将其所有权让与他人，亦可能是创设型，如所有权人为他人设立限制物权。这同时表明，原始取得的特点虽在权利"新生"，但单凭是否有新的权利产生尚不足以判别原始取得与继受取得，因为创设型的继受取得在表面上亦具备这一特点。区别的关键在于，权利的取得是否源自权利前手。

（二）个别继受与概括继受

个别继受，又称特别继受或特定承继，是指每次继受只取得一项权利。为明确法律关系，法律行为方式的义务履行，如处分行为，须以权利单独移转，此即所谓特定原则。

概括继受，又称整体承继，是对整个法律关系地位的承受，如法人合并、继承。

（三）自权利人处取得与自非权利人处取得

权利若是通过权利享有者的让与而获得，称自权利人处取得。在"没有人能够让与超过自身所享有的权利"的罗马法规则下，这种取得方式是权利取得的常态。基于信赖保护的原则，若相对人信赖非权利人为权利人，自该非权利人处取得的权利即值得保护，由此发生自非权利人处取得权利的情形，如善意取得。

二、权利取得的方式

《民法总则》第129条规定，民事权利可以依据民事法律行为、事实行为、法律规定的事件或者法律规定的其他方式取得。

（一）民事法律行为

民事法律行为是指民事主体通过意思表示设立、变更、终止民事法律关系的行为。它具有如下特点。

第一，民事法律行为是民事法律事实的一种，属于人的行为，能够引起民事法律关系的变动。

第二，民事法律行为是民事主体实施的以发生一定法律后果为目的的行为。民事法律行为是民事主体实施的行为，既不同于行政行为，也不同于刑事行为。民事法律行为是以发生一定民事法律后果为目的的行为，因而不同于事实行为。所以，只有民事主体以发生一定民事法律后果为目的而实施的行为，才可以成为民事法律行为。这里的民事法律后果就是设立、变更、终止民事权利和民事义务。

第三，民事法律行为是以意思表示为要素的行为。所谓意思表示，是指当事人设立、变更、终止民事权利和民事义务关系的内在意思的外部表现。民事法律行为是当事人实施的以发生一定民事法律后果为目的的行为，这种目的只是行为人内在的一种意愿或意思，行为人只有将这种内在的意愿表达出来，才能为他人所了解，才能发生相应的效力。可见，民事法律行为是以意思表示为要素的，没有意思表示就不会有民事法律行为。当然，意思表示是民事法律行为的要素，但并不意味着意思表示就是民事法律行为。

(二) 事实行为

事实行为也属于人的行为，是不以意思表示为要素，当事人没有发生民事法律后果的目的，但可能引起民事法律后果的行为。事实行为有合法行为，也有违法行为。前者如无因管理、从事智力创造活动等，后者如侵权行为等。

(三) 法律规定的事件

民事法律事实根据是否与人的意志有关，可以分为自然事实与人的行为两个大类。自然事实是指与人的意志无关的，能够引起民事法律关系变动的客观现象。所谓与人的意志无关，是指该现象本身不直接包含人的意志，而不是指该客观现象的出现与人的意志无关。自然事实中可以分为事件与状态两种。事件是指偶发的客观情况，如人的出生与死亡、洪水与地震的发生等，其中由法律规定的事件则为取得民事权利的方式之一；状态是指某种客观情况的持续，如人的下落不明、时间的经过等。

第三节 民事权利的行使

一、民事权利行使的概念

民事权利的行使是指民事主体实现其权利内容的行为。民事权利的行使是实现民事权利内容的过程,民事权利的实现是民事权利行使的结果。《民法总则》第 130 条规定:"民事主体按照自己的意愿依法行使民事权利,不受干涉。"

行使民事权利的方法有多种多样,大体上可概括为事实行为方法和民事法律行为方法两种。事实行为的方法是指不需以意思表示为要素行使民事权利。例如,占有或者消费所有物、使用已注册的商标等。民事法律行为的方法是指需以意思表示为要素行使民事权利。例如,所有人出卖其所有物,专利权人转让专利权等,需要订立合同。

二、民事权利行使的界限

(一)民事权利的行使必须符合国家法律和社会公共利益的要求

罗马法时代有"权利的行使对于任何人都不意味着非正义"的格言,即如果特定主体享有某项权利,则该主体可因此自由行为,即使权利的行使行为致使他人遭受不利益,亦不例外。因此,权利的行使本属权利人自由行为领域,法律无从置喙。

权利意味着主体的意志自由,但这种自由有一定的限度。因为,法律产生于人类的共同生活,法律主体时刻可能与他人发生交往。经常出现的局面是,行使一种权利的成本,正是他人为此蒙受的损失——不能穿行、停车、盖房、观赏风景,乃至遭受空气、噪声污染等。所以,个人权利必有一定的界限,超越该界限即为非正当。这个界限就是不得损害国家利益、社会公共利益和他人的合法权益,亦即"对个人权利无限制的制度实际上就是无权利的制度"。人们必须在法律规定的限度内行使自己的权利,依自己的意志从事一定的行为。

《民法总则》第131条规定:"民事主体行使权利时,应当履行法律规定的和当事人约定的义务。"权利的界限,首先来自于当事人意志,如债权人对于债务人享有何种程度的权利,由当事人自行约定;其次,法律亦可为具体的权利划定界限,如《物权法》第186条规定的"关于禁止流押"等。不过,无论是当事人意志还是法律的具体规定,均不具有一般性,须在具体情境下分别考察。多数情况下,权利的具体界限并不明确,这就需要仰赖一般性的法律原则对权利行使行为进行抽象的限制。此类限制性原则的关注点在于权利的行使是否"非正当",换言之,对于权利行使的限制必须以消极规则的形式出现,如诚信原则与禁止权利滥用原则。

(二) 民事权利的行使必须符合诚信原则

诚信原则原本是债务履行的原则,后来扩大到基于"权利的行使及义务的履行",成为一般的法律原则。《民法总则》第7条规定:"民事主体从事民事活动,应当遵循诚信原则,秉持诚实,恪守承诺。"诚信是蕴含价值判断的法律概念,要求权利人应顾及他人利益,以正直的方式行使权利。就其要件而言,须当事人间具有一定的特别关系。要求权利人行使权利时应善尽"爱人如爱己之心"。

诚信原则在民事权利的行使方面有以下几个功能。第一,补充功能。在契约约定之外,诚信原则可以进一步明确契约的履行方式,并且能够为契约当事人补充契约从给付义务与附随义务,如告知义务、协助义务、保护义务。第二,限制功能。以诚信作为权利的内在界限,作为控制权利行使的准则。据此,矛盾行为、行使依不正当方法取得的权利、要求得到必须立即返还的东西,以及实施对另一方利益缺乏应有考虑的无情行为或者做出过激反应等不符合比例原则的行为皆违反诚信原则,属于"不能容许的权利行使"。另外,权利的长时间不行使亦可能导致权利失效。第三,调整功能。法官有权依诚信原则调整既定法律关系,由此产生情势变更原则以及德国法上的行为基础丧失原则。第四,接引功能。诚信原则是宪法上的价值秩序进入私法的通道,为宪法基本权的间接第三方效力提供支持。

（三）不得滥用权利，造成对他人的损害

《中华人民共和国宪法》第51条规定，"中华人民共和国公民在行使自由和权利的时候，不得损害国家的、社会的、集体的利益和其他公民的合法的自由和权利"，此条规定被当作禁止权利滥用原则的规范基础。

《民法总则》第8条规定："民事主体从事民事活动，不得违反法律，不得违背公序良俗"；第10条规定："处理民事纠纷，应当依照法律；法律没有规定的，可以适用习惯，但是不得违背公序良俗。"《民法总则》第132条还规定："民事主体不得滥用民事权利损害国家利益、社会公共利益或者他人合法权益。"

滥用权利造成对他人损害的法律后果主要表现在以下几个方面。第一，无权利行使的固有效果。例如，滥用形成权，对方得直接依据禁止权利滥用条款提出抗辩，令其不能产生使法律关系设立、变更或终止的效果。第二，无排除他人侵害的效力。如果某项权利行使行为构成滥用，则相对人对其进行的正当防卫不构成侵权行为。第三，相对人得因此寻求救济。权利滥用侵害他人，其侵害状态继续或受有侵害之虞时，被害人得直接依禁止权利滥用条款寻求救济，请求排除或防止侵害。造成损害时，权利滥用人须负担如同侵权行为的赔偿责任。第四，某些权利将因此而消灭。例如，亲权人滥用惩戒权，监护权人滥用财产管理权将导致亲权和监护权的丧失等。

第四节　民事权利的消灭

与权利的取得相反，权利的消灭是指某项权利与特定主体相分离的情形。

一、绝对消灭

权利本身不复存在，其终局的消灭为绝对消灭，也称绝对丧失。例如，所有权因标的物的灭失而消灭，债权因清偿而消灭，形成权因罹于除斥期间而消灭等。

二、相对消灭

权利本身并不消灭，只是在不同主体之间发生移转，对于权利的移出方而言属于权利的相对消灭，而权利的移入方则发生权利的继受取得。

第五节 民事权利的保护

民事主体享有的民事权利受到他人侵害时，可通过法律手段予以保护。民事权利的保护方法分国家保护和自我保护两种。

一、民事权利的国家保护

民事权利的国家保护，又称公力救济，是指民事权利受到侵害时，由国家机关通过法定程序予以保护。民法的中心问题是民事权利的确认和保护，因此，保护民事权利是民法的主要任务。国家保护民事权利是多种机关采取多种手段完成的，通常是由民事权利主体提起民事诉讼，请求法院予以保护。一般来说，当事人提起的民事诉讼请求有如下三种类型。

（一）确认之诉

确认之诉，即请求人民法院确认某种权利是否存在的诉讼。确认之诉的对象主要是支配权。如请求人民法院确认物权的顺序和内容、请求确认合同的有效或无效、确认某种身份的存在与否，等等，都属于确认之诉。请求确认人的权利主要是绝对权，包括物权、知识产权、人身权等。

（二）给付之诉

给付之诉，即请求人民法院责令对方履行某种行为，以实现自己的权利。如请求交付财产、偿付违约金和赔偿金等。相对权发生纠纷，如合同债权，一般是通过给付之诉来解决。给付之诉针对的主要是请求权，如不存在合法有效的请求权，就不能提起给付之诉。

（三）形成之诉

形成之诉，即请求人民法院通过判决变更现有的某种民事权利义务，形成某种新的民事权利义务的诉讼。形成之诉主要针对的是形成权。如因请求分割共同财产、终止合同关系、解除收养关系、申请死亡宣告等提起的诉讼。

由于民事法律规范中有很大一部分属于任意性规范，因此，在权利人的权利受到侵害以后，是否提起诉讼可以由权利人依法自行决定。当然，对于一些涉及国家和社会利益的民事争议，国家有关机关应依法进行干预。

二、民事权利的自我保护

民事权利的自我保护，又称私力救济，或者称自力救济，是指民事权利受到侵害时，权利人在法律规定的限度内，自己采取必要的措施保护其权利。

（一）自卫行为

自卫行为是当民事权利受到侵害或者有受到侵害的现实危险时，权利人采取必要的措施，以防止损失的发生或者扩大。自卫行为有正当防卫和紧急避险两种形式。

正当防卫是指为了保护本人或者他人的民事权益或者公共利益，对于现实的不法侵害采取的防卫行为。正当防卫必须具备的条件是：①有不法侵害存在。对于合法的侵害，不得对其进行防卫行为，如主管机关依法拆除违章建筑物。②必须为现实的不法侵害，既不是过去也不是将来的。防卫需有紧迫性，没有紧迫性，能采取别的方式保护的，不应当采取防卫行为。③正当防卫只能针对不法侵害人，不能对侵害人以外的人实施。④防卫的目的是保护本人或者他人的合法权益或者公共利益。⑤正当防卫不得超过必要的限度。防卫超过必要的限度的为防卫过当，防卫过当造成他人不应有的损害的，应负赔偿责任。

紧急避险是指为了避免本人或者他人的民事权益或者公共利益受到紧迫的危险所为的行为。紧急避险必须具备的条件是：①必须有紧迫现实的危险存在。引起危险的原因不论人的行为、意外事故、自然灾害、动物的侵害等都包括在内。②必须是关系到本人或者他人的民事权益或者公共利益的紧迫的危险。③避险行为不得超过危险所能造成损害的程度。紧急避险的目的在于以损害较小的利益保护较大的利益,避险行为应当采取适当的方式、掌握适当的程度、因紧急避险采取措施不当或者超过必要的限度,造成不应有的损失的,紧急避险行为人应当承担适当的民事责任。

(二) 自助行为

自助行为是指权利人为保护自己的权利,在来不及请求公力救济的情况下,对义务人的财产予以扣押或者对其人身自由予以约束等行为。我国民法对自助行为尚无明文规定,实践中存在自助行为。参考外国民法的规定和自助行为的原理,自助行为一般需要的条件有：①为保护自己的权利。②情势紧迫来不及通过法院或者其他国家机关解决。③采取的方法适当。自助行为的方法应依状态和目的而定。例如,对要隐匿的物予以押收,对于将该物运往他处的卡车的轮胎加以毁损,扣留将要逃跑的义务人等。④自助行为不能超过必要的限度。自助行为超过必要限度造成义务人损失的,应负赔偿责任。

自助行为实施后,有的及时解决了问题,当事人之间无争议。有的需要向法院申请处理。申请被驳回或者申请迟延时,对相对人造成损失的,行为人应负赔偿责任。

第八章 民事义务

第一节 民事义务概述

民事义务,是指法律规定或者当事人依法约定,义务主体为满足权利人的利益需要,在权利限定的范围内必须为一定行为或不为一定行为的约束。

义务是权利的对应词,义务的根本特征在于其约束性,即为满足权利人的需要义务人必须为一定行为或不为一定行为。义务的范围是由权利限定的,超过权利人权利限定的范围,义务人没有必为某种行为的义务。民事义务主要包括以下三个方面的内容:第一,义务人必须按照法律规定的要求,有为或不为一定行为的必要性;第二,义务人必须按照合同中约定的要求,有为或不为一定行为的必要性;第三,义务人不承担义务时,将面临承担民事责任的后果。

民事义务与民事权利相对应、相关联,因此民事义务的分类与民事权利的分类有类似之处。其主要分类如下文所述。

一、法定义务与约定义务

以民事义务发生根据为标准,民事义务可分为法定义务与约定义务。

法定义务是指民法规定的民事主体应负的义务。法定义务具有稳定性,即不以当事人的意志而转变。《民法总则》《合同法》《中华人民共和国婚姻法》等法律中均规定了不同的民事主体在不同情况下应负的义务。法定义务针对的并不是独立意义上的个人,而是团体、社会和国家意义上的成员。例如,任何人不得侵害所有权、任何人不得侵害人身权等都是法定义务。

约定义务是指由当事人协商约定的义务，约定的义务不得违反法律规定。一般而言，与相对权相对应的义务属于约定义务。例如，在买卖合同中，出卖人向买受人交付标的物的义务、买受人向出卖人交付价款的义务，都属于约定义务。

法定义务和约定义务是民事义务的产生依据，笔者将在民事义务的产生一节中进行详细阐述，此处不再赘述。

二、作为义务与不作为义务

以民事义务人行为的方式为标准，民事义务可分为作为义务和不作为义务。

作为义务，又称积极义务，是指义务人应当做出一定的积极举动或者行为的义务。例如，在买卖合同中，出卖人交付标的物的义务、买受人支付价款的义务，都属于积极义务。

不作为义务，又称消极义务，是指义务人应不为一定的或者容忍他人的行为。例如，不侵害他人的物权、竞业禁止，在一定条件下容许他人在自己所有或者使用的土地通行或者作业的义务等。

区分作为义务与不作为义务的主要意义在于两种义务的违反表现形式不同。违反作为义务表现为不作为，即应为一定行为而不为一定行为；而违反不作为义务则表现为作为，即不应为一定的行为而为一定的行为。

三、第一次义务与第二次义务

以民事义务的发生关系为依据，民事义务可分为第一次义务和第二次义务。

第一次义务，是指不以义务人不履行义务为要件的原生义务。

第二次义务，又称派生义务，是指因不履行原生义务，即第一次义务，而发生的义务，例如因债务不履行或义务的违反而发生的损害赔偿债务。

四、主义务、从义务、附随义务

根据民事义务的相互关系，民事义务可分为主义务与从义务。

主义务，又称一般义务、基本义务，是指可以独立存在的义务。从义务则是以主义务为其存在前提的义务。

在合同之债中，除主义务、从义务之外，还有附随义务。附随义务，又称附从义务，是指为一般义务的履行所负担的辅助性义务。如合同关系中除合同约定之外，基于诚信原则而产生辅助债权人利益实现的义务，如协力义务、通知义务、照顾义务、保密义务、注意义务和忠实义务等。附随义务不同于从义务，附随义务与一般义务之间不构成主从关系，而从义务与主义务之间构成主从关系。有学者认为，附随义务是否是真正的义务值得探讨，如债务人未为通常的注意，而使某项给付延迟或成为不可能，债权人依法可向债务人请求损害赔偿；但在产生损害之前，债权人无法使债务人尽此注意义务。

区分主义务与附随义务的主要意义在于，主义务决定民事法律关系的性质，原则上属于对待给付义务；而附随义务与民事法律关系的性质无关，原则上不属于对待给付义务。

五、专属义务与非专属义务

根据义务有无让与性，民事义务可分为专属义务与非专属义务。

专属义务是指不具有让与性的义务。例如，赡养义务、抚养义务等都属于专属义务。一般而言，与人身有关的义务为专属义务。

非专属义务是指具有让与性的义务。例如，在买卖合同中，交付货物、支付价款的义务都属于非专属义务。一般而言，财产性义务为非专属义务。

区分专属义务与非专属义务的主要意义在于，对于专属义务，义务人不得将其让与他人承受；而对于非专属义务，义务人一般可以将其让与他人承受。

随着经济的发展，法律制度的设计更趋缜密，民事义务的体系呈现扩张的趋势，出现非典型民事义务。非典型民事义务具有较强的社会性，一般来源于法律的直接规定，但大多和合同具有关联性，包括先合同义务、后合同义务、安全保障义务、负担性义务等。非典型民事义务既是传统民事义务的扩张，也是基于当事人间的特殊结合关系而产生的信赖的延伸，是诚信原则在具体法律关系中的适用。

第二节　民事义务的产生

《民法总则》第 176 条规定："民事主体依照法律规定和当事人约定，履行民事义务，承担民事责任。"在民法领域，依据意思自治原则，民事义务的产生有法律规定和当事人约定两种，只要当事人的约定不违反公序良俗和法律的强制性规定，即依法产生法律上的拘束力。因此，根据义务产生的依据不同，其可以分为法定义务与约定义务两种。

一、法定义务

法律为了保障人的行为自由，必定要限制人的行为自由。世上没有绝对的自由，没有限制的自由即不自由。在民法领域，权利的实现，必然要求他人不得任意妨碍和干涉。对他人"不得"的要求，即普遍的不作为义务，也是最抽象意义上的义务。该抽象义务主要表现在法律条文中，法律义务是法律制度的规范命令使人承担的一种特定的"应为"。"应为"和"义务"原本是伦理上的概念，在法律上，"应为"或"应该"意味着一种要求，作为一种命令，如果不遵守这种要求，就会失去自尊和他人对自己的尊重，法律上的应该是非自动的应该，和"自动"的道德上的义务不同。由此，具有法律要求的法律制度就带有某种"制裁"的威慑力，尽管这并不总是必须的。①

法定义务的设定，缘于人们的共同生活秩序。因为在人们的群居生活中，每个人都有自己的生活领域，每个人又必须相互交往，不可能完全独立。为了保障社会生活的和谐，人们必须互不侵犯，互不干涉，才能在保障别人实现权利的同时，也保障自己权利的实现。所以，为了实现自己的利益，自己也要承担相应的不利益。因此，法定义务的设定具有交互性，即以自己对他人权利的认可换取他人对自己权利的尊重，以"我不犯人"换来"人不犯我"的和谐与安宁，这也是法定义务设定的初衷和基础。从经济学角度而

---

① 〔德〕拉伦茨：《德国民法通论（上册）》，王晓华、邵建东、程建英等译，法律出版社 2003 年版，第 266 页。

言，法定义务的遵守是获得权利自由的对价。从社会学角度而言，法定义务具有平等性，其作用在于保障社会关系的静态平衡。

法律的认可使约定义务变成了具有法律效力的法律义务，其目的是保障社会生活的自然进行状态，也即保证社会关系的动态平衡。其效力来源则在于法律义务的拘束力。对于物权、人格权、知识产权等绝对权，法律一般不直接规定义务人的义务，但相关法律规定中蕴含着义务人对绝对权有不得侵害的义务。

二、约定义务

民法的精神在于意思自治，当事人的约定就是当事人之间最好的法律。在人格独立的当代社会，法律之所以允许当事人要求别人"为"或者"不为"，从管理学角度而言，法律追求的目的是社会关系的稳定，人们生活的安定是一种有序而不混乱的社会状态，其关键在于当事人间的利益平衡，从深层次上而言应该是保障人的心理平衡。行为人都有自由处分自己权利的自由，只要尊重其自由意志，就是一种最佳的社会生活状态，所以法律认可当事人间的约定也是对人格尊重的表现，更是市民社会自治的结果。

民事义务强调的是自愿性和主动性。当事人之所以自愿承担义务，是因为"债务之负担就广义之债而言，这种不利益作为从对方获得利益之对价，也并非真正不利益"[①]。即从经济学角度而言，义务的履行是一种成本，获得相应利益是对价，成本的付出是为了利益的回报。因此，义务的承担是从对方获得等值利益的对价，义务自身利益实现的手段。所以，义务人的目的不是他人利益的实现而是自身利益的增值，这也是义务人自觉履行义务的原动力。又因为每个人都是理性的独立体，自己是对自身利益的最佳管理者，趋利避害是人的社会本性，约定义务是允许当事人自由分配社会资源，物尽其用，各得其所，国家没有必要进行过多干涉。自治状态也是社会生活发展的最自然状态，只要不损害他人、社会和国家的利益，当双方当事人的经济地位相差不大，亦即一方实际上并不依赖另一方时，当事人间自愿的约定即能较好地维护各自的利益，而不会产生矛盾和纠纷。

[①] 江平：《民法学》，中国政法大学出版社2000年版，第94页。

约定义务既可以产生于单务法律关系也可以产生于双务法律关系。但并非所有的义务均具有对价性和交互性，如无偿保管合同，义务人只有义务的负担，而没有权利的享受。

三、区分法定义务与约定义务的意义

法定义务和约定义务的违反对于民事责任的产生具有重要意义。法定义务与民事责任具有较为直接的关系，法定义务不得变更，且具有不可逆转性，通常法定义务的违反将直接造成他人固有利益的损害，即应承担民事责任，违反法定义务的，一般产生侵权责任。可以说民事责任是民事义务违反的必然结果，除非义务的违反尚未造成损害，则应继续履行法定义务。

约定义务主要在于当事人的利益协调，而违反约定义务的，一般产生债的不履行责任，也称违约责任。所以，约定义务违反之后，以鼓励交易为原则，尽可能采取补救措施，最大限度地实现当事人的预定目的。所以，约定义务可以变更和转换，即通常约定义务的违反并不直接产生民事责任，而是继续履行或者变相履行原有的民事义务，除非义务的违反造成了对方的损害，才会承担民事责任。可见，民事责任的承担只是约定义务违反的法律后果之一，而且民事责任的承担并不能免除原有民事义务的履行。当违反约定义务造成额外的损害时，民事义务的继续履行或者变相履行和民事责任的承担二者可以并列存在。在此种意义上，民事责任是对固有利益遭受损害的救济手段，而民事义务则是利益实现的原始方式。

第三节　民事义务的履行

一、义务履行的概念

义务的履行，是实现义务内容的行为，应当遵循诚信原则。为义务的履行须有意思能力，但在意思能力之外是否需要有行为能力，则根据义务的性质的不同而不同。以法律行为或裁判上的行为为义务履行者，以有行为能力为必要。

例如，履行交付所有权义务，而履行绘画债务时依事实行为。义务的履行，有的依义务人一方的行为即可完成，也有的需要权利人协助。例如，支配权所对应的消极尊重义务，仅以义务人一方行为即可履行；而在履行交付义务的时候，则多需要权利人的协助行为，如需要权利人的受领行为。

二、义务履行的形态

根据义务的形态，义务的履行可分为一次性给付、重复给付、继续不断给付三种。一次性给付，是指根据当事人约定或者法律规定，义务人应当于某指定时间内一次完成其行为，如标的物的给付、完成某种工作等。重复给付，是指债务人不指定时间内为重复给付，如承租人定期支付租金的义务。继续不断给付，仅指继续不断不作为义务的履行。

三、义务履行的效果

民事义务的履行是实现民事义务内容的过程。民事义务的实现和民事义务的消灭不是同一概念，民事义务的实现是民事义务履行的效果，而不单民事义务的实现能达到民事义务的消灭效果，民事义务的免除也能实现民事义务的消灭效果。

民事义务的履行有作为和不作为两种方式。在具体的实现方式上，又可以分为民事法律行为方式和事实行为方式，因此，义务的履行既可能采取民事法律行为方式也可能采取事实行为方式，依动产买卖合同的约定实施转移动产所有权的义务就是民事法律行为方式，无偿保管合同中的代人保管则是事实行为方式。

第四节 民事义务的违反

一、民事义务违反的分类

（一）法定义务的违反

法定义务一般是为保护绝对权而设定，大多是消极的不作为，即任何人不得侵害他人权利，法定义务的违反形态是不应为而为。随着民事义务的扩张，法定义务违反的形态也呈现出例外情况，如在先合同义务中法律规定有积极的作为义务，此时义务的违反即表现为应为而不为。

（二）约定义务的违反

约定义务的违反可以分为预期违约与期限届满时义务的不履行或者迟延履行。预期违约又称先期违约，是指在合同履行期限届满前，债务人虽无正当理由但明确表示其在履行期限届满后将不履行合同，或者其行为表明在履行期限届满后将不可能履行合同，该表示为债权人所了解时即构成义务的违反。期限届满时义务的不履行，又称为实际违约，是指在履行期限届满时，当事人不履行或不完全履行合同义务。迟延履行，又称债务人迟延或逾期履行，是指债务人能够履行，但在履行期限届满时却未履行债务的现象。

（三）非典型义务的违反

非典型义务的违反，包括对先合同义务、后合同义务、安全保障义务等负担性义务的违反。例如，守约方负有防止或者减少损失扩大的义务，即守约方负有避免或者减少损失扩大的负担性义务，守约方在能为而未为时即构成非典型义务的违反。

二、民事义务违反的法律后果

义务的违反有可能导致两种结果，若可以恢复权利原状的，可以采取返还原物、继续履行或在原有义务范围内采取损害赔偿等替代履行的方式予以弥补，如在原义务范围之外造成了额外的损害，为实现恢复权利的圆满状态的目的，必须对行为人采取"利益减损"或者"不利益"的方式对权利人的权利进行救济。

（一）法定义务违反的法律后果

法定义务的违反直接导致固有权利损害或者对固有权利有损害的危险。义务的履行是权利实现的保证，是社会关系的正常状态，也是对法律秩序的尊重，是守法的自觉表现。义务的违反不仅妨碍或者侵犯了权利人的权利，也破坏了社会关系的平衡和法律关系的稳定，必然导致法律上的不利益。该不利益的承担范围和承担方式取决于义务违反所造成的损害的范围和种类。如果民事义务的违反行为在客观上造成损害，则该不利益表现为民事责任。因此，民事责任应是民事义务违反的法律后果之一。民事责任是对违反民事义务的矫正手段，民事责任的承担以填补损害、恢复权利的圆满状态为限。义务为"当为"的应然状态，在义务违反的行为中，损害主要是指财产损失，包括固有财产和可得利益损失两部分，即损害应是对现实权利的损害以及可得利益的损失。

（二）约定义务违反的法律后果

履行期限届满，约定义务的不履行或者迟延履行时，权利人产生履行义务的请求权，该请求权是原权利在期限届满时的法律效果，所以，该请求权对应的依然是民事义务。为了促使权利人积极行使权利，义务届满时权利人应及时请求履行，否则，时效届满时，权利人即丧失了要求强制履行的权利。当请求履行义务的权利无法得到满足，则权利无法得到实现。此时，权利人受法律保护的可得利益将遭受确定性的损害，损害确定的时间则是民事责任产生的时间，原有的民事义务的性质发生了转变，转化成为民事责任。在预期违约的情形下，义务履行期限届满前义务人明确拒绝履行民事义务，权利人即没有必要再请求其履行，权利人可得利益遭受确定性的损失，损失确定之时即民事责任产生之时，即预期违约可以直接导致民事责任的产生。

因可归责于的债务人事由而致给付不能所产生的损害赔偿请求权，与原债权权利的性质相同，故此损害赔偿请求权是原债权的继续，只是在形态上有所变更而已。因此，转化的民事责任还包括履行不能或者继续履行已无意义的情形。若因民事义务的违反另外造成了权利人固有利益损害，权利人还可以请求损害赔偿，此加重的义务则是原始的民事责任。

（三）非典型民事义务违反的法律后果

非典型民事义务和典型的法律义务不同，是一种对行为的要求，其在大多数情况下是为了满足负担性义务人自己将得到的利益而存在。它是一种负担，"是为了另外一个人的利益而加给权利主体的，可是这另外一个人又不能要求承担负担的人为相应的行为"。负担性义务的特点是，法律并不强制当事人履行这种负担性义务，如果当事人没有履行这种负担性义务，其也不必因此而承担损害赔偿的义务，而只是受到很轻的制裁，一般只是失去一个较为有利的法律地位，或者某种法律上的不利。民事责任是因相对人的过错行为导致自己利益损害，由义务人对自己的损害赔偿和救济，而负担性义务是自己的行为导致自己损失的扩大，所以，负担性义务的违反并不产生民事责任。[①] 例如，守约方负有避免或者减少损失扩大的负担性义务，对于守约方违反此非典型义务而产生或扩大的损失，守约方仅处于自行承担而不得向违约方索赔的不利局势，并不因此产生向违约方承担损害赔偿等义务的民事责任。

三、民事义务违反的救济方式

义务人若不履行义务，法律规定有多种救济方式，如损害赔偿、解除契约、请求履行等。强制执行，仅为最后的步骤。但依据事件的性质，义务也有根本无从强制执行的，如法律上或者事实上不能履行的，或债务的标的不适于强制履行或者履行费过高的。

[①] 〔德〕拉伦茨：《德国民法通论（上册）》，王晓华、邵建东、程建英等译，法律出版社2003年版，第269页。

第五编　民事法律关系的变动

第九章　民事法律事实

第一节　民事法律事实概述

一、民事法律关系的变动与移转

（一）民事法律关系的变动

民事法律关系同其他的法律关系一样，始终处于循环往复的变动过程之中，具体包括设立、变更和终止三种情形。民事法律关系的产生是指因一定的民事法律事实出现，民事主体之间形成权利义务关系。例如，当事人之间签订买卖合同，因为买卖合同成立这个事实，在当事人之间形成买卖合同关系；又如，当事人创作一幅作品，从而使其对该作品享有著作权的民事法律关系发生。

民事法律关系的变更是指因一定的民事法律事实出现，原有法律关系的构成要素发生了变化，具体包括主体变更、客体变更和内容变更三个方面。

1. 主体变更

主体变更是指民事法律关系主体的权利义务发生变化，即主体之间的权利义务全部或者部分转移给另一个主体，形成新的民事法律关系，从而导致原有的民事法律关系发生变化。例如，债权债务关系中，债权人或者债务人发生了变动。前者是指债权人把债权让与第三人，称为债权让与；后者是指债务人在征得债权人同意的情况下，把债务让渡给第三人承担，称为债务承担。又如公司的合并、分立，一个新公司产生或者原来的公司分立成两个以上的公司等，也属于主体变更。后文介绍的民事法律关系移转，"亦即权利

主体之变更"①。

2. 客体变更

客体变更是指，民事法律关系的客体性质或者范围发生了变化，即民事法律关系所依存的对象——物、行为、智力成果等在数量、范围、性质等方面发生了变化。例如，抵押物部分毁损从而导致抵押权指向的抵押客体范围缩小；又如，选择之债一经选择确定即转化为简单之债。

3. 内容变更

内容变更是指，民事法律关系中权利义务的性质或者范围发生了变化，民事法律关系内容变更是其变动中最常见的情况。由于社会条件的复杂性，预先确定的权利义务内容经常可能发生变化。例如，债的部分清偿导致权利义务范围的变化；合同的不履行或者履约行为不符合约定，导致违约损害赔偿责任的产生，从而引起权利义务性质的变化。

民事法律关系的终止是指，一定的民事法律事实出现从而引起原有的民事法律关系消灭。例如，合同一方当事人行使解除权可使合同关系归于消灭。民事法律关系的消灭可以分为绝对消灭与相对消灭。绝对消灭是指民事法律关系主体之间的权利义务关系已经不复存在。例如，物的全部灭失导致所有权关系的消灭，债的全部履行导致债权人与债务人之间的债权债务关系的消灭。相对灭失是指民事法律关系的主体、客体或者内容的变更。民事法律关系的变更是原有的民事法律关系因为构成要素的变化从而形成新的民事法律关系，从这个角度讲，民事法律关系的变更是旧民事法律关系的消灭，新民事法律关系的相对产生。

民事法律关系的设立、变更或终止需要具备三个基本条件：民事法律规范、民事主体和民事法律事实。② 民事法律规范本身并不能在民事主体之间引起权利、义务关系，而只是表明民事主体享有权利和承担义务的可能性。但是，法律可以根据需要规定一些事实条件，在发生这些事实时，就使民事法律关系设立、变更或终止。就民事法律规范、民事法律事实以及民事法律

---

① 梁慧星：《民法总论》，法律出版社2011年版，第62页。
② 荀军年：《民法总论》，中国书籍出版社2013年版，第96页。

关系三者的关系而言，民事法律规范是确认民事法律事实的依据，民事法律事实是引起民事法律关系设立、变更或终止的具体原因，民事法律关系的设立、变更或终止则是民事法律事实所必然导致的结果。而从根本上讲，民事法律关系的设立、变更或终止，是民事法律规范作用于社会的客观表现。这表明随着社会生活的发展和民事法律规范对各种行为评价的变化，民事法律事实的种类范围及其导致的法律后果也会发生变化。例如，在我国《民法通则》颁布以前，损害他人名誉权的行为不能导致经济赔偿后果，即精神损害不能成为产生经济赔偿后果的民事法律事实。但是，在《民法通则》颁布以后，精神损害赔偿为法律所确定，即同样的行为便成为引起赔偿后果的民事法律事实。①

（二）民事法律关系的移转

对权利而言，除专属性权利以外，其他权利原则上均可以移转。但对于民事法律关系，则需要探讨，民事法律关系必须作为一个整体移转，或者作为其内容的各项要素而分别予以移转。

1. 以可分离之权利与义务为内容的民事法律关系

原则上从民事法律关系中分析出的每项权利均可以被独立移转。若一项民事法律关系由多个具有独立功能的权利构成，则其中的每项权利都可以被分离而单独移转，如一项包含多个债权的债之关系中的每项债权都可以单独移转，且单项债权的移转并不导致民事法律关系作为整体的移转。

2. 必须整体移转的民事法律关系

如果一项民事法律关系中的权利并不具有独立的功能，且该项权利的功能与民事法律关系整体上密切相关，那么原则上该项权利不得脱离民事法律关系而被单独移转。在这种情况下，各项权限与负担与民事法律关系构成一个不可分割的整体，若将各项权利与义务移转于不同的主体将会导致该项民事法律关系无法实现其被确定的目的。例如，所有权移转的同时，标的物上

---

① 《民法通则》第120条规定，公民的姓名权、肖像权、名誉权、荣誉权受到侵害的，有权要求停止侵害，恢复名誉，消除影响，赔礼道歉，并可以要求赔偿损失。这开启了我国法律规定精神损害赔偿的先河。

的公法负担、私法限制及物上负担也同时移转。

3. 作为整体的民事法律关系的法定与意定移转

作为整体的民事法律关系的法定移转规范基础特别体现在继承法中。随着继承的发生而移转的不限于权利与义务,而是与民事法律关系相关的法律地位整体,包括取得期待、受领权限、法律拘束与不真正义务等。而且民事法律关系也可能被作为整体基于法定而移转,例如出租人将房屋移转他人的情形,基于买卖不破租赁原则,租赁关系作为整体移转,成立于新房主与承租人之间。民事法律关系整体的意定移转,其典型者是债之关系的移转。一项债务契约的整体移转并非债权让与和债务承担的简单结合,因为并非仅债权与债务被移转,而是民事法律地位之整体被移转,包括形成权、取得期待、不真正义务与负担等也一并随之移转。债务契约的整体移转是一项独立的三方民事法律行为。

4. 禁止移转的民事法律关系

特定种类的民事法律关系,因其与特定的主体相关,因而不得移转,亲属法上的民事法律关系如婚姻、亲子关系、抚养请求权等都属于这一类。

二、民事法律事实的概念和特征

(一) 民事法律事实的概念

民事法律事实,是指依照民事法律规范能够引起民事法律关系设立、变更或终止的自然事实或人的行为。

应当注意的是,何种情况或现象可以构成民事法律事实,应凭民事法律规范加以规定或确认。因此,并非任何一种客观事实或情况,都是民事法律事实而具有法律意义。法律的规定或确认取决于国家对社会关系尤其是经济生活关系进行民法调整的需要和可能性,所以,民事法律事实的范围也不是一成不变的。

(二) 民事法律事实的特征

1. 民事法律事实是一种客观现象

这种客观现象是已经现实地发生并实际存在的,且能够被人们客观感知的。因此，尚未表示出来、不能为外人感知的主观意识或内心活动不能成为民事法律事实。作为民事法律事实的客观现象，既包括纯粹由自然事实引发的客观现象，如地震、台风、海啸等，又包括纯粹由人的行为引发的客观现象，如订立合同、抛弃所有权等。从哲学上考察，有些客观现象既有自然的因素，也有人为的因素，并不能截然判断系由自然事实引发抑或由人为原因引发，但从民法上判断，关键在于考察这一客观现象对于民事法律关系产生的影响。例如，婴儿的出生，并非由完全出乎人意志之外的纯粹自然因素引发，但就引发父母子女间的身份关系而言，出生这一事实被认为是一种纯粹自然因素而非人为因素。

2. 民事法律事实必须符合民事法律规范

客观现象是多种多样的，它可以是自然现象，也可以是人们的活动。但是，民事法律事实是由民法规定的。民法基于其调整的需求，从而规定什么样的客观事实能够作为民事法律事实及其能够引起什么样的民事法律后果。[①] 因此，并非一切自然现象和一切人的活动都是民事法律事实。例如，日出日落、刮风下雨等自然现象和朋友约会、同学聚餐、散步、读书、睡觉、起床等人的行为都不是民事法律事实，不能引起民事法律关系的设立、变更或终止。只有在民事法律规范中做出明确规定的客观现象才能被称为民事法律事实。例如，人的出生和死亡这类自然现象能够引起民事法律关系的设立、变更或终止，因此，民法确认其为民事法律事实；又如，订立合同、设立遗嘱这类人的行为也会引起民事法律关系的设立、变更或终止，也属于民事法律事实。

3. 民事法律事实必须同一定的民事法律后果相联系

判断客观现象是否为民事法律事实，必须考虑其是否与一定的民事法律后果相联系。凡是能够引起一定法律后果的客观现象，都属于民法确认的民事法律事实。例如，人的出生引起民事权利能力开始的法律后果；人的死亡导致继承关系的开始，遗产所有权的转移；合同的签订，引起双方当事人债权债务关系的成立。与法律后果毫无关联的事实，则不属于民事法律事实，不具有法律意义。

---

① 熊进光主编：《民法总论》，厦门大学出版社2013年版，第41页。

第二节 民事法律事实的类型

民事法律事实既然是引起民事法律关系设立、变更或终止的原因,那么,这种原因既可以是人的行为,也可以是某些事件,甚至是状态。按照不同的标准,从不同的角度,可以对民事法律事实做出不同的分类。根据民事法律事实的发生是否与当事人的意志有关,可以将其分为两类:自然事实和人的行为。

一、自然事实

民法上所说的自然事实,又称非行为事实,是指人的行为之外的,能够引起民事法律关系设立、变更或终止的一切客观现象。自然事实又分为两种:事件和状态。

（一）事件

1. 事件的概念

事件是指与民事主体的意志无关,能够引起民事法律关系设立、变更或终止的自然现象。这种现象的发生或出现虽与民事主体的意志无关,但只要发生或出现便会引起一定的民事法律关系的变动。例如,人的死亡会引起继承关系的发生,地震等自然灾害会引起合同关系的变更甚至终止等。事件作为民事法律事实得到法律规范的确认,赋予其引起权利义务关系变动的效力,其意义有二:第一,表明法律对于自然现象与客观规律的尊重;第二,表明民法主体生存的环境既有人文环境的因素,又有自然环境的因素,民事主体特别是自然人首先是作为物体存在的,受制于自然现象与客观规律。

2. 事件的类型

（1）纯粹的客观事件。纯粹的客观事件是指,与人的意志无任何关联的客观现象,其发生完全不受人的主观意志的控制。此类事件实际上就是指不可抗力和其他自然灾害等自然现象,以及意外事故。例如,地震、洪水、海啸、飓风、冰雹、泥石流、雪灾、滑坡、瓦斯爆炸、旱灾、蝗虫灾害、交通事故、流行疾病等。其中最主要的是不可抗力。

不可抗力是指人力不能预见、不能避免且不能克服的客观情况。在立法上，不可抗力通常是以民事责任的免责事由而加以规定的。例如，《民法总则》第180条规定："因不可抗力不能履行民事义务的，不承担民事责任。"民事法律事实意义上的不可抗力，通常是作为权利义务关系变更或消灭的法定事由，极少作为权利义务关系产生的事由。不可抗力的要件一般分为主观要件和客观要件。主观要件强调作为不可抗力的客观现象的不能预见性，即不以人的意志为转移，这是判断当事人主观上是否存在过错的关键因素，如果造成合同履行困难的客观现象或致人损害的行为是当事人能够预见到的，而行为人仍然一意为之，则按照过错原则的要求进行归责。在发生损失后进行归责时，当事人的故意就成为责任要件中的主观要件，对当事人不能免责，因此，这一客观现象也就不能成为不可抗力。所以，不可抗力的主观要件就是指"不能预见"。客观要件强调作为不可抗力的客观现象的不能避免和不能克服的特性，即当事人无法对这种客观现象的发生与否、发生程度等做出安排或处置，在某种意义上说当事人只能听天由命。这些客观要件实际上也包含了判断当事人主观过错的客观因素，即当事人的能力不足以避免和克服那些影响合同履行或者导致侵权行为发生的自然力和社会力的客观事实。不能避免和不能克服则说明了不可抗力的客观性和必然性。必然性是由客观规律所决定的不以人的意志为转移的确定不移的趋势。不能避免是指对于不可抗力事件的发生，当事人虽然尽了合理的注意，仍不能阻止这一事件的发生。不能克服是指当事人对于不可抗力事件虽然已经尽了最大努力，但是仍然不能克服之，并因此而致合同不能履行或者因此发生侵权损害。

（2）受人主观支配的事件。某些客观现象，其发生并非纯粹由于自然力的作用，相反，是由人的有意识的行为所致，受人的主观意志支配，但其引发民事法律关系的变动却是行为人意志以外的，并非行为人主观追求的结果。而且，此种现象不存在是非善恶的价值判断，是自然规律使然。例如，人的出生并非不以人的意志为转移，结婚、怀孕、分娩都是受人的意志支配的，一旦出生完成，即形成父母子女之间的权利义务关系。单纯就该民事法律关系的产生而言，出生只是一个事件而已。又如人的死亡，死亡本身可能是基于人的行为，如他杀、自杀，都是主观行为，但死亡引起亲属关系的消灭和继承关系的发生，却是一个事件，而非行为。此外，无行为能力的未成年人或精神病人的"行为"，完全行为能力人在无意识或神志错乱中所为的"行为"，也应当属于事件。

（3）公法上的行为。某些公法上的行为会导致民事法律关系的变动，但此类行为不是民事主体实施的结果，更不是民事主体主观追求和支配的结果，对其而言，此类行为也属于事件。例如，政府对私人财产的征收会导致私人所有权的消灭和国家所有权的取得，于民事权利义务关系的变动而言，即属于事件。

概括起来，民法上的事件主要包括如下具体情形：人的出生、人的死亡、不可抗力、不可抗力以外的自然灾害、意外事故、物的自然生长、物的自然灭失、战争爆发、公法行为，等等。

（二）状态

状态，是指某种客观情况的持续，一定事实的经过，基于民事法律规范而发生一定法律效果的事由。某些客观现象，既非人的行为，又非纯粹自然事件，而纯属一种事实状态，由于民事法律规范的规定而能产生民事法律关系变动的后果。例如，人的下落不明、精神失常、对物继续占有、权利继续不行使、战争状态、封锁禁运，以及符合、混合、加工等，均属于自然事实中的状态。

二、人的行为

根据行为的法律性质，可以将行为分为民法上的行为、行政行为、司法行为。民法上的行为是指，由民事法律规范规定的作为民事法律事实的行为，如订立合同，设立遗嘱等，可以说民法加之以调整，产生民法上的效果，称为民法上的行为，即作为民事法律事实的行为。民法上的行为是人的有意识活动。无意识的活动，如人在熟睡或者昏迷状态中的动作，以及受他人暴力强迫的所做所为，均不属于这个意义上的行为。无民事行为能力人，因其不能辨认自己的行为，所为的动作也不得称为行为。行为是最普遍、最主要的民事法律事实。① 行政行为是指，国家行政机关依法行使职权的行为。当行政行为对民事法律关系有直接影响时，则可以成为民事法律事实。例如，房地产管理部门所做的房屋产权登记，是房屋所有人对房屋拥有所有权的证明，作为行政行为的产权登记就是建立所有权法律关系的民事法律事实。司法行为是指，人民法院对案件的审理、判决和执行行为，它也可以引起民事法律关系的设立、变更或终止。例如，人民法院的判决使被告承担损害赔偿责任，人民法院判决引起合同关系的变更或解除等。

人的行为作为民事法律事实的意义有两个方面：一方面，人是有意识、有思想的生命体，人的行为受其意识和思想的支配，反过来，意识和思想支配下的行为是人的主要生存和生活方式，绝大多数的民事法律关系的变动是基于人有意识的行为的结果，这表明人是法律关系的主宰；另一方面，由于意识和思想的丰富性和复杂性，人的行为具有极大的主观性质，因此，法律上需要对行为予以类型化，赋予不同行为以不同的法律后果，来充分体现意思自治的私法原则。因此，就有民法上的行为、行政行为和司法行为的区分，其中民法上的行为是重中之重。根据是否具有意思表示，又可以将民法上的行为分为表示行为和非表示行为。所谓表示行为是指行为人通过意思表示，旨在设立、变更、终止民事法律关系的行为，是产生民事法律关系的主要民事法律事实；而非表示行为则是指行为人主观上没有产生民事法律关系的目的，但是依据法律规定，客观上产生某种法律效果的行为。其中，表示行为包括民事法律行为和准民事法律行为，非表示行为指事实行为。

（一）民事法律行为

民事法律行为是民事主体通过意思表示设立、变更、终止民事法律关系的行为。② 这是最常见、最重要的民事法律事实，大部分民事法律关系的设

---

① 屈茂辉主编：《中国民法》，法律出版社2014年版，第74页。
② 《民法通则》第54条规定，民事法律行为是公民或者法人设立、变更、终止民事权利和民事义务的合法行为。而《民法总则》第133条规定，民事法律行为是民事主体通过意思表示设立、变更、终止民事法律关系的行为。《民法通则》产生于20世纪80年代，经济体制改革刚刚起步，因此强调民事活动的"合法性"，排除当事人意思自治有其理由。但是，随着市场化改革的不断深入，这一制度已经不能适应经济发展的需要。按照市场经济的要求，判断交易行为效力的准则是"法无禁止即可为"，而不是"合法性"，因此，以意思表示为基础构建民事法律行为制度应成为新的立法思路。

立、变更或终止都是基于这种行为而发生的。例如，合同行为、授权行为、追认行为、撤销行为、遗嘱行为、婚姻行为、收养行为，等等。我们将在下一章详细讨论民事法律行为的问题，因此，在这里就不再赘述。

(二) 准民事法律行为

1. 准民事法律行为的概念

准民事法律行为是指，当事人实施的、有助于确定民事法律关系相关事实因素的意愿表达或者事实通知行为。此类行为没有包含行为人对于民事主体间利益关系安排的设想，不以直接引起民事法律关系的变动为目标，但是其与民事法律行为同属于表意行为，都是将一定的心理状态表现于外部，因而民法理论称其为准民事法律行为。例如，债权人因请求而中断诉讼时效期间，该中断的结果即为法定结果，债权人在请求时的意思表示中是否具有这种效果并不重要。这些行为因有意思表示，因而不同于无意思表示的人的行为；但意思表示中的行为效果要素不被法律所认可，因此不属于民事法律行为，故类似于中断时效期间的行为、通知、催告等均为准民事法律行为。

2. 准民事法律行为的特征

(1) 准民事法律行为不包含意思表示。尽管准民事法律行为中包含着行为人的某种意思或特殊的精神内容，但这种意思和精神内容尚不符合意思表示的构成要素，因此，准民事法律行为并不包含意思表示。对于意思表示的概念，学界认识较为一致，它是指行为人将意欲发生一定私法上法律效果的意思表示于外部的行为。但意思表示的构成要素如何，学界存有较大分歧。德国传统民法将意思表示的构成要素抽象为目的意思、效果意思、表示意识、行为意思及表示行为五项；我国大陆和台湾地区学者的理论分歧集中为：在德国民法理论的基础上，究竟应从意思表示中抽象出哪些内容作为其基本构成要素。从既有观点来看，大抵均采三要素说，例如，有的主张效果意思、表示意思及表示行为三项，有的主张行为意思、表示意识及表示行为三项，有的主张目的意思、效果意思及表示行为三项，等等。但无论持何种观点，从意思通知、观念通知和感情表示这三种典型的准民事法律行为来看，均仅含有意思表示的个别要素。例如，意思通知仅涵盖一定的效果意思；观念通知仅是表示行为人对某一事实的观念而已，虽然可能含有行为人的某种意思，却尚未达到意思表示的严格要求；感情表示中虽含有行为人的某种感情因素或者说精神内容，但亦未达到意思表示的主观要求。

（2）准民事法律行为是表示行为。表示行为是指将心理状态表达于外部的行为，或者是指使目的意思和效果意思处于能够被他人认识的状态的行为，或者是指以书面或口头形式将意思外部化的行为。其共同特征是将行为人的内心意思作为表示行为的主观要素，将外在行为作为表示行为的客观要素。准民事法律行为包含行为人的某种意思或精神要素，因此，符合表示行为的主观要素；准民事法律行为皆为外在客观的行为，因此，应认为准民事法律行为是表示行为。

（3）准民事法律行为直接依法律规定发生法律效果，但是在个别情况下也可能依行为人的意思。准民事法律行为虽然包含着行为人的某种意思或特殊的精神内容，但是该项意思或精神表示却无法直接落实其所产生的法律效果，其法律效果最终如何，原则上在法律中皆有明文规定。因此，无论准民事法律行为的行为人是否有主观意思，其意思如何，均非法律所问，原则上亦不对准民事法律行为法律效果的最终发生产生影响。例外情况下，若某一准民事法律行为包含着行为人的某种意思或精神内容，但行为人于行为发生时遭受欺诈或胁迫，或意思与表示不一致，则可准用意思表示不自由和意思与表示不一致的有关规则处理。

（4）准民事法律行为均是有相对人的单方行为。单方行为属于民事法律行为的一种，学界对其概念未有认识分歧，它是指依一方行为人的意思表示而成立的民事法律行为。该概念意味着：行为的成立无须相对人为协助，且行为人须具有一项特别的法律权利，此种权利，或来源于当事人先前订立的合同，或来源于法律的直接规定。正是在此两重意义上，亦可谓准民事法律行为均是单方行为。从法律规定来看，各类准民事法律行为均有特定的相对人，因此，行为人在为准民事法律行为时，须向该特定的相对人为表示，行为始得成立。故准民事法律行为进一步说是有相对人的单方行为。

3. 准民事法律行为的类型

民法上对准民事法律行为类型的划分,实质上借鉴的是心理学上的研究成果。按心理学上的分类,人的心理状态,一般情况下有知、情、意三方面,因此,准民事法律行为即有意思通知、观念通知和感情表示三种类型。

(1) 意思通知。意思通知是指以一定的意思或态度为表示内容的行为。意思通知包含以达成某项法律效果为目的的效果意思,并将之予以表现,因此是准民事法律行为三种类型中与意思表示最为接近的概念,故可以将二者合称为"意之表示行为"。但意思通知不符意思表示的构成要素。此外,二者的另一重要区分标准仍然是所产生的法律效果是否源于法律直接规定。就意思通知来说,不论行为人实际上意欲发生何种法律效果,其最终法律效果的产生,非行为人意思的直接落实,而完全依凭法律的规定。

意思通知依行为内容的不同,又可分为两类。第一类统称催告。催告是意思通知中最为常见的类型,催告的种类主要有:第一,债务履行的催告。当事人之间的债权债务关系,无非有约定了履行期限的债务和未约定履行期限的债务两种,其中,履行无约定期限时的债权人的催告是典型的意思通知;若当事人约定了履行期限,则债权人要求债务人履行到期债务的催告,也属于准民事法律行为。此催告必须是针对已经形成的债务关系,但不需要表示会出现某种法律所规定的和催告相关的法律后果。当债务迟延的条件具备时,法律规定催告会给债务人带来迟延后果。第二,做出追认的催告。该种情形主要发生在以下两种场合:一是限制行为能力人所为的法律行为。除纯获利益或与其年龄、智力、精神健康状况相适应之外,须经过法定代理人的同意、追认,方为有效。于此种情形,相对人可以催告法定代理人在一定期限内予以追认。法定代理人未做表示的,视为拒绝追认。二是行为人没有代理权、超越代理权或代理权终止后仍以被代理人名义所为之法律行为,相对人亦可在一定期限内催告被代理人予以追认,被代理人未做表示的,亦视为拒绝追认。第三,选择权行使的催告。此主要指一方当事人享有选择权,另一方当事人为使法律关系早日处于稳定状态而为之催告。例如,在选择之债场合,若选择权的行使未定期限,则清偿期到来时,无选择权人可定相当期限催告选择权人行使选择权。选择权人届期仍未行使选择权的,选择权归催告的当事人。第四,解约的催告。各国法律多有关于合同当事人于某些情形下享有合同解除权的规定。若此解除权的行使期限没有约定或法律未为规定，则对方可催告权利人于合理期限内行使，逾期不行使的，解除权归于消灭。第五，申报债权的催告。此种情形主要发生于公司清算场合。公司清算时，须通知债权人于一定期限内申报债权，此通知的性质，显然意在催告债权人于一定期限内申报债权，故可归入催告这一类。第六，支付租金的催告。承租人无正当理由未支付或迟延支付租金的，出租人可以催告承租人于合理期限内支付，承租人逾期仍未支付的，出租人有权解除合同。该催告行为也属于意思通知的一种。

意思通知的第二类统称拒绝，主要有以下三种情形：第一，要约的拒绝。受要约人对要约人的要约，既可为承诺的意思表示，又可为拒绝的表示，此拒绝行为则应当属于准民事法律行为的意思通知。要约被拒绝，发生要约失效的法律后果。第二，受领清偿的拒绝。在债务人依照约定履行债务时，若债权人拒绝受领，则产生受领迟延的后果。第三，义务履行的拒绝。如行为人拒绝履行合同义务，发生违反合同的法律效果。

（2）观念通知。观念通知在心理学上属"知"的范畴，故又称事实通知，指行为人表示其对于某事实的观念。观念通知的构造，不含以达成一项法律效果为目的的效果意思，其表示的仅是对某事项的认识而已，此是其与意思通知区分的关键。观念通知的类型依表达观念的形式不同，可分为通知、主张和承认三种。观念通知类型中所谓通知是指，向他人表示某项事实的存在，这是观念通知中最为常见、也是最重要的一种。通知的类型有六种：第一，不可抗力通知。不可抗力这一民事法律事实发生之后，相关当事人负有及时通知对方的义务，此通知行为，为准民事法律行为。例如，《合同法》第118条规定，当事人一方因不可抗力不能履行合同的，应当及时通知对方，以减轻可能给对方造成的损失。若未为通知，对方因不知不可抗力而未采取适当措施致使损失扩大的，就扩大的损失也可请求赔偿。第二，承诺迟到通知。承诺是合同成立的必经程序，其本质上应当属于意思表示范畴，然而若受要约人超过承诺期限发出承诺，以及在承诺生效时间采到达主义的立法例下，承诺因传达故障等原因而迟延到达的，一般认为，要约人于此情形下须及时通知受要约人，否则即发生一定法律效果。第三，债权让与通知。依债权法理论，债务人虽非债权让与合同的当事人，但债权让与的结果却与债务人的利益有重大关系。因此，一般认为，对债务人的让与通知是债权让与对债务人生效的必备条件。此通知应当属于准民事法律行为。第四，提存通知。提存是债的消灭原因之一，债务人向提存机关或第三人提存之后，除债权人下落不明之外，负有及时通知债权人的义务，此为各国民法共通的规定。但是，该通知是提存对债权人发生效力的必备条件，还是提存生效后对债务人的效力之一，在理论上宜做后一种解释。第五，瑕疵通知。在买卖合同中，出卖人承担物的瑕疵担保责任，但该责任的承担一般须以买受人适时地履行瑕疵通知义务为构成要件，若买受人在规定时间内怠于履行该义务，一般认为，买受人丧失瑕疵担保请求权。另外，在负义务的赠与中，赠与人故意不告知瑕疵或保证无瑕疵之赠与合同，也应解释有此规则的适用。第六，先卖义务人的通知。对标的物有优先买受权的人，在先卖义务人与第三人对标的物订立买卖合同时，可以行使先买权。故若先卖义务人与第三人已订立合同，则其负有将其与第三人所订立合同的内容立即通知先买权人的义务。第三人可代替其通知。该通知是先买权行使期限开始计算的依据，且若先卖义务人或第三人未为该通知，则其之间的合同应被认定为无效。

观念通知的第二种类型即所谓承认，意指承认他人权利的存在，其典型例子就是对他人请求权的承认。这种承认非意思表示，而仅是认定某种事实的存在，应当属于观念通知的范围。

观念通知的第三种类型即是主张。主张这一行为本身，非纯粹发生于私法领域，例如，诉讼中主张某一事实的存在。但此处所谓主张，专指于私法范围内的主张某事实存在，其典型例子是代理人主张代理权的存在。承认与主张这两种观念通知类型较为简单，只须说明的是，虽然承认、主张和通知均是表达对事实的观念，此为三者相同之处，但由于承认和主张这两个概念与通知在词义上有所不合，其表达方式也相去甚远，以观念通知统率三者是否妥适，尚须进一步研究。

（3）感情表示。感情表示是指以一定的感情为表示内容的行为，也即所谓"情之表示"。民法上涉及人的感情领域，当以亲属继承法为典型，其原因不外乎亲属继承法身份属性强烈，多数行为与当事人之间的身份关系联系密切。也正因如此,感情表示较之意思通知、观念通知,其所含类型较少。感情表示在民法上的典型形式有两种:第一,有的国家或地区在民法典中将配偶一方与他人的通奸行为规定为法定离婚理由,在此种立法例中,若配偶一方对他方的通奸行为表示宽恕的,则不得再以他方的通奸行为主张离婚;第二,多数国家或地区民法均有关于继承人遗弃被继承人或虐待被继承人情节严重而丧失继承权的规定,在此种立法例中,有规定若被继承人对继承人的这两类行为表示宽恕的,则继承人不丧失继承权。

(三) 事实行为

1. 事实行为的概念

事实行为不以意思表示为要素,属于无关乎心理状态的行为,所以又叫非表示行为。事实行为包括某些私法意义的行为,这些行为的目的仅仅在于形成某个事实上的结果,因此,它们不具有典型的法律后果或是某种法律关系,但是法律将它们和私法上的后果联系在一起。① 由此可见,所谓事实行为是指不以意思表示为要素的能够产生法律后果的民事法律事实。这一定义表明:首先,事实行为是人的行为,是人的一种有意识的活动,与自然事实有别;其次,事实行为是一种民事法律事实,即能够在人与人之间产生、变更或终止民事法律关系;最后,事实行为不以意思表示为要素,即行为人是否表达了某种心理状态,法律不予考虑,只要有某种事实行为存在,法律便直接赋予其法律效果。事实行为既有适法行为,也有违法行为。因为违法行为所引起的法律效果也是由法律直接规定的,完全符合事实行为的本质属性。例如,侵权行为完全具备事实行为的特征:其一,侵权行为并不以意思表示为要素,它同样是一种客观的、对外界造成实际影响的行为;其二,侵权行为一经构成即依法律规定直接发生法律后果,它与事实行为在法律控制上并无实质区别;其三,侵权行为在本质上也是一种事实构成行为,它与事实行为一样,因符合事实要件而成立,并且侵权行为的这一特点实际上更具有典型性。

2. 事实行为的特征

(1) 事实行为作为民事法律事实是一种事实构成行为。在民事法律事实

---

① 〔德〕拉伦茨:《德国民法通论(下册)》,王晓晔、邵建东、程建英等译,法律出版社2003年版,第709-710页。

中，民事法律行为的本质在于意思表示，其内容依据行为人的意思表示加以确定，这就决定了有关民事法律行为的基本规则必然是围绕意思表示展开的，它主要涉及表意人具有意思能力（即行为能力）、意思表示自愿真实、意思表示不违背公序良俗以及意思表示符合法定的形式要求等。与此相反，事实行为的本质在于事实构成，只有在行为人的客观行为符合法定构成要件时才成立事实行为并引起规定的法律效果，这就要求民法必须预先规定出不同事实行为的种类，并对每一种事实行为的构成要件做出详细的规定。因此，每一条有关事实行为的法律规范中必然包含着一个典型的事实状态和一个法律后果的表述。如果与典型事实状态相吻合的具体事实发生，那么法律后果就随之出现。当然，民事法律事实是模式的事实，立法者从生活事实中提取民事法律事实是根据其立法政策和价值判断标准进行的。所以，并不是一切具体的生活事实都被纳入法律范围的。特定时间和空间的立法者，总是根据其立法政策和价值判断标准，选择一定的生活事实在抽象化的基础上纳入法律范围。作为民事法律事实的事实行为也不例外。例如，未受委任并无法定义务而管理他人事务者，本属侵权行为，但危难相助、见义勇为是人类社会共存之道，必须得到法律的认可。立法者正是基于对管理人与本人的利益进行了价值判断和利益衡量之后，设计了无因管理制度，从生活事实中抽象出了无因管理行为作为一种民事法律事实。可见，立法者将哪些生活事实抽象规定为法律事实和法律要件，并连接何种特定的法律效果，是法律设计中的价值判断问题。

（2）因事实行为所设计的法律规范是一种强行性规范。民法中的规范有强行性规范和任意性规范之分，如果允许行为人通过其个人意思排除其适用的，则为任意性规范，反之，则为强行性规范。由于民法旨在实现意思自治，所以大多数民事法律关系的设立、变更或终止均由当事人决定，凡是不违背国家利益、社会公共利益的，允许当事人自主决定、自主实施和自主承受，法律不进行强行干预，只是做出一些示范性的规定。这些示范性的规定就是任意性规范，它主要应用于民事法律行为之中，当事人对此规范可以遵守，也可以通过约定来排除其适用。相反，在另外一些领域，由于不能贯彻意思自治，立法者基于这种立法政策将行为人的某类行为直接赋予其相应的法律效果，不允许行为人意思的介入，由法律直接为行为人做出安排，这就是强行性规范，它的适用范围大多数为民事主体实施的事实行为。例如，先占、加工、拾得遗失物、发现埋藏物、无因管理、违约行为、侵权行为等事实行为，其相应规范为强行性规范，原则上不允许当事人事先排除其适用。又如善意取得，无权处分人处分他人财产，相对人支付了对价并且为善意时，即可取得标的物的所有权。此种取得，并非基于原权利人的权利传递，因而属于原始取得。无权处分行为本不应成为取得所有权的合法依据，但是基于对交易安全的保护，法律直接规定相对人在特定条件下可以获得所有权。此时，尽管在客观结果上与当事人的意志相符，但是这种结果的产生与当事人的意志无关，纯属法律的直接规定，因而相对人的善意取得行为属于事实行为，相应规范也属于强行性规范。

（3）事实行为是一种垫底性质的行为。在民事法律规范领域内，民事法律行为的设计及其扮演的重要角色，映衬出事实行为的垫底性质。因为作为民事法律事实的人的行为，无论为民事法律行为或者事实行为，也无论为合法行为或者违法行为，在广义上均为事实行为。以民事法律行为为例，其只不过是穿着法律设计外衣的事实行为，即民事法律行为的内核仍为事实行为。因此，事实行为是垫底性质的行为。事实行为的这一特征，为民事法律行为理论所不能解释的死角提供了较为合理的说明。民事法律行为因其意思表示模糊，法官可以对其进行解释，但对事实行为法官不能做出解释，只能对其事实予以认定或者不认定。

3. 事实行为的类型

事实行为依据不同的划分标准，可分为不同的类型。如以产生的法律效果为标准，可分为物权性质的事实行为、债权性质的事实行为以及人身权性质的事实行为。如以行为人有无私法上的效果意思（该意思无须表示出来，只是一种事实构成部分），可分为纯粹物质性、技术性的事实行为和具有私法意思的事实行为。笔者以权利的变动为标准，对事实行为做出以下区分。

（1）取得权利的事实行为。该类行为主要表现为原始取得所有权的行为。人类生活离不开各种生活资源，为了便于人类取得生活资源，法律不宜设计过高的门槛，相反地，应广开简易而可能的法律途径，这便是事实行为。

因为事实行为没有严格的成立要件或生效要件，只要人们在事实上实施了该行为，就能产生相应的法律后果。此外，除所有权外，其他权利也可以因事实行为而取得，如作者创作作品的行为，即可取得作品的著作权。

（2）行使权利的事实行为。权利的行使，有通过民事法律行为行使者，如行使合同解除权。也有通过事实行为行使者，如通过事实行为行使权利，绝大多数表现为生活资源的消费行为，如食用水果、消耗所有物等，均属于行使所有权的事实行为。此外，其他权利的行使也可以是事实行为，如住所的设定与废止、姓名的确定与更改等。

（3）保护权利的事实行为。现代法律关于权利的保护，以公力救济为原则，一般情形禁止私力救济。然而绝对禁止私力救济，有时难免对权利保护不周。因为公力保护机关并非随处可见、随时可求，因而遇有紧急情形来不及请求公力救济时，作为例外各国立法均允许私力救济，如自助行为、正当防卫、紧急避险等，这些行为均属于事实行为。

（4）履行义务的事实行为。义务人履行义务，直接导致权利人的权利得以实现，如交付货物、支付货款、返还原物等。履行义务作为债的清偿原因，一般认为其属于事实行为。从民法的精神来看，只要债务人依照约定而为适合于债务内容的行为，即发生其效果，并不以债务人或债权人须有清偿意思或清偿受领意思为生效要件。因而，有无清偿的意思表示以及行为人有无行为能力均不影响给付行为的效力，也即均不妨碍事实行为的构成。

（5）其他特殊情形的事实行为。一是社会生活共同肯定的道德行为。例如，无因管理行为，本属侵害他人权益的侵权行为，但助人为乐是人类社会共同认可的道德行为，因而法律赋予该种事实行为有阻却违法的效果。二是违法行为，如债务不履行行为、侵权行为、缔约上的过失行为等。该类事实行为有较为严格的构成要件和法律的专门规定，因而属于特殊的事实行为。三是行使公权力的行为。行使公权力的结果，有时也能产生私法上的效果。如法院判决、土地征收、公司设立许可、权属登记等，这些行为从私法的角度上讲，都属于合法的事实行为。

第十章　民事法律行为

第一节　民事法律行为的一般规定

一、民事法律行为的概念

民事法律行为是指，以行为人意思表示为要素，能够产生该意思表示所希望的民事法律效果的行为，属于民事法律事实的一种。法律行为涵盖了合法行为和违法行为。我国适用的民事法律行为实际上是给传统民法上的法律行为冠上了"民事"二字以区别其他部门法中的法律行为。《民法通则》第54条规定："民事法律行为是指公民或法人设立、变更、终止民事权利和民事义务的合法行为。"在《民法通则》当中，我国将民事法律行为定义为合法行为。新颁布的《民法总则》第133条规定："民事法律行为是民事主体通过意思表示设立、变更、终止民事法律关系的行为。"《民法总则》将民事法律行为的内涵扩大，不再只限定为合法行为。

二、民事法律行为与情谊行为的区别

情谊行为在民法学上也不是一个有确定含义的概念，它产生于德国判例，是一种发生在法律层面之外的行为，不能依法产生相应法律后果，因此，有学者将其称为"社会层面上的行为"，[①] 也有学者称其为"好意施惠关系"或

[①] Dieter Medicus, Allgemeiner Teil des BGB, 9. neu bearbeitete Auflage, 2006 C. F. Muller Verlag Heidelberg, S. 78.

者"施惠关系"。① 在民法学视野中,情谊行为是指行为人以建立、维持或者增进与他人的相互关切、爱护的感情为目的,不具有受法律约束意思的,后果直接无偿利他的行为。② 单纯的情谊行为,其本身并不属于民事法律行为,而是一种生活事实,因此,它并不属于法律调整的范畴之内。对于情谊行为,法律不应当过度介入,否则会导致社会生活规则受到破坏。但是在实施情谊行为的过程中也会发生民事法律行为或者事实行为,此时就需要法律介入来予以调整。

三、民事法律行为的分类

（一）单方行为、双方行为和多方行为

《民法总则》第 134 条规定:"民事法律行为可以基于双方或者多方的意思表示一致成立,也可以基于单方的意思表示成立。法人、非法人组织依照法律或者章程规定的议事方式和表决程序作出决议的,该决议行为成立。"由此可见,《民法总则》将民事法律行为分为单方民事法律行为、双方民事法律行为以及多方民事法律行为三类。

单方民事法律行为,又被称作单独行为,是指由当事人一方做出意思表示,不需要相对人的同意即可成立的民事法律行为。根据有无相对人可以分为有相对人的单方民事法律行为和无相对人的单方民事法律行为。有相对人的单方民事法律行为包括了债务免除、代理权的授予、无权代理的追认等,其以向相对人做出意思表示为生效要件。遗嘱、抛弃所有权等属于无相对人的单方民事法律行为。单方民事法律行为通常只在两种情况下出现:①有关行为的后果一般仅使相对人取得权利而不承担相应义务的;②行为人依法或根据合同而享有单方行为权利的。

双方民事法律行为,是指当事人双方意思表示一致才能成立的民事法律行为。在我国台湾地区,双方民事法律行为又被称作契约。契约按照性质来

---

① 王泽鉴:《债法原理》,北京大学出版社 2009 年版,第 156 页;黄立:《民法债编总论(修正第三版)》,台湾元照出版有限公司 2006 年版,第 15 页。
② 王雷:"论情谊行为与民事法律行为的区分",载《清华法学》2013 年第 6 期,第 157-159 页。

分,可分为财产契约和身份契约。财产契约包括了债券契约、物权契约和准物权契约;身份契约又包括了亲属契约和继承契约。①

多方民事法律行为,又被称作共同行为,是指由多方意思表示合致构成的民事法律行为。多方民事法律行为与双方民事法律行为的区别就在于:多方民事法律行为的意思表示一致是平行的,而非相对的。以社团法人的设立行为为例,它是由各设立人以创设一个具有法律人格意义的社团为共同目的,而为平行的意思表示。当此平行的意思表示一致,则行为成立。而双方民事法律行为的意思表示虽然一致,但是其意思表示的内容却是相对的。如买卖合同中的双方民事法律行为。买方的意思是支付价金、获取标的物,而卖方则是接受价金、交付标的物。

法律对此三种类型民事法律行为成立的要求有所不同。单方行为,只要行为人一方做出意思表示,民事法律行为就能成立;双方行为、多方行为一般则需要各方行为人的意思表示达成一致,民事法律行为方能成立,只有行为人一方的意思表示,民事法律行为仍不能成立。由于多方民事法律行为的意思表示的内容是平行的,因此,有时存在差异时,可以依据少数服从多数来予以决定。

(二) 财产行为和身份行为

民事法律行为以行为效果的种类为标准,划分为财产行为和身份行为。

财产行为,即财产民事法律行为,是指以发生财产关系变动效果为目的的民事法律行为。财产行为的后果是在当事人之间发生财产上的权利义务的变动。财产行为又可分为处分行为和负担行为两种:①处分行为,是指能够直接使某项财产权利发生、变更或消灭的民事法律行为。处分行为包括物权行为和其他财产权处分行为。②负担行为,是指使某人负担给付义务并为他人创设一项或多项请求权的民事法律行为,也就是指发生债务负担效果的财产法律行为。

身份行为,即身份民事法律行为,是指以发生身份上法律效果为目的的民事法律行为。身份行为的后果是在当事人之间发生身份关系的变动。广义

---

① 王泽鉴:《民法总则》,三民书局2000年版,第80-81页。

的身份行为包括亲属行为和继承行为。其中，亲属行为包括结婚、收养、离婚等；继承行为包括订立遗嘱行为等。狭义的身份行为仅指直接以发生或丧失身份关系为目的的行为。

（三）有偿行为和无偿行为

财产性双方民事法律行为，根据当事人是否因给付而取得对待给付，可以分为有偿的民事法律行为和无偿的民事法律行为。需要注意的是，只有在双方民事法律行为当中，才存在有偿与无偿的问题。

有偿民事法律行为，是指双方当事人各因其给付而获得利益的民事法律行为，如买卖、租赁等合同。无偿民事法律行为是当事人约定一方当事人履行义务，对方当事人不给予对价利益的行为，即双方当事人不形成对应报偿的关系。所谓的对价，是指一方为换取对方提供的利益而付出代价。赠与、无偿保管等都属于无偿行为。在无偿行为中，对于义务方所负担的谨慎义务要求较低，不得适用买卖合同当中的规定。此外，在适用债的保全时，基于债务人是否有偿，债权人撤销权的行使也会有所不同。

（四）诺成性行为和实践性行为

在双方民事法律行为之中，根据民事法律行为在意思表示之外，是否以标的物的交付为成立要件，可以将民事法律行为分为诺成性民事法律行为和实践性民事法律行为。

诺成性民事法律行为，是指在双方民事法律行为中，仅以当事人意思表示一致为要件，无须交付实物即可成立的民事法律行为，又称不要物行为；实践性民事法律行为，是指除双方当事人意思表示一致外，还须交付标的物才能成立的民事法律行为，又称要物行为。区别二者的意义主要在于：诺成性民事法律行为仅依行为人的意思表示一致而成立，而实践性民事法律行为除意思表示之外，还需要交付实物才能成立。民事法律行为是诺成性行为还是实践性行为由法律规定、交易习惯等确定。《合同法》中所规定的合同，除保管合同属于要物合同之外，多为不要物合同。

（五）要式行为和不要式行为

根据民事法律行为是否要依照一定的形式，可将民事法律行为分为要式行为和不要式行为。

要式行为，是指必须具备法律要求的特定形式或履行一定的程序才能成立的民事法律行为。常见的形式包括：书面形式、履行登记手续等。不要式行为，是指不要求具备特定形式，当事人自由选择一种形式就能成立的民事法律行为。区分两者的意义在于：对于要式行为，不采取法律规定的形式不能成立和生效。而不要式行为，当事人选用任何形式都不影响其成立和生效。《民法总则》第135条规定："民事法律行为可以采用书面形式、口头形式或者其他形式；法律、行政法规规定或者当事人约定采用特定形式的，应当采用特定形式。"

民事法律行为原则上为不要式，意思表示的方法应当由当事人自主决定，但是作为例外，法律也限定了某些民事法律行为应当采取一定形式，这种必须采取的形式被称为法定形式。在我国现行法中，财产行为以不要式为原则，以要式为例外；而身份行为则以要式为原则。其中，法定形式包括：①书面形式；[1] ②书面形式之外的其他形式，如登记形式、公证形式等。此外，当事人约定须履行一定形式，称为约定形式。[2] 我国还对某些合同规定了审查批准的特别形式要件，例如，外资企业合同、中外合作经营企业合同、中外合资经营企业合同等。

（六）主民事法律行为和从民事法律行为

以民事法律行为在内容上是否存在主从关系为标准，可将民事法律行为分为主民事法律行为和从民事法律行为两类。

主民事法律行为，是指相互关联的两个民事法律行为中不需要其他民事法律行为的存在即可独立成立的行为。例如，对于抵押担保合同而言，主债

---

[1] 《合同法》第11条规定，书面形式是指合同书、信件和数据电文（包括电报、电传、传真、电子数据交换和电子邮件）等可以有形地表现所载内容的形式。《中华人民共和国电子签名法》第2条第2款规定，数据电文，是指以电子、光学、磁或者类似手段生成、发送、接收或者储存的信息；该法第4条规定，能够有形地表现所载内容，并可以随时调取查用的数据电文，视为符合法律、法规要求的书面形式。

[2] 我国法律关于订立合同，曾以要式为原则，如1981年的《中华人民共和国经济合同法》规定，除即时清结者外，须采用书面形式；1985年的《中华人民共和国涉外经济合同法》和1987年的《中华人民共和国技术合同法》规定，必须采用书面形式。1999年3月15日通过的《合同法》，改采以不要式为原则（第10条第1款），以要式为例外（第10条第2款）。

务合同就是主民事法律行为。从民事法律行为，是指相互关联的两个民事法律行为中，以其他民事法律行为的存在为自身存在前提的民事法律行为。还以抵押担保合同为例，抵押合同对于主债务合同而言就是从民事法律行为。区分主、从民事法律行为的意义就在于：从民事法律行为具有附随性，若主民事法律行为无效或消灭，则从民事法律行为也随之无效或消灭。

（七）独立的民事法律行为和辅助的民事法律行为

以民事法律行为是否具有独立的实质内容作为分类标准，可将民事法律行为分为独立的民事法律行为和辅助的民事法律行为。

独立的民事法律行为，是指以当事人独立意思表示即可成立，具有独立实质内容的民事法律行为。若行为人的意思表示需要在他人意思表示的辅助下才能成立，该他人的意思表示即为辅助的民事法律行为，辅助的民事法律行为不具有实质性的内容。

一般的民事法律行为都为独立的民事法律行为。有完全民事行为能力的民事主体能够根据自己的名义实施独立的民事法律行为。而法定代理人对于未成年人的意思表示所做出的同意表示则属于辅助的民事法律行为。区分独立的民事法律行为与辅助的民事法律行为的意义在于：辅助的民事法律行为只是独立的民事法律行为生效的条件，其自身没有实质性的内容，而受其辅助的独立的民事法律行为在无辅助的民事法律行为情况下不生效。

（八）有因行为和无因行为

以民事法律行为与其原因的关系为划分标准，可以将民事法律行为分为有因行为和无因行为。

有因行为，是指以原因行为为要件的民事法律行为。该民事法律行为的效力受到原因行为的制约，原因行为存在欠缺或者瑕疵，会导致民事法律行为不成立，如债的行为。无因行为，是指不以原因行为为要件的民事法律行为。无论原因行为是否存在欠缺或者瑕疵，都不会影响该民事法律行为的成立和生效。在无因行为中，最为典型的是票据行为。在有偿合同中，价金以票据支付，即使是作为原因行为的合同无效，该票据行为仍然有效。区分有因行为和无因行为的意义就在于：有因行为如原因不存在则行为无效；无因行为，在原因不存在或原因有瑕疵时，行为有效，仅发生不当得利问题。应当注意的是，只有在财产行为当中才会发生有因与无因的问题。

第二节 民事法律行为的成立

一、民事法律行为的成立条件及其一般效力

民事法律行为的成立是指民事法律行为具备其构成要素而存在或产生的客观情况，它主要解决依照法律规定成立民事法律行为，应包括哪些必不可少的事实要素。

民事法律行为的成立可以从静态和动态两个角度予以探讨。第一，从静态上来说，应当具备民事法律行为的全部要素。法律行为的要素学说指出，一个完整的民事法律行为，应当由必备的法律要素组成。即使是民法上最为简单的民事法律行为也应当具备三大要素：行为主体、行为标的和意思表示。第二，从动态角度上来说，民事法律行为应当完成意思表示的全过程，即成立意思表示。例如，在合同情形，由于存在多个意思表示，因此，要使合同成立，则应当使得各方意思表示达成一致。

上述是民事法律行为的一般成立要件，除此之外，还存在一些特殊的民事法律行为，需要一些特殊的要件才能成立。如有因行为，如果原因行为存在缺陷，则民事法律行为无法成立；再如实践性民事法律行为，物的交付就是特殊要件，民事法律行为在交付行为实现前不成立。

民事法律行为的成立，表意人必须受意思表示的约束，不得擅自变更和撤回。《民法总则》第136条第2款规定："行为人非依法律规定或者未经对方同意，不得擅自变更或者解除民事法律行为。"民事法律行为成立的效力就是意思表示的成立效力。

二、民事法律行为成立的三要素

（一）行为主体

民事法律行为的成立必须具备主体要素，即行为人。行为人，是指通过意思表示进行民事法律行为，并承担民事法律行为所导致的法律后果的人，包括自然人、法人以及非法人组织。行为人要素是民事法律行为成立的首要要件，如果不存在行为人，则也没有行为存在的可能。民事法律行为的行为主体可以为一人，也可为两人或两人以上。民事行为能力的有无不影响民事法律行为的成立。

（二）行为标的

民事法律行为的标的，即民事法律行为的内容，是指民事法律行为应当有具体针对的对象、明确的内容。如果民事法律行为的标的不存在，那么权利义务将无所依托，法律也无法确定民事法律行为所产生的后果。

（三）意思表示

意思表示是民事法律行为的核心要素，任何民事法律行为的成立都应当具备意思表示。在单方的民事法律行为当中，只需要具备一个意思表示，而在合同等双方或者多方民事法律行为当中，就存在多个意思表示。在意思表示一致时，成立民事法律行为。具体的意思表示会在下一节中具体阐述。

第三节　意思表示

一、意思表示的概念

民事法律行为，是有关人的行为的概念，而意思表示，是有关人的意识活动的概念。所谓的意思表示，是指行为人把发生、变更、终止一定的民事权利义务关系的内心意思，通过一定的方式表达于外部，使得对方当事人或者是社会知晓的行为。

意思表示包括两个方面的内容：意思和表示。意思是指行为人期望设立、变更、终止某种民事法律关系的内心意思；表示是指行为人通过某种行为将效果意思表现于外部，让外人感知和理解的行为。内心意思只有通过外在的表示才能表现出来，意思与表示的有机结合才构成意思表示。因此，意思表示是由"意思"主观要件和"表示"客观要件构成。

二、意思表示的构成

意思表示如何构成，在学理上存在着重大的分歧。学理上存在着意思说（主观说）和表示说（客观说）两种学说。意思说侧重于表意人的立场，侧重意思来认识意思表示的构成要素；相反，表示说则侧重于第三人的信赖利益角度，侧重表示来认识意思表示的构成要素。① 我国采取以意思为原则、以表示为补充的原则。

（一）意思说

这一学说从表意人的立场，坚持"意思"元素，主张意思表示必须同时具备两个组成部分：内在意思和表示。早期德国学者，如萨维尼、温德塞等，多赞成意思说，重视意思自主。

内在意思是指意思表示必须具备内在意思，这种内在意思是表意人内心所具有的，追求产生法律效果的意思。这种意思也称为法效意思或者法律行为意思。这种法效意思不能只是对法律效果的意识，而是要达到意欲的程度，追求这种法律效果的产生。法效意思不同于动机，其是以追求具体的法律效果为内容，而动机则是一种引起法效意思的心理原因，本身并不具有法律上的意义。动机错误原则上对法律行为的效力不发生影响。

表达或者表示是指表意人将自己的内在意思展示于外的行为，称为表达。

---

① 沈达明、梁仁洁：《德意志法上的法律行为》，对外贸易教育出版社1992年版，第91－92页。罗马法早期也采取表示主义或形式主义，古典法上开始承认一些例外，到了优士丁尼时代，几乎完全采取意思主义作为债的基础。德国古日耳曼法直到中古时期完全采取表示主义。德国民法典之前的普通法，由于继受罗马法，也接受意思主义，这一时期，判例有时援引诚实信用，对信赖错误的客观表面现象的一方当事人，给予法律救济。法国法采意思主义，但已有削弱，如不允许举证不同于书面表示的意思的真正意思，不允许虚假法律行为人，将秘密法律行为所表示的内心意思对抗第三人。

在意思表示中，表达是否必须本于意识作用，并在传递内在意思的愿望下做出，这是学者们争论的一大焦点。早期主张意思说的学者们认为，意思表示的表达，应当具备表示意识和表示意欲，即将表达严格地限定在行为人有意识并且有愿望而传递内在意思的情形。所谓的表示意识，是指行为人在为表达时，知悉其在为表达行为，或者说知悉他人就其表达，将视为特定效果意思的表示。例如，在睡眠中的动作或者是在精神错乱下的动作，都不具有表示意识。所谓的表示意欲，又称为行为意思，是指表意人在为表达时，具有传递效果意思的意图，即处于自己意志的支配下。

对于表达是否应当具有表示意识，晚近学者存在较大争议。多数主张意思说的学者认为，民事法律行为的基础就在于当事人的意思自主，因此，不能欠缺表示意识，否则将会欠缺自主性。还有一部分主张意思说的学者认为，在特定情况下，如表意人存在可归责情形时，欠缺表示意识，仍然可以成立意思表示，这种观点的主要目的在于保护相对人的信赖利益。而主张表示说的学者大多对此持反对意见，其认为无表示意识，并不妨碍意思表示的成立。表意人只能依照意思表示错误的规定，将其意思表示撤销，并对第三人或者相对人承担基于信赖所产生的损害赔偿责任。

(二) 表示说

后期德国学者基于第三人的信赖利益，认为法律在设计意思表示的构成当中，不应当从表意人的角度着手，而是应当从相对人或者是社会交往安全入手。如果要对第三人进行充分的保护，则应当以表达作为构成意思表示的唯一要素。因此，这些持表示说观点的学者们认为，意思表示的构成，只需要"表示"这一构成要件，且该"表示"只是单纯地含有法律效果外观意思，不得因表示意识和效果意思的欠缺而主张意思表示不成立。

三、意思表示的分类

(一) 有相对人的意思表示和无相对人的意思表示

根据是否向相对人做出，意思表示可以分为有相对人的意思表示和无相对人的意思表示。

有相对人的意思表示，是由行为人向相对人做出意思表示。根据相对人是否特定，可分为对特定人的意思表示和对不特定人的意思表示。前者如承诺、撤销等，后者如悬赏广告。要约，既可以对特定人做出，也可以对非特定人做出。此外，有相对人的意思表示还可以根据相对人是否处于可同步受领和直接交换意思表示的状态，划分为对话的意思表示和非对话的意思表示。对话的意思表示，又称为不需要接到的意思表示，是指采取使相对人可以同步受领的方式进行的意思表示，如口头或者打电话直接订立合同等；非对话的意思表示，又称为需要接到的意思表示，即不能同步受领的意思表示，如通过信函交往或者经使者传达而订立合同等。区分这两者的意义就在于：非对话的意思表示有在途时间，而对话的意思表示没有在途时间，这就导致法律对于这两者何时生效、撤回的规定不尽相同。无相对人的意思表示，为无须向一定对象做出表示的意思表示，如遗嘱、捐助行为等。

（二）独立的意思表示和非独立的意思表示

独立的意思表示是指表意人独立完成且发生效力的意思表示，如债务的免除、遗嘱、捐助行为等。而非独立的意思表示是指需要等待他人的意思表示才能成立民事法律行为的意思表示，如合同的订立、股东大会的决议等。区分两者的意义就在于：独立的意思表示构成单方民事法律行为，非独立的意思表示构成双方或者多方民事法律行为。

（三）明示的意思表示和默示的意思表示

明示的意思表示，是指行为人以语言、文字或者其他直接表意方法表示内在意思的形式，如保证人承担保证的意思表示。而默示的意思表示是指从行为人的某种行为或者不作为中可以推断出来的意思表示。默示的意思表示必须在法律有明确规定或有交易习惯或存在当事人之间特别约定的情况下才会发生效力。

（四）健全的意思表示和不健全的意思表示

健全的意思表示，是指行为人出于真心及自由的意思所为的意思表示。一般而言，除非存在行为人有其他特别因素或者受到其他不正当影响的情形下，行为人的意思表示均为健全的意思表示。而不健全的意思表示，又被称作有瑕疵的意思表示,是指行为人并非出于真意或者不自由的意思表示。欺诈、胁迫等意思表示都属于不健全的意思表示,可以被撤销。

四、意思表示的形式

由于意思表示是民事法律行为的核心要素,因此,民事法律行为形式就是意思表示形式。意思表示一般采取两种形式,即明示和默示。

(一) 明示

明示的意思表示,是指以言语或者其他社会常用的表意方法进行表达的情形。除常见的口头语言、文字、表情等外,还可以依据习惯使用的特定形体语言,如举手招呼出租汽车,该形体语言就有租用该车之意。

1. 口头形式

口头形式,即口头语言形式。如电话交谈、以口头语言委托代理人、以口头的方式订立遗嘱等形式。口头形式的民事法律行为属于不要式的民事法律行为,具有便捷的特点,但是,由于其缺乏客观的记载,一旦发生纠纷,存在难以取证的缺点。口头形式大多适用于及时结清、标的额较小的交易。

2. 书面形式

书面形式,即书面语言形式。书面形式是要式民事法律行为的一种形式,是否采用可由法律规定,或者由当事人自行约定。行为人将意思表示通过书面形式固定下来,有利于作为证据使用。书面形式主要适用于不能及时结清、标的额较大的交易行为。

书面形式又可分为一般书面形式和特殊书面形式。特殊书面形式包括了公证、登记等形式。公证形式,即以公证书对民事法律行为加以证明的形式。民事法律行为除法定必须公证的以外,是否办理公证,应当依据当事人自己的意思决定。登记则是由国家主管行政机关对于民事主体资格和物权变动等事实通过实质审查,予以确认并在专门登记簿上加以登记的管理手段。设立法人和个体工商户、取得和变更不动产物权、结婚等民事法律行为,依法必须登记。凡法定登记行为,只有依法完成登记才能发生效力。

（二）默示

默示的意思表示，又称意思证明，是指以社会的非常用方法来予以表达，他人根据具体情况才可推知表达外观意思的情形，这种行为是行动，也可以是沉默。默示形式只有在法律有规定或者存在交易习惯的情形下才可被适用。按照默示时的作为和不作为又可划分为沉默和推定。

1. 沉默

沉默是指单纯不作为，即当事人既未明示其意思，也不能根据一般习惯，推知其意思。不作为即缄默、沉默不语。沉默只有在法律有明确规定或者当事人约定以沉默为意思表示的方法时才具有法律意义。

《民法总则》第140条规定，行为人可以明示或者默示做出意思表示。沉默只有在有法律规定、当事人约定或者符合当事人之间的交易习惯时，才可以视为意思表示。

2. 推定

推定，是指行为人用语言外的可推知含义，作为间接表达内心意思的沉默行为。所谓可推知，是从该行为中，一般人能够容易地推知其意思的内容。例如，租赁合同届满，承租人继续交付租金并为出租人接受，则可推知其表示要延展租赁期间。

五、意思表示的效力发生

意思表示的效力，是指意思表示对当事人发生约束力的效力状况。意思表示一旦成立，表意人须受其约束，非依法律，不得擅自撤回或者变更的法律效力。意思表示发出后，将要影响表意人、相对人或者第三人的利益。

（一）无相对人的意思表示

《民法总则》第138条规定："无相对人的意思表示，表示完成时生效。法律另有规定的，依照其规定。"无相对人的意思表示在意思表示完成时发生效力，因为这一类意思表示既然没有相对人，则不必要考虑其是否已经到达相对人，以及是否为其了解的问题。但是，也存在例外情形。例如，遗嘱只有在遗嘱人死亡时才发生拘束力，继承权抛弃的效力则可溯及意思表示之前。

(二) 有相对人的意思表示

(1) 对话的意思表示的受领。在对话的意思表示中，受领不存在过程性，只要表示人向外宣示便完成受领。因此，对其受领完成时点，德国法采宣示主义，并多采客观说，以表示人已为相当清晰的宣示，依其情况判断，且足以使相对人可正确了解。目前，德国学说与判例又将对话的意思表示，区分出具体化表示与非具体化表示。在对话人之间，另有法定或约定书面形式要求时，为具体化表示，也称附加书面的表示。在具体化表示，不再采取宣示主义，而依非对话的意思表示规则处理。①

(2) 非对话的意思表示的受领。在非对话的意思表示中，其受领具有过程性。对其受领完成时点，学理上有不同认识，有四种观点：② ①表达主义。宣示一旦做成，受领（表示）视为完成。如表意人以信函表示时，一旦写好信，受领视为完成。这一观点无视表意人对表示形式的非意愿的宣示情形（此时并无表示意欲和效果意思）。②发信主义。表意人将宣示形式向相对人发送时，即表意人一旦自愿与表达他的意思的文书脱手，受领就告完成。这一观点将发送传递的风险转嫁于相对人，于理不合。③到达主义或受领主义。宣示到达对方时，受领即告完成。这一观点使表意人承担传递风险。④知悉主义或了解主义。以相对人事实上知悉宣示的内容，作为受领的完成。这一观点依赖于相对人是否积极知悉，对表意人过于苛刻。

《民法总则》第137条规定："以对话方式作出的意思表示，相对人知道其内容时生效。以非对话方式作出的意思表示，到达相对人时生效。以非对话方式作出的采用数据电文形式的意思表示，相对人指定特定系统接收数据

---

① 对具体化意思表示，德国通说依到达主义处理，具体化的意思表示必须到达相对人的接受领域。另，德国帝国法院判决 RGZ 61, 414 中，原告丙是甲的丈夫乙的债权人，甲当丙之面，为乙的债务签下保证书。此时，乙欲在邻室举刀自尽，在混乱中丙未收取保证书，寻找不着。丙其后依据此保证书起诉甲。德国帝国法院驳回原告请求，认为，第130条第1项就对话人间的书面表示，提供了普遍适用的原则，即"表示人只要仍对包含有意思表示的文件保有处分能力，就不受该表示的拘束。反之，于相对人就该文件取得处分权时，表示人即受该表示的拘束"。德国这一判例，以具体化意思表示与非具体化意思表示的区分，取代对话人意思表示和非对话人意思表示的区分。黄立：《民法通则》，中国政法大学出版社2002年版，第283页；[德] 梅迪库斯：《德国民法总论》，邵建东译，法律出版社2000年版，第219页。

② [德] 梅迪库斯：《德国民法总论》，邵建东译，法律出版社2000年版，第209页。

电文的,该数据电文进入该特定系统时生效;未指定特定系统的,相对人知道或者应当知道该数据电文进入其系统时生效。当事人对采用数据电文形式的意思表示的生效时间另有约定的,按照其约定。"由此可见,我国对于以非对话方式做出的意思表示,采取的是到达主义。除此之外,《民法总则》第139条规定:"以公告方式作出的意思表示,公告发布时生效。"

六、意思表示的撤回

无相对人的意思表示,不存在撤回问题,但是在一定情形下允许向后解除,如对遗嘱的撤销。解除无相对人的意思表示不是否定原意思表示的生效,而是使已经生效的意思表示失去效力。对于有相对人的意思表示的撤回,应当进一步区分:在对话的意思表示,由于意思表示一经发出,就已经完成,因此,不发生撤回的问题。非对话的意思表示,由于存在受领过程,在到达前存在时间间隔,因此,在此间隔期间表意人是否可以撤回其意思表示,我国允许在期间内撤回。《民法总则》第141条规定:"行为人可以撤回意思表示。撤回意思表示的通知应当在意思表示到达相对人前或者与意思表示同时到达相对人。"

第四节 民事法律行为的效力

一、民事法律行为的生效

民事法律行为的生效,是指已经成立的民事法律行为发生法律效力,在当事人之间引起了意思表示内容所追求的民事法律关系产生、变更、消灭的法律后果。

(一)民事法律行为成立和有效的区分

民事法律行为的成立和有效是两个不同的问题,这涉及两个不同的判断。民事法律行为的成立是一个事实判断,即一个行为是否成立,这是一个事实问题，与法律规定无关；而民事法律行为有效与否的判断，则是一个法律上的判断，它体现了法律对民事生活秩序的基本态度，体现了国家的意志。所以，是否使一个民事法律行为成立，可以完全取决于行为人个人，法律不做干涉；但是，若是使一个民事法律行为有效，则是由法律决定。只有行为人的行为符合了法律规定的一定条件，其行为才可发生法律上的效力。

（二）民事法律行为的一般生效要件

民事法律行为的一般生效要件是每个民事法律行为有效均应当具备的法律条件。《民法总则》第143条规定："具备下列条件的民事法律行为有效：（一）行为人具有相应的民事行为能力；（二）意思表示真实；（三）不违反法律、行政法规的强制性规定，不违背公序良俗。"

第一，行为人具有相应的民事行为能力。就自然人而言，完全民事行为能力可以进行任何民事法律行为；限制民事行为能力人只能从事与其年龄、智力发育程度相当的民事法律行为，其他行为由其法定代理人代理或者征得其法定代理人的同意；无民事行为能力人不能独立实施民事法律行为，他们的民事法律行为必须由其法定代理人代理。在司法实践中，无民事行为能力的未成年人所进行的，习惯上允许的或与日常生活密切相关的细小民事法律行为，如购买文具、乘坐公共汽车，一般认为是有效的。另外，无民事行为能力人和限制民事行为能力人实施接受奖励、赠与、报酬等对本人有利，而又不损害他人利益的纯获利益的行为，应合法有效，他人不得以行为人无民事行为能力或限制民事行为能力为由，主张上述行为无效。

法人的民事行为能力是由法人的核准登记范围决定的，法人只准在核准登记的经营范围内进行经营活动。但是，从维护相对人利益和维护市场关系的稳定性出发，《最高人民法院关于适用〈中华人民共和国合同法〉若干问题的解释（一）》规定："当事人超越经营范围订立合同，人民法院不因此认定合同无效。但违反国家限制经营、特许经营以及法律、行政法规规定禁止经营规定的除外。"法人或非法人组织的法定代表人、负责人超越权限订立合同的，除相对人知道或应当知道其超越权限的以外，该代表行为有效。

第二，意思表示真实。民事法律行为是以意思表示为构成要素的行为，因此，它要求行为人的意思表示必须真实。意思表示真实是指行为人在自觉、自愿的基础上做出符合其意志的行为。它包括两个方面：一是行为人的意思表示须是自愿的，任何个人和组织都不得强迫行为人实施或不实施某一民事法律行为；二是行为人的意思表示是真实的，即行为的主观意愿和外在的意思表示一致的。因虚假表示、隐藏行为、认识错误、误传、误解、受欺诈或者受胁迫、显失公平等，表示意思与效果意思不一致时，则会发生无效或者可撤销的法律后果。

第三，内容合法。民事法律行为的内容又称为民事法律行为的标的。内容合法并非指内容有法律依据，而是指内容不能违反法律、行政法规的强制性规定和社会公共利益，不违背公序良俗。

（三）民事法律行为的特殊生效要件

民事法律行为的特殊生效要件，是指某些民事法律行为的有效因其特殊性质，除具备民事法律行为的一般生效要件之外，还必须具备特定的条件。主要存在以下几种情形。

第一，附延缓条件的民事法律行为在所附条件成就时发生法律效力。延缓条件是指以将来可能发生也可能不发生的某种客观情况作为民事法律行为生效的条件。所附条件成就时，民事法律行为始生效力，所附条件不成就时，则该民事法律行为不生效力。

第二，附生效期限的民事法律行为，以期限的到来为特别生效要件。死因行为，以行为人死亡为生效要件。例如，行为人立遗嘱的民事法律行为，只有行为人死后才发生法律效力。此为附期限的行为，虽然死亡的时间不确定，但是能确定将来必然会发生。

二、无效民事法律行为

（一）无效民事法律行为的概念和特征

无效民事法律行为，是指欠缺民事法律行为根本生效要件，自始、确定和当然不发生行为人意思之预期效力的民事法律行为。

无效民事法律行为存在以下几个特征。

（1）无效民事法律行为自始不发生法律效力。无效的民事法律行为，从行为一开始就不具有法律上的约束力。

（2）无效民事法律行为当然不发生法律效力。无效民事法律行为处于明确的不发生法律效力的状态，不需要任何人主张，也不需要法院等有关机关认定即为无效。

（3）无效民事法律行为确定不发生法律效力。无效民事法律行为的无效从行为一开始就是确定不变的，不会因为其他事实而使之有效，也不会因为当事人的主张或不主张而有效。

（4）无效民事法律行为绝对不发生法律效力。无论经过多长时间，无效民事法律行为仍因欠缺民事法律行为的一般有效要件而无效，不会因为时间的推移而产生法律效力。

（二）无效民事法律行为的类型

根据无效民事法律行为所欠缺的民事法律行为的有效要件不同，可将无效民事法律行为分为以下三类。

1. 行为人欠缺相应民事行为能力的民事法律行为

无民事行为能力人实施的民事法律行为，因行为人没有意思能力，不发生民事法律行为之效果意思的效力。《民法总则》第144条规定："无民事行为能力人实施的民事法律行为无效。"就法人而言，主要是指法人违反其目的范围的行为，以及超越经营范围实施的违反国家特许经营、限制经营、禁止经营规定的经营行为。

2. 意思表示不真实的民事法律行为

意思的形成自由和意思表示的自由是意思表示真实的前提。若在意思形成和表示过程中欠缺自由甚至是完全不自由，则会导致民事法律行为无效。但是，并非所有的意思表示不真实的民事法律行为都会导致无效的法律后果。《民法总则》第146条第1款规定："行为人与相对人以虚假的意思表示实施的民事法律行为无效。"

3. 违反法律或者社会公共利益的民事法律行为

《民法总则》第146条第2款规定："以虚假的意思表示隐藏的民事法律

行为的效力，依照有关法律规定处理。"以合法形式掩盖非法目的的民事法律行为为例，在《合同法》中，该行为属于无效的民事法律行为。[①] 其特征为：①行为具有表面的合法形式；②行为具有隐蔽的非法目的；③行为的非法目的被合法形式所掩盖。例如，行为人以赠与的合法形式，掩盖其非法转移财产的目的，属于损害债权人利益的行为。

《民法总则》第153条规定："违反法律、行政法规的强制性规定的民事法律行为无效，但是该强制性规定不导致该民事法律行为无效的除外。"违背公序良俗的民事法律行为无效。此处的法律是指由全国人民代表大会及其常务委员会所通过的立法文件；行政法规是指国务院颁发的立法文件。法律和行政法规当中的强制性规定不得违反，否则，民事法律行为将归于无效。此外，违背公序良俗的民事法律行为无效。公序良俗包括国家公序、家庭关系、性道德等社会公序和善良风俗。

《民法总则》第154条规定："行为人与相对人恶意串通，损害他人合法权益的民事法律行为无效。"恶意串通，损害他人合法权益的民事法律行为，是指行为人双方合谋进行的，以损害他人合法权益为目的的民事法律行为。它须具备以下条件：①须表示与内心不一致，即外部表示与内心意思不一致，所表示的并不是行为人的真实意思。行为人内心中存在牟取不正当利益或者损害他人的意思，但是却故意制造某种进行民事法律行为的虚假现象。例如，为逃避强制执行而假装将财产赠与他人的虚假现象。②须有恶意通谋，即表意人与相对人恶意串通。不但表意人单方面了解自己的表示是虚伪的，而且相对人也了解这一情况。串通指他们之间有勾结，有意思联络，而恶意则是指表意人对于该串通是完全了解的，了解其表示与意思的不一致是恶意造成的，而不是出于认识上的错误。③须损害他人的利益。恶意串通的意思表示，必须具有损害他人合法权益的目的。串通人之所以恶意串通，必须有其损人利己的非法目的。

---

① 《合同法》第52条规定："有下列情形之一的，合同无效：（一）一方以欺诈、胁迫的手段订立合同，损害国家利益；（二）恶意串通，损害国家、集体或者第三人利益；（三）以合法形式掩盖非法目的；（四）损害社会公共利益；（五）违反法律、行政法规的强制性规定。"

（三）民事法律行为被确认无效的法律后果

无效民事法律行为可以被分为全部无效民事法律行为和部分无效民事法律行为。全部无效民事法律行为，是指民事法律行为的所有内容均不发生法律上的效力。在一项民事法律行为中，如果仅是局部内容存在缺陷，存在无效或者可撤销的原因，而其余部分不存在缺陷，并且仍然可以单独设定、变更或者终止民事法律关系的，那么存在缺陷部分属于无效或者可撤销，其余部分仍然有效。《民法总则》第156条规定："民事法律行为部分无效，不影响其他部分效力的，其他部分仍然有效。"

无效民事法律行为自始、当然、确定地无效。《民法总则》第155条规定："无效的或者被撤销的民事法律行为自始没有法律约束力。"除此之外，还存在以下三种法律后果。

1. 返还财产

民事法律行为被确认无效，当事人因无效民事法律行为取得的财产，应当返还相对人。这是因为，自民事法律行为被确认无效之时，受领财产的一方继续占有该项财产就丧失了法律依据，属于不当得利，因而负有返还财产的义务。如果仅是一方当事人取得了财产，则取得方应当将财产返还相对人；如果当事人双方对等地取得了财产，则双方互负财产返还义务。如果财产已不存在，则财产无法返还，应折价进行赔偿。

2. 赔偿损失

在民事法律行为被确认无效后，有过错的当事人应当赔偿给对方或者第三人造成的损失；双方都有过错的，应当各自承担相应的责任。所谓各自承担相应的责任，是指双方应当根据自己的过错程度，分别承担所产生的损失。

《民法总则》第157条规定："民事法律行为无效、被撤销或者确定不发生效力后，行为人因该行为取得的财产，应当予以返还；不能返还或者没有必要返还的，应当折价补偿。有过错的一方应当赔偿对方由此所受到的损失；各方都有过错的，应当各自承担相应的责任。法律另有规定的，依照其规定。"

3. 收缴财产

双方恶意串通，实施民事法律行为损害他人合法权益的，应当追缴双方已经取得的或者约定取得的财产。《合同法》第59条规定,在恶意串通实施民事行为,损害国家的、集体的或者第三人的利益的情形,不发生返还请求权,而是应当追缴双方取得的财产,收归国家、集体所有或者返还第三人。应当注意的是,不仅要追缴双方已经取得的财产,还要追缴其约定取得的财产。

三、可撤销的民事法律行为

(一)可撤销民事法律行为的概念

可撤销民事法律行为,是指民事法律行为虽已有效成立,但因欠缺民事法律行为的一般有效要件,行为的效力存在瑕疵,可以因行为人撤销权的行使,使得民事法律行为的效力自始归于消灭的民事法律行为。民事法律行为如果意思表示存在缺陷,不符合民事法律行为生效要件,按理是无效的。但是基于意思自治原则,对于只涉及当事人而不涉及国家或者第三人利益的意思表示有缺陷的民事法律行为,其有效还是无效的选择权应当属于行为人自己,即赋予当事人撤销权。一旦当事人选择行使撤销权,则被撤销的民事法律行为视为无效的民事法律行为,自始不发生法律效力。可见,可撤销的民事法律行为,既区别于有效的民事法律行为,也区别于无效的民事法律行为。

可撤销民事法律行为与无效民事法律行为存在以下几点区别。

第一,可撤销的民事法律行为大多属于意思表示存在瑕疵,无效民事法律行为,既有意思表示瑕疵,也有主体无民事行为能力的,还有存在违反法律、行政法规强制性规范的。

第二,可撤销的民事法律行为之撤销,应当以诉讼或者仲裁进行,无效的民事法律行为是自始的、当然的、确定的无效,无须宣告。

第三,效力不同。无效的民事法律行为属于自始的、当然的和绝对无效行为,不论表意人或利害关系人是否主张,都从行为开始就确定地不能发生民事法律行为的固有效力。法院或仲裁机构发现民事法律行为属无效时,可以不经当事人请求,直接认定该行为无效。而可撤销的民事法律行为只能经过审判或者仲裁程序确定之后才属无效。在当事人尚未进行申请撤销或者虽然申请，但是审判或者仲裁机构尚未做出撤销判决时，民事法律行为仍具有其效力。因此，它不是当然和绝对无效的民事法律行为，而是相对无效的民事法律行为。

（二）可撤销民事法律行为的类型

《民法总则》在第147~151条当中规定了可撤销民事法律行为的类型。

1. 重大误解

《民法总则》第147条规定："基于重大误解实施的民事法律行为，行为人有权请求人民法院或者仲裁机构予以撤销。"

重大误解，即行为人对行为内容存在着重大误解，是指民事法律行为的行为人在做出意思表示时，对涉及行为法律效果的重要事项存在认识上的显著缺陷。基于错误认识的行为，行为人的表意虽然是自愿的，但是却违背了自己的真实本意，所以该行为存在意思表示瑕疵，属于可撤销行为。

构成重大误解的条件有：①行为人因为误解而做出了意思表示，即行为人错误的认识与其实施的民事法律行为之间存在因果关系。②行为人对涉及行为法律效果的行为内容发生误解。常见的误解包括：对民事法律行为的法律性质的误解，对标的物同一性的误解，对当事人的误解，对标的物性状品质的误解，对当事人状况的误解，对价格、数量、包装、履行地点、履行期限等条件的误解。③重大误解是由行为人的过失或者相对人的过失造成的。如果不是过失，而是基于故意的，那就构成了诈骗。④行为造成行为人重大的损失后果。

2. 欺诈

《民法总则》第148条规定："一方以欺诈手段，使对方在违背真实意思的情况下实施的民事法律行为，受欺诈方有权请求人民法院或者仲裁机构予以撤销。"欺诈，是指当事人一方故意编造虚假情况或隐瞒真实情况，使对方陷入错误而为违背自己真实意思表示的行为。

构成欺诈的条件有：①须有欺诈人的欺诈行为。欺诈行为是故意把不真实的情况表示给他人，虚构事实、歪曲事实或者隐匿事实都属于欺诈行为。欺诈往往呈现出积极行为，而消极行为，以沉默为例，则必须是法律、合同或者是商业上有告知事实的义务，而未告知相对方时才能构成欺诈。②欺诈人应有欺诈的故意。行为人须有使对方受欺诈而陷入错误，并因此为意思表示的目的。欺诈故意的含义有二：一是使相对人陷于错误的故意，即行为人明知自己所表示的情事不真实，并且明知相对人有陷入错误的可能；二是具有使相对人因其错误而为一定意思表示的故意。这两种故意从根本上妨碍了被欺诈人意思形成的自由。③须被欺诈人因受欺诈而陷入错误意识，欺诈行为与错误判断之间具有因果关系。如果被欺诈人并不陷于错误，或者虽然陷于错误，但是该错误并不是受欺诈而产生的，则欺诈行为不能成立。④须被欺诈人因错误而做出意思表示，即错误与意思表示之间具有因果关系。如果被欺诈人虽然陷于错误，但是并没有因此做出意思表示；或者虽然有意思表示，但是却不是错误所导致的，则欺诈行为也不能成立。

《民法总则》第 149 条规定："第三人实施欺诈行为，使一方在违背真实意思的情况下实施的民事法律行为，对方知道或者应当知道该欺诈行为的，受欺诈方有权请求人民法院或者仲裁机构予以撤销。"在当事人双方都未为欺诈行为的情况下，第三人实施了欺诈行为，使得一方当事人因为欺诈行为而陷入错误认识，违背了自己的真实意思而做出意思表示，对方知道或应当知道该欺诈行为的，法律规定，受欺诈方享有撤销权。

3. 胁迫

《民法总则》第 150 条规定："一方或者第三人以胁迫手段，使对方在违背真实意思的情况下实施的民事法律行为，受胁迫方有权请求人民法院或者仲裁机构予以撤销。"胁迫，是指以不法加害威胁或者强迫他人，使其产生恐惧心理，并基于该恐惧心理而为意思表示之行为。胁迫包含威胁和强迫两层意思。威胁是指行为人一方以未来的不法损害相恐吓，使对方陷于恐惧，并因此做出有违自己真实意思的表示。强迫是指行为人一方以现时的身体强制，使对方处于无法反抗的境地而做出有违自己真实意思的表示。

构成胁迫的条件有：①须有胁迫的故意。所谓胁迫故意，即胁迫意思。胁迫意思由两个意思构成：使被胁迫人产生恐惧心理之意思，以及使被胁迫人基于该恐惧心理而为意思表示之意思。②须有胁迫行为，即以加害威胁被胁迫人。须达到使被胁迫人产生恐惧的程度。加害的对象，不限于被胁迫人自身，还包括其亲友；受害之客体，包括生命、身体、自由、名誉、财产等有受损害可能者。③须其胁迫为非法。只须胁迫之目的或者手段之一为非法，即可。目的或者手段分别而言虽均属合法，但是目的与手段结合而有悖公序良俗的，亦构成非法，如以告发他人犯罪为威胁强迫他人签订合同。④须被胁迫人因受到胁迫而产生恐惧心理。此恐惧心理与胁迫间具有因果关系。如果胁迫人实施胁迫，但是被胁迫人并不因此产生恐惧心理或者虽然有恐惧心理，但是恐惧心理并不是因为胁迫产生的，则不能属于该胁迫而产生的可撤销民事法律行为。⑤须被胁迫人因恐惧做出的意思表示，即被胁迫人的意思表示与其恐惧心理之间具有因果关系，而且其意思表示须迎合胁迫人的意思做出。这两个方面必须同时存在，如果被胁迫人并不因胁迫而恐惧，就不能构成受胁迫而实施的行为。进一步看，即使被胁迫人产生恐惧，但是所实施的行为却不迎合胁迫人的意思，也还是不能构成受胁迫而实施的行为。因为，受胁迫而实施的行为，其实质在于行为人的意思形成和表示均受到不正当干涉。

4. 显失公平

《民法总则》第 151 条规定："一方利用对方处于危困状态、缺乏判断能力等情形，致使民事法律行为成立时显失公平的，受损害方有权请求人民法院或者仲裁机构予以撤销。"《民法总则》将《民法通则》中的显失公平和乘人之危共同构成一种行为，将乘人之危这种主观要件作为前提，产生以显失公平为客观要件的结果。学界将这一行为称为显失公平。在构成要件上显失公平应当兼具主、客观两个方面，具体而言：①主观要件是指一方当事人恶意利用对方的困境、无经验、缺乏判断能力或明显的意志薄弱。其中，恶意利用是指有意利用民事法律行为对方当事人的困难情境牟取过度利益。困境是指因暂时的急迫窘境而对于物或金钱给付存在迫切需求。无经验是指生活或交易经验缺乏。缺乏判断能力是指行为人明显缺乏理智考虑而实施民事法律行为或正确评判双方对待给付与法律行为经济后果之能力。明显的意志薄弱则是指抵御能力微弱。在判断当事人的主观要件时，若交易发生在商事主体之间，由于商事主体应当具有必要的知识和技能，因此对主观要件的认定相比消费者应当趋于严格。②客观要件为显失公平，一般表现为给付明显不对称。给付明显不相称，应以市场通行的情况来衡量，不相称必须达到这样一个程度，即以市场活动的本质无法对之做出解释的程度，更确切地说是该程度使人可以通过反推得出，遭受不利的那一方当事人的自由意志的形成受到了限制。给付的不相称以订立合同时为基准，至于合同订立之后交易价格上涨属于商业风险，这一点已为我国审判实践所承认。①

(三) 撤销权的行使与消灭

1. 撤销权的行使

民事法律行为符合法律规定的可撤销原因时，法律赋予行为人撤销权，受害方有权请求人民法院或者仲裁机构予以撤销。撤销权在性质上属于形成权的一种，具有从权利的性质，因此，不得与基于可撤销的民事法律行为所生的权利相分离而转让。撤销权的效力在于溯及地使可撤销民事法律行为归于消灭。撤销权的行使为撤销权人单方的行为，无须相对人表示同意。

2. 撤销权的消灭

其一，因除斥期间经过而消灭。撤销权属于形成权，有溯及地使可撤销的民事法律行为归于消灭的效力，则应当存在除斥期间的限制。除斥期间的作用在于促使撤销权人尽快地行使权利，并保护相对人利益，有利于交易安全。除斥期间经过，撤销权即归消灭，可撤销的民事法律行为因而成为完全有效的民事法律行为。

《民法总则》第152条规定："有下列情形之一的，撤销权消灭：（一）当事人自知道或者应当知道撤销事由之日起一年内、重大误解的当事人自知道或者应当知道撤销事由之日起三个月内没有行使撤销权；（二）当事人受胁迫，自胁迫行为终止之日起一年内没有行使撤销权；（三）当事人知道撤销事由后明确表示或者以自己的行为表明放弃撤销权。当事人自民事法律行为发生之日起五年内没有行使撤销权的，撤销权消灭。"

其二，因权利人抛弃而消灭。撤销权既属于民事权利，其是否行使取决于权利人的意思，权利人当然可以抛弃其撤销权。有撤销权的当事人，于除

---

① 冉克平："显失公平与乘人之危的现实困境与制度重构"，载《比较法研究》2015年第5期，第30-33页。

斥期间经过前抛弃权利,撤销权因而消灭,可撤销的民事法律行为即变为完全有效的民事法律行为。《合同法》第55条规定,具有撤销权的当事人知道撤销事由后明确表示或者以自己的行为放弃撤销权的,撤销权消灭。依解释,撤销权人抛弃撤销权,有两种方式:一是以明示的意思表示向相对人为之;二是以自己的行为为默示的意思表示。撤销权人在除斥期间经过前将标的物消费、转卖或将权利转让,应当解释为属于"以自己的行为放弃撤销权"。

四、效力待定的民事法律行为

(一) 效力待定民事法律行为的概念

效力待定的民事法律行为是指民事法律行为的效力有待于第三人的意思表示,在第三人意思表示之前,该行为的效力处于不确定状态的民事法律行为。

效力待定民事法律行为的特点,是行为人已完成行为,行为外表已健全,但其效力却有赖于第三人表示"同意"还是"不同意"。第三人的行为属于辅助行为,在做出前,该行为的效力处于不确定状态。

效力待定的民事法律行为与无效的民事法律行为不同。无效的民事法律行为,其不发生效力,自始已经确定,不因任何其他行为而再生效力,也无须任何其他行为再确定其不生效力。而效力待定的民事法律行为,其是否发生效力,尚未确定,须待其他行为而使其确定。

效力待定的民事法律行为与可撤销的民事法律行为不同。可撤销行为在撤销前是有效的民事法律行为,只是在撤销后溯及既往,开始发生无效的法律后果,其效力"有效"或"无效"有待表意人定夺。而效力待定民事法律行为的法律效力尚处于不确定状态,在确定前既非有效亦非无效,究竟是有效或无效有待第三人定夺。

(二) 效力待定民事法律行为的类型

1. 无权处分

无权处分,是指无权处分人以自己的名义对他人的权利标的所为之处分行为,该行为若经有权利人同意,效力溯及至处分之时起有效;若有权利人不同意,则效力确定无效。《合同法》第51条规定:"无处分权的人处分他人财产,经权利人追认或者无处分权的人订立合同后取得处分权的,该合同有效。"

2. 无权代理

无权代理,是指在没有代理权的情况下以他人名义实施的民事法律行为。无权代理有广义和狭义之分。广义的无权代理包括表见代理和表见代理以外的无权代理。狭义的无权代理仅指表见代理以外的无权代理。在中国,无权代理一般指后者,即没有代理权、超越代理权或者代理权终止后所进行的代理。在无权代理中,被代理人有追认权。被代理人追认,或者被代理人知道他人以本人名义实施民事法律行为而不做否认表示的,为行使了追认权,无权代理一如有代理权,确定地自始生效;拒绝追认的,无权代理确定地自始无效。

3. 债务承担

债务承担是债的效力不变而由第三人承受债务的民事法律行为。由于债务承担的效果是更换债务人,而新的债务人的清偿能力影响到债权人利益,故债务承担须经债权人同意始对债权人生效,在债权人同意之前,债务承担行为处于效力不确定状态。

4. 限制民事行为能力人待追认的行为

限制民事行为能力人待追认的行为是指限制民事行为能力人在未经法定代理人同意的情况下,为超越其民事行为能力范围的行为。这类行为若获法定代理人追认,即变为有效的民事法律行为;反之,则为无效的民事法律行为。《民法总则》第145条第1款规定:"限制民事行为能力人实施的纯获利益的民事法律行为或者与其年龄、智力、精神健康状况相适应的民事法律行为有效;实施的其他民事法律行为经法定代理人同意或者追认后有效。"

(三) 效力待定民事法律行为的效果

1. 追认

追认,是追认权人实施的使他人效力待定行为发生效力的补助行为。追认属于单方民事法律行为,于意思表示完成时生效,其作用在补助效力未定行为所欠缺的法律要件。

追认权是权利人事后确定民事法律行为效力的一种形成权。追认权人对需要追认的民事法律行为既可以追认，也可以拒绝追认。追认权人追认或拒绝追认的意思表示到达相对人时发生法律效力，无须相对人承诺。一般而言，无权处分行为的追认权人是享有财产处分权的人；无权代理行为的追认权人是被代理人；未经债权人同意的债务承担行为的追认权人是债权人；限制民事行为能力人实施的超越其行为能力范围的行为的追认权人是法定代理人。

追认权人追认或者拒绝追认的意思表示应当向效力待定民事法律行为的相对人做出，追认必须在法定的催告期间内以明示的方式做出，否则，视为拒绝追认。追认行为完成，若使效力待定行为生效要件补足，除非追认权人有特别声明，效力待定行为溯及自始发生效力。

2. 催告权

效力待定的民事法律行为的相对人在得知其与对方实施的民事法律行为存在效力待定的事由后，可以将此事实告知追认权人，并敦促追认权人在一定期限内做出是否追认的意思表示。经相对人催告后，追认权人应于相对人确定的期限内予以答复，不予答复的，视为拒绝追认。《民法总则》第145条第2款规定："相对人可以催告法定代理人自收到通知之日起一个月内予以追认。法定代理人未作表示的，视为拒绝追认。民事法律行为被追认前，善意相对人有撤销的权利。撤销应当以通知的方式作出。"

3. 撤销权

撤销权，是指效力待定民事法律行为的相对人撤销其意思表示的权利，撤销的意思表示应当以通知的方式做出。撤销权与催告权都是相对人的权利，两者的不同主要在于对效力待定行为的期待不同：相对人行使催告权，表示期待追认权人追认该行为，使其生效；而行使撤销权，则表明相对人不希望该行为生效。

构成撤销权的要件：①撤销权的发生须在追认权人追认前。追认权一旦行使，效力待定行为已生效，相对人不得行使该项撤销权。②撤销的意思表示必须以明示的方式做出。③相对人须为善意，即对效力待定行为欠缺生效要件没有过失。如明知对方行为人能力欠缺而为之，则不得享有撤销权。

第五节　附条件和附期限的民事法律行为

一、附条件的民事法律行为

（一）附条件的民事法律行为的概念

附有一定的条件，并且把该条件的成就或者不成就作为民事法律行为发生法律效力或者失去法律效力的根据，这种效力的发生与消灭还需取决于一定条件的民事法律行为，即为附条件的民事法律行为。《民法总则》第158条规定："民事法律行为可以附条件，但是按照其性质不得附条件的除外。附生效条件的民事法律行为，自条件成就时生效。附解除条件的民事法律行为，自条件成就时失效。"

民事法律行为所附的条件，是指决定民事法律行为的效力发生和消灭的特定事实，一般应符合以下要求。

1. 应是将来发生的事实

能够作为附条件的民事法律行为的条件，必须是行为人实施民事法律行为时尚未发生的事实，如果是在为民事法律行为时已经发生的事实，则不能作为民事法律行为所附的条件。因为，以已经发生的事实为所附条件，等于未附条件，无任何意义。

2. 应该是不确定的事实

民事法律行为中的条件应是可能发生或者可能不发生的事实，也就是说，条件在将来是否必然发生，行为人是不能肯定的。能够肯定将来必定会发生或者能够肯定将来根本不会发生的事实，不能作为民事法律行为所附的条件。

3. 应是由行为人约定的事实

民事法律行为中所附的条件，只能是行为人双方协商议定的事实，是行为人意思表示一致的结果，而不能是法律规定或者合同性质决定的事实。

4. 应是合法的事实

作为附条件民事法律行为的条件,其设立目的在于决定民事法律行为的效力,因此,违反法律和社会公共利益的违法条件不能作为民事法律行为所附的条件。

(二) 附条件的民事法律行为的分类

1. 延缓条件和解除条件

这是依条件成就的效果决定民事法律行为效力所做的分类。延缓条件,是限制民事法律行为效力发生的条件。例如,甲乙双方约定,若甲的儿子今年考上大学,甲就将其收藏的字画卖给乙,以供儿子读书。这里甲的儿子考上大学就是一延缓条件。附延缓条件的民事法律行为,在条件成就之前就已经成立,符合一般生效要件,但因其所附条件延缓,限制了它的效力发生,因而其效力处于暂时停止状态。只有待条件成就时,民事法律行为始得生效。所以,延缓条件也称为停止条件、生效条件。解除条件,是指决定民事法律行为效力消灭的条件。民事法律行为自成立时就开始生效。但在民事法律行为中附有一定条件,当条件成就时,民事法律行为消灭。例如,甲乙约定如果甲的儿子结婚就解除甲乙房屋租赁合同。这里所附的甲的儿子结婚,就是一个解除条件。解除条件也称为终止条件、失效条件。

2. 积极条件和消极条件

这是依条件内容是以客观事实的发生或不发生为成就的标准所做的分类。积极条件,是指以将来事实发生为成就的条件。例如,甲的儿子考取大学就是积极条件。消极条件,是指以将来事实不发生为成就的条件。例如,甲乙约定,甲向乙交付电脑一台,乙试用一周不发生故障,买卖合同生效,该约定中的条件就是消极条件。

上述两类条件,经组合可形成积极延缓条件和消极延缓条件;积极解除条件和消极解除条件。此外,以条件的数量为标准还可分为单一条件和复合条件。

(三) 附条件的民事法律行为的效力

附条件的民事法律行为,是当事人基于意思自治原则,按照自己的意愿实施的民事法律行为，因而受到法律的保护。按照法律的要求，作为条件的事实必须是因其自然进程发生或者不发生，任何一方当事人都不能施加影响，尤其是恶意施加影响，否则，难免对他方当事人产生不公平的结果。因此，对当事人恶意促使条件成就的，法律视为条件不成就；恶意促使条件不成就的，法律视为条件已成就。

《民法总则》第159条规定："附条件的民事法律行为，当事人为自己的利益不正当地阻止条件成就的，视为条件已成就；不正当地促成条件成就的，视为条件不成就。"

二、附期限的民事法律行为

（一）附期限的民事法律行为的概念

附期限的民事法律行为，是指当事人以确定发生的事实一定期限的届至作为决定效力发生或终止依据的民事法律行为。期限与条件既存在共同之处，也存在不同之处。共同之处就在于：①条件和期限都是影响法律行为效力的附属性要件；②条件和期限都是期待中的未来的事实。不同之处在于：①期待所期待的是某一时刻的到来，条件所期待的是某一客观事实的发生与否；②期待的到来是必然的，条件的发生与否是或然的；③期待用"到来"进行表达，条件用"成就"或者"不成就"进行表达；④条件的发生与否可能受人为的影响，所以法律做了一定的限制；而期限的到来则不以人的意志为转移，法律要求合理即可。

（二）附期限的民事法律行为的分类

1. 延缓期限和解除期限

依据期限对民事法律行为效力作用的不同，可以将期限分为延缓期限和解除期限。延缓期限，又称始期，是指以期限到来决定民事法律行为效力开始。民事法律行为成立后，因所附期限的限制，民事法律行为并不发生效果效力，而待期限届至时才开始生效。解除期限，又称终期，是指以期限到来决定民事法律行为效力终止。民事法律行为成立、有效后就发生法律效力，而待所附期限届至时效力终止。

2. 确定期限和不确定期限

根据民事法律行为所附期限是否确定,可以将期限分为确定期限和不确定期限。确定期限,是指民事法律行为所附期限的内容具体、明确。例如,甲与乙签订买卖合同,约定甲于 2017 年 5 月 1 日向乙交货。不确定期限,是指民事法律行为已附期限,但是期限何时到来并不确定。例如,甲将吹风机借给乙,约定乙用完后归还。

(三) 期限的效力

附延缓期限的民事法律行为在期限到来之前,不发生效果效力,受期限届至利益的一方当事人对效果利益仅有期待权;当期限到来时,始生效果效力。附解除期限的民事法律行为,在期限到来前保持效果效力,当期限届至时,效果效力终止。《民法总则》第 160 条规定:"民事法律行为可以附期限,但是按照其性质不得附期限的除外。附生效期限的民事法律行为,自期限届至时生效。附终止期限的民事法律行为,自期限届满时失效。"

第十一章 代　　理

第一节　代理概述

一、代理制度概述

代理制度是商品经济发展的产物。在古代法律制度中，法律行为实行严格的形式主义，且须由当事人亲自为之。例如，罗马法学家盖尤斯的《法学阶梯》中就有"不得用自由人以获得财产"的规定。在罗马法中，唯家长有权利能力，家子及奴隶不过为家长手足之延长，因此奴隶与家子的行为，被视为家主的行为，并无发生代理观念之必要。古代法制崇尚简明，依他人的独立行为，而承认自己法律关系之变动，亦非当事人所愿。早期罗马法未形成代理制度，原因在此。至罗马帝政时代，由于商品经济的发展和市场的日渐扩大，人的活动范围渐广；而社会关系日趋复杂，原料的采购、商品的销售已不能由经营者事事躬亲，于是代理制度开始萌芽。

到了资本主义社会，由于商业交易频繁，规模不断扩大，社会生活也日趋广泛和复杂。人们由于年龄、精神健康状态、知识、时间、条件等原因，迫切地需要通过他人代为办理各项事务，这就使代理制度的产生成为必要和可能。1804年的《法国民法典》将代理作为委任契约列入取得财产的各种方法一篇，从而在法律意义上初步有了代理的规定。1900年的《德国民法典》将代理列入法律行为一章加以规定，把委任与授权的概念严格区别开来，委任契约只对代理人与被代理人有约束力，即使委任契约无效，也不能以此对抗相对人，且代理仅限于直接代理（显名代理），进而形成了大陆法系多数国家的代理法体系。我国现有《民法总则》中的代理立法基本上采取德国民法的立法例。

在英美法系国家，代理法通常以单行法规的形式加以规定，其涉及的范围较大陆法系更加广泛，它不仅包括直接代理，而且包括间接代理。其代理是以本人与代理人的等同论作为理论基础的，代理关系不仅对代理人和被代理人具有约束力，而且使代理人承担对第三人的默示担保责任，同时它还可能影响代理人所为法律行为的法律效果。①

代理制度之所以能够得以确立与发展，主要是因为它具有拓展民事活动空间和确保民事权利实现的功能。民事权利的实现往往要实施一定的法律行为，而对于无民事行为能力人和限制民事行为能力人民事权利的实现，主要借助于法定代理制度。在这个意义上，代理制度有用以补充无行为能力人和限制行为能力人私人自治制度的一面。民法上的代理制度，本为方便民事主体实施法律行为而设，从严格意义上讲民事代理只能适用于民事主体间有关民事权利义务设立、变更、终止的法律行为。但是，民法为保护当事人的合法权益，促进和维护社会经济秩序，允许将代理制度及其有关规则扩展适用于法律行为以外的其他行为。这些行为主要是：

第一，申请行为，即请求国家有关部门授予某种资格或特许权的行为，如申请国家专利局授予专利许可的行为等。

第二，申报行为，即向国家有关部门履行其法定的告知义务和给付义务，如向税务机关申报纳税的行为等。

第三，诉讼行为，即在民事诉讼、行政诉讼以及刑事诉讼中，以原告、被告或者第三人的诉讼代理人身份参加诉讼，维护被代理人的合法民事权益的行为。

第四，事实行为，如并非具有人身属性的履行行为。

以上行为的代理，除在其他法律有规定时应适用有关规定外，一般都可以适用民事代理制度的有关规则。

代理行为主要是法律行为，但是并非一切法律行为均可适用代理，依照《民法总则》第161条之规定，对于"法律规定、当事人约定或者民事法律

---

① 崔建远等：《民法总论》，清华大学出版社2013年版，第223页。

行为的性质，应当由本人亲自实施的民事法律行为，不得代理"。典型如结婚、订立遗嘱等身份行为，因须尊重本人意思，不许代理。此外，当事人要求必须由本人亲自实施的法律行为，亦不许代理。

二、代理的概念与法律特征

（一）代理的概念

代理，是指代理人在代理权限范围内，以被代理人的名义或以自己的名义独立与第三人为法律行为，由此产生的法律效果直接归属于被代理人的一种法律制度。代理一般至少涉及三方当事人。有权以他人名义实施法律行为者，称代理人；该"他人"称被代理人或本人，承受代理行为所产生的法律效果；代理行为之相对人则是第三人。另需注意，因观察视角不同，当事人的称谓可能发生变化，如当代理人以被代理人名义实施法律行为时，代理人称行为人，被代理人则为关系人。代理中的法律关系包括三方面的关系。

第一，被代理人与代理人之间基于委托授权或法律规定而形成的代理权关系。

第二，代理人依据代理权与第三人之间的代理行为的关系。

第三，被代理人与第三人之间存在的代理行为的法律后果承受关系。

代理中的法律关系又分内外两部分。前一种关系为代理的内部关系，后两种关系为代理的外部关系。内部关系存在于代理人与本人之间，又分授权关系及其基础关系两层；外部关系中，本人与第三人为契约双方当事人，或单方法律行为中的行为人与相对人。代理的这种内外部关系是有机联系、不可分割的，代理的内部关系是外部关系得以产生和存在的前提，而代理的外部关系则是内部关系的目的和归宿。

代理有广义与狭义之分，广义代理包括直接代理和间接代理。大陆法系通常对代理采取狭义的理解，狭义代理仅指直接代理（显名代理），即以被代理人的名义所进行的代理行为。间接代理（隐名代理）是指代理人以自己的名义为法律行为，而使其法律效果间接地归属于本人。英美法系通常采取广义的理解，一些大陆法系国家对此也做了一些变通规定。例如，《德国民法典》第 164 条第 1 款规定:"其意思表示无论系明示以被代理人名义而为之者,或按情况可断定系以被代理人名义,并无区别。"《日本民法典》第 100 条规定:"代理人未明示为本人而进行意思表示,视为为自己所为。但是,相对人已知其为本人或可得知其为本人时,直接对本人发生效力。"我国依《民法总则》第 162 条"代理人在代理权限内,以被代理人名义实施的民事法律行为,对被代理人发生效力"的规定,采取的是严格狭义代理的概念。而在《合同法》第 402 条①和 403 条②的规定,也是承认了间接代理(隐名代理)的存在。

(二) 代理的法律特征

1. 代理人必须以被代理人名义或以自己名义进行民事活动

代理人只有以被代理人的名义(直接代理)或以自己名义(间接代理)进行活动,才能为被代理人取得权利、设定义务。如以第三人的名义进行活动,那么这种活动就不构成代理,其所设定的权利义务由代理人自己承受。

代理与行纪区别:因为在行纪关系中,行纪人虽然是受人委托而为法律行为,且行为所生的收益应交付于委托人,但行纪人是以自己的名义为意思,其法律后果由自己直接承担。

2. 代理人必须在代理权限内从事民事活动

代理权是确定代理人代理行为的实施和代理行为法律效果归属的依据,表明了代理人以被代理人名义向第三人为意思表示或接受意思表示的资格。代理人必须在被授权范围内,或法律规定的权限范围内进行民事活动,不得擅自变更代理权限。

---

① 《合同法》第 402 条规定:受托人以自己的名义,在委托人的授权范围内与第三人订立的合同,第三人在订立合同时知道受托人与委托人之间的代理关系的,该合同直接约束委托人和第三人,但有确切证据证明该合同只约束受托人和第三人的除外。

② 《合同法》第 403 条规定:受托人以自己的名义与第三人订立合同时,第三人不知道受托人与委托人之间的代理关系的,受托人因第三人的原因对委托人不履行义务,受托人应当向委托人披露第三人,委托人因此可以行使受托人对第三人的权利,但第三人与受托人订立合同时如果知道该委托人就不会订立合同的除外。受托人因委托人的原因对第三人不履行义务,受托人应当向第三人披露委托人,第三人因此可以选择受托人或者委托人作为相对人主张其权利,但第三人不得变更选定的相对人。委托人行使受托人对第三人的权利的,第三人可以向委托人主张其对受托人的抗辩。第三人选定委托人作为其相对人的,委托人可以向第三人主张其对受托人的抗辩以及受托人对第三人的抗辩。

3. 代理人在代理权限内得独立进行意思表示或接受意思表示

代理人在代理权限内得独立进行意思表示或接受意思表示，这是因为代理人实施的法律行为使民事法律关系发生变动，而意思表示又是民事法律行为的核心。代理人在代理权限内可以根据代理活动的具体情况，独立决定如何向相对人为意思表示及是否接受相对人意思表示，争取在对被代理人最有利的情况下完成代理事务，以维护被代理人的利益。代理的这一特征，使代理人与传达人、中介人区别开来，因为后者在从事传达或中介活动时，都不得独立进行意思表示或接受意思表示。

代理与居间区别：居间亦与代理相近，二者差别仍在意思表示之有无。居间人只是当事人的缔约中介，任务仅在向委托人报告订立合同的机会或者提供订立合同的媒介服务。居间人虽参与契约之订立，但仅限于调查、咨询以及必要时为缔约谈判做准备，并不就契约本身做出任何意思表示，因而不具有代理人地位。

4. 代理主要是实施法律行为

代理的适用，限于为意思表示及受领意思表示，故代理人的使命主要是代被代理人实施法律行为。对准法律行为得类推适用之。代理的这一特征，把代理行为与不具有法律意义的事实行为区别开来。

5. 代理行为的法律效果归属于被代理人

代理虽然从形式上看是在代理人与相对人之间进行的，但它却是直接或间接以被代理人名义并在被代理人授权或法定权限范围内，因而导致的是被代理人与相对人之间法律关系的设立、变更或终止，代理行为的法律效果归属于被代理人。即使因代理人过错而造成违法或其他不利于被代理人的法律后果，被代理人也必须承担，代理人不对相对人承担代理行为产生的法律后果。

三、代理的分类

（一）民法上的代理和诉讼法上的代理

《民法总则》规定的代理属于民法上的代理，与诉讼法上的代理是两种不同的制度。其主要区别如下：其一，代理的内容不同，民法上的代理，代理人代本人为法律行为，所代行的民事权利属私权；诉讼法上的代理，代理人代委托人为民事诉讼、刑事诉讼或行政诉讼行为，所代行的诉讼权利属公权。其二，代理关系不同，民法上的代理，为三方面的民事法律关系，三方当事人是本人、代理人、相对人，并不涉及国家机关；诉讼法上的代理，为四方面的民事诉讼关系，涉及原告、被告、代理人及法院。其中法院为审判机关，它与原告、被告、代理人非平等的关系。其三，对代理人所要求的资格不同，民法上的代理，代理人仅须有民事权利能力和行为能力（有的国家和地区民法不要求有行为能力）；诉讼法上的代理，代理人须有诉讼行为能力。其四，法人可以担任民法上的代理人，但不可以担任诉讼法上的代理人。①以下仅论述民法上的代理。

（二）委托代理和法定代理

根据代理权产生的根据不同，可将代理分为意定代理和法定代理。

意定代理又称委托代理或授权代理，是基于被代理人的授权而发生的代理。授权行为属于单方行为，仅凭被代理人一方的意思表示就能发生授权的法律效力。对被代理人授予代理权的行为，代理人有权拒绝，这种拒绝的意思表示也属于单方行为，仅凭代理人一方的意思表示即可发生效力。在一般情况下，委托合同是产生意定代理授权的原因或基础。但委托合同的成立和生效，并不当然产生代理权，只有委托人做出委托授权的单方行为，代理权才发生。另外，劳动合同关系、合伙关系、职务关系等，也能产生委托代理授权。

法定代理是基于法律的直接规定而取得代理权的代理。法定代理主要是为无民事行为能力人或限制民事行为能力人设定代理人的方式。《民法总则》第23条规定："无民事行为能力人、限制民事行为能力人的监护人是其法定代理人。"因此，我国法定代理人即是监护人，故法定代理权被规定于监护制度中，本节不做专门展开。

国内部分学者认为，根据代理权产生的根据不同，认为还存在着一种职务代理，即代理权是根据其所担任的职务而产生的代理。典型如《民法总则》第170条规定:"执行法人或者非法人组织工作任务的人员,就其职权范围内的事项,以法人或者非法人组织的名义实施民事法律行为,对法人或者非法人组织发生效力。"职务代理确有不同于委托代理的某些特征:①职务代理人是被代理人的工作人员。代理人与被代理人之间与其说是受民事法律约束,倒不如说是受劳动法律关系或行政法律关系的约束。②代理人与被代理人的不平等,具有从属性质,凡职务范围内的民事活动,代理人均有义务履行职务。③职务代理稳定,非代理人职务变动,其代理权一般不能剥夺等。但职务代理又具有委托代理的本质特点,即都是被代理人单方授权行为的结果。尽管其授权形式各有特点,代理人都是在授权范围内以被代理人的名义对外进行民事活动。因此,职务代理实质上是委托代理的一种特殊形式。

（三）一般代理与特别代理

根据代理权限范围的不同,代理可分为一般代理与特别代理。

（1）一般代理,又称总括代理、无限代理、全权代理或概括代理,是指代理权范围及于代理事项的全部的代理。[①]

（2）特别代理,又称部分代理或有限代理,是指代理权被限定在一定范围或一定事项的某些方面的代理。在实践中,如未指明为特别代理的则为一般代理。

（四）单独代理与共同代理

根据代理权是属于一人还是属于数人为标准,代理可分为单独代理与共同代理。

（1）单独代理是指代理权属于一人的代理。至于被代理人的人数在所不问。无论是意定代理,还是法定代理,均可为单独代理。

（2）共同代理是指两个或两个以上的代理人共同行使一个代理权的代理。所谓共同行使,是指代理权平等地归属于数个代理人,由数个代理人共同享有,只有经全体代理人的共同同意,才能行使代理权,所实施的行为是全体代理人的共同行为。如果因实施该代理行为而给被代理人或第三人造成了损失,应由全体代理人负连带责任;如果其中一个或数个代理人未与其他代理人协商同意而行使代理权,该代理行为无效,给被代理人造成损失的,应由实施行为的代理人承担民事责任。

共同代理与数人代理不同。数人代理，又称各自代理或集合代理，是指数个代理人可以单独行使代理权的代理。在数个人作为代理人时，如果被代理人在授权证书中对各个代理人的代理权限范围做了明确规定，那么无论授权书是一份或数份，都应视为数个单独代理；在数个人作为代理人时，如果被代理人在授权书中没有明确规定各个代理人的代理权限，而是笼统地授予数个代理人，该代理权即由数个代理人共同行使，即共同代理。

（五）本代理与复代理

根据选任代理人的不同，代理可分为本代理与复代理。

本代理是指代理人由被代理人授权选任或者依照法律规定而产生的代理。

复代理又称再代理或多层次代理，是指代理人基于复任权而选任的代理人所实施的代理。复代理一般应具备以下要件：①须有本代理存在。②须由代理人以自己的名义为被代理人选任复代理人。复代理人是被代理人的复代理人，而不是代理人的代理人。但复代理人是代理人为被代理人所选任的，而非被代理人本人自行选任的。代理人转委托他人，其代理权并不消灭，原代理关系仍然存在，有关权利义务仍应继续履行，并对复代理人的行为给予指导、监督。③复代理权不得大于原代理权。④复代理须符合一般代理的要件。⑤须原代理权仍然存续。

意定代理人原则上没有复任权，因为意定代理发生的基础是特定当事人之间的信任。但是在尊重被代理人意思和有利于保护被代理人利益的前提下，意定代理人在以下情况时可享有复任权：①被代理人事先授权可以转委托的。②转委托前征得被代理人同意的。③转委托后得到被代理人追认的。④情况紧急的，如由于突患疾病、通信中断等特殊原因，委托代理人自己不能办理代理事项，又不能与被代理人及时取得联系，如不及时转委托他人代理，会给被代理人利益造成损失或者扩大损失的情况。

意定代理人转托他人代理的，应严格依照《民法总则》第 169 条的规定，代理人需要转委托第三人代理的，应当取得被代理人的同意或者追认。转委托代理经被代理人同意或者追认的，被代理人可以就代理事务直接指示转委托的第三人，代理人仅就第三人的选任以及对第三人的指示承担责任。且该条还规定："转委托代理未经被代理人同意或者追认的，代理人应当对转委托的第三人的行为承担责任，但是在紧急情况下代理人为了维护被代理人的利益需要转委托第三人代理的除外。"此外，因意定转委托不明，给第三人造成损失的，第三人可以直接要求被代理人赔偿损失；被代理人赔偿损失后，可以要求意定代理人赔偿损失，转托代理人有过错的，应当负连带责任。

法定代理人不享有复任权也不能选定复代理人，因为法定代理发生的基础不是特定当事人之间的委托关系，而是法律的直接规定；同时法定代理权具有概括性，其范围甚广，又不允许任意辞任，而且被代理人又往往无同意表示的意思能力。

（六）积极代理与消极代理

据意思表示方式的不同，可将代理分为积极代理与消极代理。积极代理又称能动代理，是指代理人以被代理人的名义向相对人代为（做出）意思表示的代理。消极代理又称被动代理或受动代理，是指代理人以被代理人的名义向相对人代受（接受）意思表示的代理。

第二节　代理权

代理权从本质上说只是一种资格或法律地位，代理人取得代理权只是意味着他得以被代理人的名义与第三人进行民事活动，其行为后果直接归属于被代理人。这种资格或法律地位，既可基于委托人的委托授权（在意定代理中），也可是法律规定的结果（在法定代理中）。

一、代理权的取得

（一）代理权取得的根据

代理权的取得是基于一定的事实根据。法定代理人取得代理权的根据是法律的直接规定，这种事实既可以是民法规定的亲属或其他具备资格的自然人、社会组织，也可以是在有该资格的人发生争议时，由有指定权的机关选定，或由法院判决指定。委托代理人取得代理权的根据是被代理人授权委托的单方法律行为。重大事务的授权，以用书面形式为妥。用书面形式授权即签署授权委托书，授权委托书应当记载代理人的姓名或者名称、代理事项、代理权限及期限。建立委托代理关系的更审慎的方式是订立委托合同，通过合同规定双方权利义务，代理人取得代理权。有书面授权委托合同，就无须单独的授权委托书。

（二）代理权的授权行为

授权行为旨在令代理人取得将法律效果归属于被代理人的权力，代理人不会因此享有任何权利或负担任何义务，故授权表示不必得到对方同意即可生效，属于单方意思表示。同时，授权表示系需受领的意思表示。相对人既可以是被授权人（代理人），亦可是特定的第三人（法律行为相对人），前者为内部授权，后者为外部授权。代理权系授权人意思表示的结果，因此，只要能够清楚表达授权意思，授权人应可自由选择授权方式，而不必拘泥于常规程式。除典型的内部授权与外部授权外，另有两种非典型方式：一是内部授权的变通。授权人以对第三人个别通知或公告通知的方式宣告已授予代理权，通知之后，代理人即基于宣告取得向前一情形之特定第三人、后一情形之任意第三人实施代理行为之权力。由于通知本身仅是准法律行为中的事实通知，并不包含授予代理权之法效意思，故不足以构成授权表示。通知之外，授权人须对代理人另做授权表示正是在此意义上，此等授权方式被称为"对外通知的内部授权"。二是外部授权的变通。德国通说认为，向不特定人公告亦构成外部授权。前述对不特定第三人通知的内部授权与之不同，前者是对外公告已经授予的代理权，后者则是以公告的方式授权。公告授权系无须受领的意思表示，自不特定人（公众）能够获悉之时起生效。

（三）代理权取得的凭证

委托代理授权需采用书面形式。授权委托书作为代理权取得凭证即代理权证书，具有不容忽视的意义。一方面，代理权证书是确定代理权存在的基本依据，由此可能产生善意相对人的信赖保护，例如，若是代理人持有代理权证书，即便代理权尚未授予或实际已经消灭，善意相对人亦值得保护；另一方面，代理权证书是确定代理权限的基本依据，代理行为若是超出证书记载的代理权限，则构成超越代理权之无权代理。在委托代理中，代理人取得代理权的凭证主要是委托证明、授权委托书等；在法定代理中，代理人取得代理权的凭证是法律的有关规定和户籍簿或户籍机关有关身份的证明。

（四）授权委托书的内容及授权不明的责任

授权委托书指被代理人制作的，证明代理人有代理权并指明权限范围的法律文书。授权委托书不同于委托合同，其区别主要有：①前者是单方法律行为的结果，后者是双方法律行为的产物。②前者是授权行为的形式，是存在代理权的根据，后者是授权行为的原因，是发生代理权的基础。③前者是代理人对外实施代理行为的凭证，后者是代理人与被代理人之间产生权利义务的依据。④前者是书面形式，后者可以是书面形式，也可以是口头形式。

授权委托书是代理人对外进行代理活动的凭证，为维护代理关系各方当事人的利益，授权委托书的内容必须明确。依据《民法总则》第165条规定"委托代理授权采用书面形式的，授权委托书应当载明代理人的姓名或者名称、代理事项、权限和期间，并由被代理人签名或者盖章"。如果授权委托书没有载明上述事项或者载明事项含糊不清，就属于授权不明。

关于授权不明的责任，大陆法系国家民法对此缺乏规定，仅日本《民法典》第103条规定"未定权限的代理人，只有实施下列行为的权限：保存行为；于不改变代理标的物或权利性质的范围内，以其利用或改良为目的的行为"。在英美法系国家，援引优势责任原则确定由被代理人承担责任，即为了保障无过错的第三人的合法权益，当出现代理权授权不明时，首先应由在经济上处于优势的被代理人向第三人承担责任，然后被代理人可以依据不同情况决定向代理人追偿。我国现行《民法总则》中对此尚无规定。

在《民法通则》中对授权不明采取代理人与被代理人对第三人负连带责任的做法实属欠妥，因授权委托的行为是单方民事法律行为，授权委托不明实质上是委托人关于授权的意思表示存在某种缺陷，而这种缺陷是由委托人单方面的过错所致的,况且委托人在经济上往往处于优势,代理人进行代理活动是为了被代理人的利益,有时还是无偿代理。因此,一概规定此种情形下的连带责任实有不当。笔者认为,对于授权不明的责任承担应该区分情况区别对待:①在无偿代理中,应当由被代理人对第三人承担责任;②在有偿代理中,一般亦应由被代理人对第三人承担责任,如代理人有重大过失的,应负连带责任;③如第三人有重大过失尤其是故意时,被代理人或代理人不承担任何责任。

(五) 授权行为的性质及其法律效力

关于授权行为的性质,学者们认识不一,各国立法规定也不一致,归纳起来主要有以下几种观点或立法例。

(1) 委任契约说,即认为代理权是由委任契约所生的,在委任契约之外,无所谓代理权授予的行为,法国民法采取此观点。

(2) 无名契约说,即认为代理权虽然不是委任或其他债权契约的本身,然而为其附随的一种无名契约,日本民法采取此观点。

(3) 单独行为说,即认为代理权仅依代理权授予的意思表示而成立,德国、瑞士民法采取此观点。

在笔者看来,授权行为有时是基于委任契约而产生,然而委任契约不一定发生代理权,如行纪;委任契约以外的契约也有发生代理权的,如劳动、雇用、合伙、承揽等。因而以委任契约说解释授权行为的性质,已不能自圆其说。此外,大陆法系的大多数国家或地区都采纳单独行为说,《民法总则》也采取此说。代理权授予行为常与其基本法律关系(基础关系)相结合,那么,二者的关系如何呢?《德国民法典》基本上采纳了拉邦德所提倡的无因原则,日本虽仿效德国民法,然关于代理权授予行为是否采取无因性原则却颇有争议。《民法总则》对此未做明确规定,理论中认识不一。我们认为,从平衡保护被代理人与第三人的利益出发,我国民事立法可采有因说,但涉及善意第三人利益的保护时,善意第三人可依表见代理规则主张权利。

二、代理权的行使

（一）代理权行使的原则

1. 行使代理权应在代理权限范围内

为代理行为，是以代理权为基础的，代理权限的范围基于被代理人的意志和利益所确定，因而代理人只有在代理权限范围内进行的民事活动，才能视为被代理人的行为，其法律效果才直接归属于被代理人。[①] 代理人非经被代理人的同意，不得擅自扩大、变更代理权限。代理人超越或变更代理权限所为的行为，非经被代理人追认，对被代理人不发生法律效力，而由此造成被代理人的经济损失，代理人还应承担赔偿责任。但是，此处存有两个例外之情形，如《民法总则》第170条规定："法人或者非法人组织对执行其工作任务的人员职权范围的限制，不得对抗善意相对人。"再如，被代理人委托事项违法时，代理人应拒绝代理，否则依《民法总则》第167条的规定，代理人和被代理人承担连带责任。

2. 行使代理权应维护被代理人的利益

代理人应从维护被代理人的利益出发，争取在对被代理人最为有利的情况下完成代理行为。判断代理人行使代理权是否维护了被代理人利益的标准，因代理的种类不同而不同。对于委托代理，其标准为是否符合被代理人的主观利益，即是否尊重本人的意思；对于法定代理，其标准为是否符合被代理人的客观利益，即是否客观上有利于本人。但是，代理人在行使代理权时，不能为了维护被代理人的利益而不择手段，不能实施违法行为，依《民法总则》第167条的规定，被代理人知道或应当知道代理人的行为违法不做反对表示的，由被代理人和代理人承担连带责任。

3. 行使代理权应尽到职责所要求的谨慎和勤勉

代理人为实现和保护被代理人的利益，在行使代理权时，应尽到职责所要求的谨慎和勤勉。首先，代理人必须认真工作，从被代理人的利益出发，尽相当的注意义务。在无偿代理中，代理人在行使代理权时，必须尽与处理

[①] 王泽鉴：《民法总则》，三民书局2000年版，第489页。

自己事务同样的注意义务；在有偿代理中，代理人应尽善良管理人的注意义务。其次，代理人应当亲自行使代理权。在法定代理中，代理人为了被代理人的利益必须亲自行使代理权；在委托代理中，非经本人同意或有不得已的事由，代理人不得转委托第三人代替自己行使代理权。最后，代理人应尽报告与保密的义务。如果代理人在行使代理权时没有尽到职责所要求的谨慎和勤勉，即代理人不履行或者不完全履行职责，造成被代理人损害的，应当承担民事责任。

（二）行使代理权的限制——滥用代理权

代理人取得代理权后，为了维护被代理人的合法权益，法律限制代理人滥用代理权。代理权的滥用，是指违背代理权的设定宗旨和代理行为的基本准则，有损被代理人利益而行使代理权的行为。滥用代理权的行为，通常为无效行为，但是也存在有效之情形。笔者认为，构成代理权的滥用应具备以下要件：①代理人有代理权。②代理人实施行使代理权的行为。③代理人行使代理权的行为违背代理权的设定宗旨和基本行为准则。④代理行为一般应有损被代理人的利益。

《民法总则》中滥用代理权的行为规定为以下几种。

1. 自己代理与双方代理

自己代理，是指代理人以本人的名义对于自己为意思表示或以本人的名义受领自己本身的意思表示。双方代理，是指代理人一人而同时兼任双方当事人的代理人。自己代理和双方代理，不仅违背了代理制度设立的宗旨，而且也可能有损于被代理人的利益，因而为各国或地区立法所禁止。《民法总则》第168条规定："代理人不得以被代理人的名义与自己实施民事法律行为，但是被代理人同意或者追认的除外；代理人不得以被代理人的名义与自己同时代理的其他人实施民事法律行为，但是被代理的双方同意或者追认的除外。"从上述规定可知，其存在例外情形是事先得到许可或事后得到追认，即许可与追认来自于被代理人的意思表示。在笔者看来，除此以外，还应有例外情形存在，如专为义务之履行。这一情形不必考虑利益冲突问题，因为履行人并不做出法律决定，只是履行内容已被事先确定的义务，而这一义务在任何情况下均应得到履行，履行人是被代理人抑或代理人无关紧要。再如，被代理人纯获法律利益之行为。此时一般无利益冲突之危险或对被代理人不利之因素，如作为法定代理人的父母对子女的赠与，父母既然愿为子女利益而作赠与，代为受领自亦无妨。

2. 代理人与第三人恶意串通，损害被代理人利益

在通说来看，所谓恶意串通是指代理人与第三人有共谋侵害被代理人合法权益的行为。这类行为因欠缺合法性并违背代理制度的宗旨，因而是无效的。同时为了保护被代理人的利益，依《民法总则》之规定，代理人与第三人因此而给被代理人造成的损失应负连带责任。在此，笔者吸取朱庆育教授的观点，将其从第三人恶意和恶意串通两方面来看，认为其直接影响代理行为的效力。

第一，第三人恶意。若第三人明知代理人滥用代理权或虽未明知但滥用行为依当时情境属显而易见，该第三人即不享有信赖保护。[①] 此时，滥用代理权之代理行为亦相应沦为无权代理。被代理人有权依其意志决定该代理行为之效力，若拒不追认，则归于无效。

第二，恶意串通。恶意第三人若进一步具有损害被代理人之意图，与滥用代理权之代理人合谋实施不利于被代理人之代理行为，则构成恶意串通。对此，不加分析的就以"连带责任"立论，则严重偏离规范重心。恶意串通实施代理行为，所需解决的核心问题是代理行为之效力，然后才能以此为基础确定"责任"性质及其承担方式。对于恶意串通之代理行为，德国通说认为，此属违背善良风俗中诱使违约之案例类型，代理行为无效。恶意串通较之单纯第三人恶意更不为法律所容，所涉代理行为的效力瑕疵相应由未决的无效升格为确定无效，似乎顺理成章。然而，恶意串通仅关乎当事人尤其是被代理人利益之维护，概以无效视之，过于僵硬，且第三人的加害意图难以证明，无效立场其实加重了被代理人的举证负担。就此而言，类推适用无权代理规则，反倒更有助于维护被代理人利益，此时，被代理人既无须承担繁重的举证责任，又可从容决定是否接受代理行为之效果。若被代理人经过权

---

① 朱庆育：《民法总论》，北京大学出版社2016年版，第342页。

衡决定接受，何必予以禁止？若不愿受代理行为之拘束，拒绝追认即可。至于所谓"连带责任"，唯在代理人与第三人的恶意串通导致代理人违反基础关系之约定，从而构成以违背善良风俗的方式侵害债权之侵权行为时，方有适用之余地。①

三、代理权的消灭

（一）代理权消灭的原因

1. 委托代理权消灭的原因

依《民法总则》第173条的规定，委托代理权消灭的原因有如下几种。

（1）代理期间届满或代理事务完成。代理权存续期间或具体代理事务可能直接为授权行为所指定，也可能存在于基础关系。尤其是，当基础关系定有存续期间时，若当事人无其他意思表示，该存续期间亦即代理权之存续期间。原因在于，代理权授予伴随着基础关系，由此可推断被代理人无授予孤立代理权之意思，故基础关系终止时，代理权随之消灭。

（2）被代理人取消委托或者代理人辞去委托。就文义而言，"取消委托"与"辞去委托"指向委托这一基础关系，其他基础关系则可准用委托之规定，此可表明现有实证法对于基础关系与授权关系未采用抽象原则，基础关系消灭导致代理权消灭。不仅如此，"取消"与"辞去"皆是对应于单方法律行为，可分别解释为委托人与受托人解除基础关系，且不论任意解除、法定解除或约定解除，只要足以导致基础关系废止，即在其列。

（3）代理人丧失民事行为能力。代理人须做出自己的意思表示，故需具备行为能力；代理行为于代理人而言是中性行为，故不必具有完全行为能力。所谓"丧失"行为能力，应指完全丧失，即变成无行为能力人。

（4）代理人或者被代理人死亡。代理权之授予，系基于被代理人对特定代理人的信任而为，且代理权不是权利——不能为代理人带来利益，更非义务——代理人不必受其拘束，因而，代理权不具有可继承性，随代理人死亡而消灭。而被代理人死亡，委托代理权一般应消灭，但依据《民法总则》

---

① 朱庆育：《民法总论》，北京大学出版社2016年版，第343页。

第 174 条之规定，被代理人死亡后，有下列情形之一的，委托代理人实施的代理行为有效：①代理人不知道并且不应当知道被代理人死亡。②被代理人的继承人予以承认。③授权中明确代理权在代理事务完成时终止。④被代理人死亡前已经实施，为了被代理人的继承人的利益继续代理。作为被代理人的法人、非法人组织终止的，参照适用前款规定。

此外，基于合伙、承揽、企业内部组织关系或劳动关系所产生的委托代理权，原则上随其基本法律关系的消灭而消灭，但合同另有约定或者法律另有规定者不在此限。

（5）作为代理人或者被代理人的法人、非法人组织终止。法人、非法人组织终止后，一切法律关系归于绝对消灭，并无继承人予以承受。因而，法人、非法人组织无论作为被代理人抑或代理人，一旦终止，代理关系即告消灭。

2. 法定代理权消灭的原因

依《民法总则》第 175 条的规定，法定代理权消灭的原因有如下几种。

（1）被代理人取得或恢复完全民事行为能力。法定代理为救济被代理人行为能力之欠缺而设，因此，若被代理人已成为完全行为能力人，法定代理即失其存在基础。关于限制行为能力人所为的部分事项亦须为之设置法定代理，故称为取得或者恢复完全民事行为能力。

（2）代理人丧失民事行为能力。如意定代理一般，法定代理人亦须做出自己的意思表示，故须具备行为能力。不仅如此，法定代理系一般代理，为被代理人全面实施法律行为，故与意定代理人不同，法定代理人需具备完全行为能力。此处所谓"丧失行为能力"，措辞虽与意定代理情形一致，却应做不同解释，仅部分丧失行为能力即可，即完全行为能力人只要变为限制行为能力人，代理权便消灭。

（3）被代理人或代理人死亡。代理权基于监护人资格而取得，不具有可继承性，因而有如意定代理。代理人死亡系法定代理权消灭之原因，与意定代理不同的是，被代理人死亡可导致法定代理权消灭，原因在于，法定代理以法定监护关系为基础，不存在授权行为，被监护人死亡，监护关系随之消灭，法定代理亦同其命运。

(4) 法律规定的其他情形。此条系开放性条款，亦可进一步表明，法定代理关系随作为基础关系的监护关系消灭而消灭。

（二）代理权消灭的效力

代理权的消灭，意味着代理人代理资格的丧失。在代理权消灭后，原代理人如果仍以本人名义所为的代理行为，为无权代理。但是，代理权的消灭，不得以此而对抗善意第三人；第三人因过失而不知其事实者，不在此限。代理权消灭，则代理人无代理权。但在委托代理中，于授权时多授予委任状或其他证书，而此种证明又起着证明代理权存在的作用，容易使第三人相信其有代理权，按照表见代理的理论，本人仍应对此负责。因此，为了维护本人的利益，在代理权消灭或撤销时，代理人应将授权证书交还给授权者，不得留置。被代理人也有权要求原代理人交还授权证书。违反此项义务，致被代理人受有损失的，代理人应负赔偿责任。代理人如果拒绝交还授权证书，被代理人可采取何种措施来保护自己的合法权益？我国民法对此还缺乏相应规定。

第三节 代理行为

一、代理行为的本质

（一）关于代理行为本质的学说

1. 本人行为说

本人行为说由萨维尼创立，其内容为：实施法律行为的意思由本人形成，代理人不过相当于本人的"机关"、将本人意志对外表达而已，因而，代理行为所表达的意思是本人意思。① 该说可以解释为何本人是对外法律关系的当事人以及为何该对外行为的法律效果由被代理人承担问题，亦在形式上与

---

① 李宜琛：《民法总则》，正中书局1977年版，第304页。

"自己行为自己责任"的私法自治理念相契合。简言之,就是认为本人是行为人,代理人不过是本人手足的延长部分。

2. 共同行为说

共同行为说又称为统一行为说,由米特埃斯所倡导,其认为授权行为与代理行为并非相互分离,而是作为"法律行为的共同要件"结合为统一行为。换言之,即认为代理是本人与代理人的共同行为。①

3. 代理人行为说

代理人行为说认为行为人是代理人,只是其效果归属于本人;具体而言,代理行为中的意思表示非由本人形成,向第三人做出的是代理人的意思表示,只不过由此产生的法律效果由本人承受而已。这一由布林茨首创的理论,如今已成为德国通说。②

4. 统一要件说

统一要件说认为本人的代理权授予行为和代理人的代理行为构成一个法律行为,本人是其行为的主体。

上述关于代理本质的几种观点中第三种观点为现代多数国家的通说,第四种观点为现代一些学者所倡导,但该四种观点均有不能解释之处。

第一,就"本人行为说"而言,首先,其忽视了代理制度存在的宗旨,即扩张或弥补本人实施民事法律行为之不足或缺陷,如果认为代理行为即本人的行为,代理制度本身是否有存在的必要也就成了疑问;其次,它混淆了代理与传达的界限,与代理的实际情况不符;最后,它也无法解释法定代理。

第二,"共同行为说"不仅无法解释法定代理,而且也无法解释作为共同行为人之一的代理人,为何并不承受由共同行为所产生的法律效果。

第三,"代理人行为说"同样无法解释既然代理行为是代理人的行为,为何代理人并不承受代理行为所产生的法律效果,而应直接归属于本人。

第四,"统一要件说"也只能解释意定代理。严格说来,代理行为从实际上或形式上来看确实是代理人对外直接实施的,但它又与代理人自身的行为有着明显的区别,因为代理人是以被代理人的名义并受被代理人利益的制

---

① 梁慧星:《民法总论》,法律出版社2011年版,第232页。
② 李宜琛:《民法总则》,正中书局1977年版,第304页。

约实施代理行为的，正是基于这一点，法律将代理人实际实施的代理行为视为被代理人实施的行为，其所产生的法律效果归属于被代理人。

（二）我国民法的立场

《民法总则》对于代理行为的本质，也采取了代理人行为说。该法第162条规定，"代理人在代理权限内，以被代理人名义实施的民事法律行为，对被代理人发生效力"。（此谓"发生效力"，实可理解为承担法律效果之意），承认了在代理中，实施法律行为的人就是代理人。对于在一定情形下，是否兼顾本人的授权意思为考察，突破仅依代理人的主体能力或意思表示条件为考察的局限，《民法总则》和有关法律，对此均未加以规定。所以，我国民法采取的是绝对的代理人行为的立场。

二、代理行为的成立要件

代理行为的成立要件可分为一般成立要件和特别成立要件。一般成立要件，是指代理行为既为民事法律行为的一种，就应具备一般民事法律行为的成立要件。特别成立要件，是指代理行为作为实施法律行为的一种特殊形式，除应具备法律行为成立要件之外，还应特别具备的成立要件。① 具备一般成立要件，即可成立法律行为，在此基础上又具备特别成立要件，方可成立代理行为。反之，如果不具备特别成立要件，仅具备一般成立要件，虽然不能成立代理行为，但仍可成立一般法律行为。若代理行为只具备一般有效要件，只对代理人产生法律效果；如果同时具备特别有效要件，即产生代理的法律效力。

代理行为的特别成立要件为：

（1）须代理人为意思表示或受领意思表示。代理行为非本人的行为，而是代理人的行为，因而须代理人为意思表示或受领意思表示，即须代理人决定意思表示的内容并表示之或者受相对人的意思表示并决定是否接受。

（2）须代理人实施代理行为时应以本人名义为之。以本人的名义为之，即须标明本人名义，表示为本人而为意思表示，旨在使表明其意思表示的行为后果直接归属于本人。

---

① 梁慧星：《民法总论》，法律出版社2011年版，第234页。

三、代理行为的有效要件

(一) 代理的一般有效要件

代理的一般有效要件,即法律行为的有效要件。代理行为既然从根本上看应该是法律行为,因此代理行为只有具备法律行为的有效要件才可能有效。关于一般法律行为的有效要件,本书相关章节中已有论述。在此仅特别说明:其一,关于权利能力之有无,应就本人决定之。本人应具有与代理行为相应的民事权利能力,而不必要求代理人有此权利能力。其二,关于行为能力之有无,应就代理人决定之。代理人应具有与代理行为相应的民事行为能力,而不必要求本人有此行为能力。其三,关于意思表示之是否真实,是否具有瑕疵,应就代理人决定之。其四,关于行为之内容和目的是否违法,应就代理人与本人双方决定之。只要其中一方有违法目的,代理行为即应无效。

(二) 代理的特别有效要件

1. 须有本人的存在

代理行为的法律效果归属于本人,如果本人不存在,代理行为的法律效果无所归属,自然不能产生代理的法律效果。

2. 须有代理权或经本人承认

代理人只有在代理权限范围内与相对人所为的民事法律行为,其法律效果才可以直接归属于被代理人。但是,无权代理的行为,并非绝对不利于本人,因此,法律特别设立本人对无权代理的追认权。无权代理的行为经本人追认,其效力同等于有权代理,即直接对本人发生法律效力。无权代理的行为,如果不经本人追认或同意,虽不对本人发生法律效力,但并非绝对无效,如符合一般法律行为的有效要件,仍可以代理人作为一方当事人而发生法律效力。

四、有效代理的法律后果

代理人在以被代理人的名义并在代理权限范围内进行活动,他所实施的法律行为的法律后果便不及于他自己,而是及于被代理人。即被代理人为该法律行为的一方当事人,依该法律行为所产生的权利与义务由被代理人享有和承担。

第四节 无权代理

一、无权代理

(一) 无权代理的概念

无权代理,是指没有代理权、超越代理权抑或代理权被终止情况下的代理,即具备代理行为的表面特征,但是欠缺代理权。在传统民法理论中,无权代理分为狭义的无权代理和表见代理。①

(二) 无权代理的特征

无权代理具有以下特征。

(1) 行为人所实施的法律行为,符合代理行为的表面特征,即以他人的名义独立对第三人为意思表示或受领意思表示,并将其行为的法律效果归属于他人。若不具备代理的表面特征,则不属于代理行为,而属于代理行为以外的行为,当然也就不能成为无权代理。

(2) 行为人就所实施的代理行为不具有代理权。没有代理权典型为未经授权、超越代理权和代理权已终止三种情况。对代理权问题有争议时,行为人有义务证明其有代理权,但在本人或者相对人主张代理权已终止时,主张代理权终止者负举证责任。

(3) 无权代理的行为并非绝对不能产生代理的法律效果。由于无权代理的行为未必对本人或相对人不利,同时为了维护交易安全和保护善意第三人的利益,法律规定认为,狭义的无权代理行为是效力待定的法律行为,在经过本人追认的情况下,无权代理就变成了有权代理,能产生代理的法律效果。表见代理也能发生代理的法律效力。

---

① 史尚宽:《民法总论》,中国政法大学出版社2000年版,第545页。

无权代理与滥用代理权的不同之处有如下几点。

（1）性质不同。无权代理是指没有代理权而进行的所谓代理，而滥用代理权则是有代理权，只是对代理权行使不当。

（2）情形不同。无权代理主要包括没有代理权、超越代理权和代理权终止后而为的代理行为，滥用代理权主要包括自己代理、双方代理和代理人与第三人恶意串通损害被代理人利益的行为。

（3）法律后果不同。滥用代理权的行为一般无效，而无权代理的行为并非绝对不能产生代理的法律效果。

无权代理与无效代理不同。无权代理是行为人没有代理权而进行所谓的代理；无效代理则是指行为人有代理权，但该代理行为因欠缺代理行为的其他有效要件而无效。

二、狭义的无权代理

（一）狭义的无权代理的概念及其要件

狭义的无权代理，是指行为人既没有代理权，也没有能使第三人确信其有代理权的理由，而以他人名义所为的代理行为。狭义的无权代理必须具备以下要件：①行为人没有代理权，也没有令第三人相信其有代理权的事实或理由。②行为人以他人名义与第三人为法律行为。③除行为人欠缺代理权外，具备法律行为的其他有效要件。

（二）狭义无权代理行为的效力

无代理权人以被代理人的名义实施法律行为，本不应对被代理人发生效力，因为代理人只有在代理权限范围内所进行的民事活动，其后果才归属于被代理人。但是，由于无权代理人以被代理人的名义实施法律行为，其本身并不违反法律、行政法规的强制性规定和社会公共利益，且未必对被代理人或相对人不利。因而，为了维护交易的安全和保护善意相对人的利益，无权代理行为是一种效力待定的法律行为。《民法总则》第171条规定："行为人没有代理权、超越代理权或者代理权终止后，仍然实施代理行为，未经被代理人追认的，对被代理人不发生效力。"未经被代理人追认的，对被代理人不发生效力；① 可一旦经被代理人追认，就能产生有权代理的法律效果。在赋予被代理人追认权的同时，也赋予代理人催告权和撤销权，对于这两个权利，该法第171条第2款规定："相对人可以催告被代理人自收到通知之日起一个月内予以追认。被代理人未作表示的，视为拒绝追认。行为人实施的行为被追认前，善意相对人有撤销的权利。撤销应当以通知的方式作出。"由此可见，狭义的无权代理行为属于效力待定的民事法律行为，适用效力待定民事法律行为的效果，鉴于第十章对于追认权、催告权和撤销权已有阐述，故在此不再赘述。

此外，无权代理的行为如果得不到被代理人的追认，且代理人又不能证明其代理权存在时，依《民法总则》第171条第3款规定："行为人实施的行为未被追认的，善意相对人有权请求行为人履行债务或者就其受到的损害请求行为人赔偿，但是赔偿的范围不得超过被代理人追认时相对人所能获得的利益。"无权代理人应依善意相对人的选择，或履行契约，或者承担损害赔偿责任。此外，依据《民法总则》第171条第4款规定："相对人知道或者应当知道行为人无权代理的，相对人和行为人按照各自的过错承担责任。"在明知的情况下，双方为自己的行为负责，实属理所应当。

三、表见代理

(一) 表见代理的概念与立法宗旨

表见代理系基于交易安全保护思想，对于无权代理之善意第三人提供积极信赖保护的制度。所谓表见代理，指本属于无权代理，但因本人与无权代理人（行为人）之间的关系，具有授予代理权的外观即所谓外表授权，致使相对人（善意第三人）相信无权代理人有代理权而与其为法律行为，法律使发生与有权代理同样的法律效果。② 换言之，当无权代理人拥有代理权的法

---

① 《日本民法典》第118条规定："关于单独行为，以其行为当时，相对人对称代理人者无代理权而实行代理表示同意。或对其代理权不予争执情形为限，准予前五条规定（无权代理的规定，作者加）。对无代理权人实施的、经其同意的单独行为，亦同。"

② 对表见代理的概念，中国学界普遍认为表见代理为无权代理的一种，属广义的无权代理，其构成要件中必须存在善意或无过失这一点。参见彭万林：《民法学》，中国政法大学出版社1994年版，第125页；马俊驹、余延满：《民法原论》，法律出版社1998年版，第305－307页；江平：《民法学》，中国政法大学出版社2000年版，第275－276页。

律外观，且足以令人相信其有代理权时，被代理人应为此负授权之责。

《民法总则》第172条规定："行为人没有代理权、超越代理权或者代理权终止后，仍然实施代理行为，相对人有理由相信行为人有代理权的，代理行为有效。"《合同法》亦规定了表见代理制度。① 虽表见代理与狭义的无权代理同属广义无权代理的范畴，但二者之间的区别又很大。

（1）表见代理之行为人虽然实质上没有代理权，但在表面上有足够的理由使人相信他有代理权，第三人通常不知道他没有代理权；而狭义的无权代理之行为人不仅实质上不具备任何代理权，而且表面上也没有令第三人相信其有代理权的理由。

（2）表见代理的法律后果由被代理人承担；而狭义无权代理的法律后果则处于待定状态。表见代理虽是无权代理的一种，但其法律后果却仍由被代理人承担，这种立法的目的主要是保护善意第三人的利益，维护交易安全。狭义无代理权人以被代理人名义实施的法律行为为效力待定的法律行为，其对被代理人是否发生法律效力取决于被代理人是否追认。

（二）表见代理的构成要件

1. 须代理人无代理权

成立表见代理的第一项条件是，须代理人（行为人）无代理权。如果代理人实际上拥有代理权，将属于有权代理，不发生表见代理问题。此所谓无代理权，是指为代理行为当时无代理权或对于所实施的代理行为无代理权。至于该无权代理人此前是否曾经拥有代理权，或当时是否有实施其他法律行为的代理权，均非所问。

2. 须该无权代理人有被授予代理权之外表或假象

存在外表授权，是成立表见代理的根据。即使无权代理人以被代理人名义实施法律行为，如果不存在外表授权，换言之，该无权代理人与被代理人之间不存在任何授予代理权之外表或假象，也不发生表见代理问题。实际生活中，多数情形是该无权代理人此前曾经被授予代理权，但实施代理行为时

---

① 《合同法》第49条规定：行为人没有代理权、超越代理权或者代理权终止后以被代理人名义订立合同，相对人有理由相信行为人有代理权的，该代理行为有效。

代理权已经终止，此即代理权消灭后的表见代理；或者该代理人于实施代理行为当时仍拥有代理权，只是所实施的代理行为超越了代理权范围，称为越权的表见代理。当然，也有自始就未曾被授予代理权的情形，如被代理人曾明示或默示授予代理权而实际并未授予代理权，称为因本人明示或默示的表见代理。以上情形，该代理人曾经被授予代理权，或者当时拥有实施其他法律行为的代理权，或者被代理人曾有授予代理权的表示（尽管实际并未授权），即构成此所谓外表授权。

3. 相对人有理由相信行为人有代理权

客观上存在使相对人相信无权代理人有代理权的事由，即存在该无权代理人有被授予代理权的外表或假象。判断是否存在这种外表或假象，应从如下几个方面加以考量：特定的场所、无权代理人与本人的关系、无权代理人是否从事了与其职责相关的行为、本人对无权代理行为的发生所起的作用、无权代理人在与相对人实施法律行为时宣称其有代理权的根据。相对人依据或信赖这些"外表"或"假象"与无权代理人实施法律行为，即这些"外表"或"假象"与实施法律行为之间有因果关系。相对人主观为善意且无过失，即相对人不知无权代理人的代理行为欠缺代理权，而且相对人的这种不知情不能归咎于他的疏忽或懈怠。相对人有无过失，应以其是否尽到"善良管理人的注意义务"为判断标准。确定相对人是否为善意且无过失，在时间上应坚持以相对人行为时的主观状态为准。如果相对人于代理行为完成后，知道或应当知道代理人欠缺代理权，仍不失为善意且无过失。

有学者认为，表见代理的构成还须被代理人对相对人信赖代理人有代理权有过错；有的学者认为应采取折中的观点，即不以本人不存在过错为表见代理的构成要件，但又必须在确定表见代理的构成要件时考虑到权利外观的形成是否与本人具有关联性。即以无权代理行为的发生与本人有关为构成要件。如本人印章、合同书等丢失或被盗以后，本人已在指定的报刊上以合理的方式做了公告，无权代理行为与本人就无关联。如果将本人无过错作为构成表见代理的要件，不仅表见代理几乎很难构成，而且违背了表见代理制度的立法宗旨——维护交易的安全和保护善意相对人的利益。至于折中说，确有其合理的成分。但我们说构成表见代理不以本人无过错为要件,这并不排除法律不可以做出某些例外的规定,如在我国的司法实践中就认为伪造、私刻有关代理凭证的不构成表见代理;除内盗或内外勾结盗取有关代理凭证等外,盗取有关代理凭证的,亦不构成表见代理。

4. 相对人基于此信赖而与该无权代理人成立法律行为

即使相对人有正当理由信赖该无权代理人有代理权,如果最后并未与该无权代理人成立法律行为,也不发生表见代理问题。只在相对人基于此信赖与该无权代理人成立了法律行为,才可能发生表见代理问题。须加说明的是,在具备上述四项要件时,相对人可以基于表见代理对被代理人主张有权代理的效果,但也不是非如此不可。相对人也可以依狭义无权代理的规定,撤销其所为的法律行为。表见代理制度的目的,在于保护善意相对人,当相对人主张代理行为有效时,被代理人不得主张代理权之不存在而与之对抗。因此,被代理人不得基于表见代理而对相对人主张代理之效果。被代理人如欲代理行为有效,仍须依无权代理的规定、对于无权代理人的代理行为进行追认。

(三) 表见代理的后果归属

表见代理的后果应归本人承受,其内容是对善意且无过失的第三人履行代理行为所生的义务和享有代理行为所生的权利。当然,如果被代理人因此而蒙受损失,他可根据无权代理人过错的大小请求其补救或追偿。构成表见代理的,善意相对人能否根据《合同法》第48条的规定主张权利,即主张适用狭义无权代理的规定呢?对此问题,理论上认识不一,立法上也不完全一致。

一种观点认为,表见代理的后果对于第三人来说,应视为与有权代理相同,后果归属于被代理人,被代理人及第三人不能提出其他主张,大陆法系各国或地区民法典均采取此种观点,《民法总则》第172条中亦如此规定;另一种观点认为,表见代理究其实质仍为无权代理,应适用民法关于无权代理的规定,在被代理人承认其效力之前,第三人可以撤销,目前绝大多数国家或地区的票据法及有关国际条约采用此种观点。采第一种观点的立法根据并非完全反映客观情况,也不一定就有利于保护无过错的第三人的合法权益,因为无权代理人的履行能力或财产状况有时可能比被代理人还要好。笔者认为第二种观点更为合理，在规定构成表见代理时，善意相对人既可主张狭义的无权代理，适用《合同法》第48条的规定，也可以主张成立表见代理，其代理行为对被代理人直接发生效力。但二者只得选择其一，不得同时主张。

第十二章 时效与期间

第一节 时间在民法上的意义

时间不仅是法律关系的存在形式,也是重要的法律事实,民法上涉及时间的规定非常复杂和繁多,如自然人的出生时间、死亡时间、法人设立和终止时间、失踪时间、未成年期和成年时间、法定婚龄、除斥期间、时效期间、附期限的民事法律行为,等等。许多私法上的法律效果,都与时间的经过有关。时间可以引起某些法律关系的设立和终止,能够使一定的民事权利和义务产生或终止。① 时间在民法上的法律意义有如下几点。

(1) 时间决定民事主体的民事权利能力和民事行为能力。例如,按照《民法总则》第13条规定,自然人出生之日,为其享有法定民事权利能力之始;智力与精神健全的自然人年满18周岁之日,为其完全民事权利能力取得之始(第17条、第18条);自然人死亡之日,为其民事权利能力和民事行为能力消灭之时(第13条)。同样地,法人成立之日,为其享有民事权利能力和民事行为能力之时;法人注销之日,为其民事权利能力和民事行为能力消灭之时(第59条)。

(2) 时间决定权利的取得、存续和丧失。所谓时间决定权利的取得,如取得时效期间届满,可发生取得他人财产所有权的结果。所谓时间决定权利的丧失,如除斥期间届满,可发生形成权消灭的效果。所谓时间决定着权利的存续,因领域不同而有不一的表现形式。② 例如,在物权领域,土地承包

---

① 黄立:《民法总则》,中国政法大学出版社2002年版,第443页。
② 崔建远等:《民法总论》,清华大学出版社2010年版,第186-187页。

经营权、建设用地使用权、海域使用权、地役权、探矿权、采矿权、取水权、养殖权、捕捞权、出让建设用地上的建筑物、构筑物及其附属设施的所有权等，均有存续期间。抵押权、质权和留置权亦有存续期间，但并非整齐划一，且伴随着被担保债权的始终。撤销权、解除权、追认权等形成权更须有存续期间，以免法律秩序时常动荡不安。债权本身含有死亡的基因，仅在一定期间存续，毋庸置疑。但其存续期间的确定较为特殊，有些取决于法律行为的存续期间，有些受制于履行期间，在下文分别讨论。

（3）时间决定权利的行使和义务的履行。国家通过立法的方式对民事权利的内容和行使予以时间的限制，[①] 就物权、人身权、知识产权的本体而言，权利的存续期间即为权利的行使期间。但物权请求权、人身权请求权的行使期间，不但受制于权利的存续期间，而且受权利失效期间等因素的限制。债权的行使期间，首先受债务履行期的制约，还受终期、附解除条件等制度的影响，在债务因债务不履行而转化为损害赔偿请求权等救济权的场合，诉讼时效制度便粉墨登场。抗辩权的行使期间，由抗辩权所在法律关系的存续期间、债务履行期届满或届至等因素综合决定。法律关系不复存在，则抗辩权便归于消灭。有些情况下，债务履行期届至，抗辩权可以行使；有些情况下，债务履行期届满，抗辩权才可以行使。对同时履行抗辩权、先履行抗辩权而言，若一律将债务履行期届至作为抗辩权行使的时间，就会出现不适当的结果。例如，甲乙约定，甲交付标的物的期间为2017年2月2日至3月3日，乙付清货款的期间为2017年2月20日。按照"清偿期届至"说，甲为先履行的一方，乙为后履行的一方。甲在2017年3月3日之间拒绝乙的清偿请求，都不构成违法。而乙于2017年2月21日拒绝甲的清偿请求，恰恰构成违约。于此场合，甲应先履行抗辩权，即使在2017年2月21日之后，也有权援用先履行抗辩权，拒绝乙的清偿请求，而乙则无同时履行抗辩权、先履行抗辩权。可是，按照已届清偿期为清偿期届至的观点，在2017年2月20日，甲和乙都有同时履行抗辩权；在2017年2月21日以后，甲有同时履行抗辩权，乙有无同时履行抗辩权，依据清偿期届至说推理，应做肯定的回答。

---

① 杨巍：《民事权利时间限制研究》，武汉大学出版社2011年版，第16页。

但这颠倒了是非，实在不可取。在笔者看来，采取清偿期届满说予以界定，最为合理，如此，乙就应为先履行的一方，甲为后履行的一方。在 2017 年 3 月 3 日之前，甲都有权行使清偿期尚未届满的抗辩权，在 2017 年 2 月 21 日及其以后，甲也享有先履行抗辩权。乙在 2017 年 2 月 2 日至 2 月 20 日期间，有权请求甲交付标的物，但甲有权援用清偿期尚未届满的抗辩权予以拒绝；乙在 2017 年 2 月 21 日及其以后，只要自己尚未清偿，就不享有同时履行抗辩权。

（4）时间决定一些重要的法律事实。例如，自然人下落不明只有达到一定期间可申请宣告其为失踪或死亡（《民法总则》第 40 条、第 46 条）；对于货物买卖在指定期间或者合理期间内没有提出异议，无论事实上有无瑕疵，该笔货物在法律上则无论质量还是数量都是毫无瑕疵的。

（5）时间决定法律关系由不确定到确定。例如，在狭义的无权代理场合，经相对人的催告，被代理人于一个月内未做表示的，该法律关系确定地发生于相对人和无权代理人之间（《合同法》第 48 条第 2 款）。

（6）时间决定着法律行为的存续。有些合同、遗嘱约定有自己的存续期间。该期间届满，合同或遗嘱便归于消灭。这种存续期间的意义之一在于，债权的存续受制于法律行为的存续期限。例如，甲公司和美国的乙公司于 2015 年 2 月 3 日签订购买美国产大豆 20 吨的合同，约定乙公司于 2016 年 11 月 5 日在天津港交货，合同自签订之日起存续期间为 2 年。乙公司迟至 2017 年 2 月 3 日仍未交货，该合同归于消灭，交付美国产大豆 20 吨的债务随之当然消灭，乙公司没有依约交货若因可归责于自己的原因，可产生违约责任，包括继续履行的责任。

法律行为的存续期间，在继续性合同中最有价值，存续期限越长，继续性合同项下的权利义务在量的方面就越增加，在对价一定的前提下，当事人应当力争约定较长的存续期限。在非继续性合同场合，合同的存续期限所起的作用有限。例如，在 2016 年 3 月 2 日签订的某汽车销售合同中，约定 2016 年 5 月 10 日交付汽车，2016 年 4 月 20 日付清全部车款，合同存续到 2016 年 12 月 1 日。该存续期限的积极价值就不明显，即使出卖人一直到 2016 年 12 月 2 日也未交付汽车，也不影响买受人追究违约责任，该违约责任自 2016 年

5月11日就成立了，双方当事人之间存在违约责任关系，该既存的法律关系不会因汽车销售合同于2016年12月2日的消失而化为乌有，而是替代汽车销售合同拘束着该双方当事人。

即便如此，也不得否认合同的存续期限在非继续合同中的意义。①在特定物买卖等合同中，由于不可抗力等客观原因造成不能履行，并且该状态一直持续到该合同的存续期限届满，那么，该合同关系归于消灭，且不产生违约责任。与此不同，在该合同的存续期限尚未届满的情况下，不可抗力等客观原因消灭，债务人可以履行合同义务了，却不履行，则成立违约责任。②在合同附停止条件、附始期的情况下，一直到该合同的存续期限届满，停止条件也未成就，或始期没有届至，则该合同归于消灭，也不成立违约责任。与此不同，在该合同的存续期尚未届满的情况下，所附停止条件成就或始期届至，债务人有义务开始履行期债务，若不履行，则成立违约责任。

第二节 期　　限

一、期限的概念和种类

任何民事法律关系的设立、变更和终止都在一定的时间内进行。期限是指民事法律关系设立、变更和终止的时间，分为期间和期日。《民法总则》将期日合并入期间之中，且于第200条以下就其计算设有规定。考虑到把期日和期间分开使用更为清晰和便捷，本书仍然分别介绍期日和期间。

期间是指从时间的某一特定的点到另一特定的点所经过的时间，是时间段。例如，2016年1月1日至2016年11月5日，自2017年3月3日起3个月，2017年2月28日起前3周，均为期间。

期日是指时间的某一特定的不可分割的时间，为时点。诸如2017年3月18日、2017年4月5日上午11：00、2017年5月2日上午10：35、A公路通车之日、B工程竣工验收之日、债权人请求债务人清偿之日等，均为期日。

期限可以由法律规定，也可以由人民法院裁判确定，还可以由法律关系的双方当事人约定。其中，人民法院的指定和当事人的约定，不得改变法定期限。无论采用什么期限，一旦确定下来，对双方都具有法律约束力，当事人任何一方不得擅自变更。

二、期限的确定和计算

（一）期限的确定

期限的确定，一般有以下几种方式：①规定一定的期日；②规定一定的期间；③规定未来某一特定的时间；④规定以当事人提出请求的时间为期限。

（二）期间的计算

期间的计算方式分为自然计算方式和历法计算方法。

所谓自然计算方式，是指自一时点至另一时点的实际时间的精确计算的方法。所称一时，是指60分钟。所称一日，是指24小时。所称一星期（周），是指7日。所称一月，是指30日。所称一年，是指365日。例如，2016年3月18日至2017年3月17日。

历法计算方法，是按照国家法律规定的历法而为计算时间的方法。所称一日，是指零时至24点。所称一月，是指1月1日至1月月末。所称一年，是指1月1日至12月月末。

历法计算方法较为简单，但不尽精确，自然计算方法虽较精确，但不够简单，《民法总则》兼采二者。个案中究竟采取的是哪些方法，需要根据具体情况而做决定。

关于期间的起算点，依照《民法总则》第201条规定，期间按照小时计算的，自法律规定或者当事人规定的时间开始计算。其中，以规定时为起点，经过规定期间所达到的时间为届点。如租用相机3小时，自8时开始起算，经过3小时，达到11时，则11时为届满点。按照年、月、日计算期间的，开始的当日不计入，自下一日开始计算，到期间最后一日的第24小时。

关于期间的终止点，《民法总则》第202条规定，按照年、月计算期间的，到期月的对应日为期间的最后一日；没有对应日的，月末日为期间的最后一日。《民法总则》第203条规定，期间的最后一日是法定休假日的，以法定休假日结束的次日为期间的最后一日；期间的最后一日的截止时间为二十四时；有业务时间的，停止业务活动的时间为截止时间。

关于本数的地位，《民法总则》第 205 条规定，在期限的计算中，有"以上、以下、以内、届满"用语的，均包括本数；有"不满、超过、以外"用语的，均不包括本数。当事人对期间的时间有预定的，从其约定（《民法总则》第 204 条）。

期间可分为以下几类：①法定期间，是指法律直接规定的期间，如法定的消灭时效期间、除斥期间。②指定期间，是指由人民法院或仲裁机关确定的期间，如人民法院的判决书或仲裁机关的判决书确定的债务人履行义务的期间。③约定期间，是指由当事人自由约定的期间，如合同约定的债务人履行债务的期间。

（三）期日的计算

期日的计算比较简单，一般以法定期日、指定期日和约定期日为准。我国《民法总则》只规定了期间，未规定期日，但期日在民法上也有其重要意义。如果当事人以期日作为应当为某行为的时间或法律行为生效或效力终止的时间，则该期日的到来，即发生相应的法律效果。另外，期日是期间计算（确定）的起点或终点，是期间赖以存在的前提。期日同样可分为法定期日、指定期日和约定期日。

第三节　诉讼时效

一、时效制度概说

（一）时效的概念、种类和性质

1. 时效的概念

通说认为，民事时效是指一定的事实状态持续地经过法定期间，即产生一定民事法律后果的民事法律制度。①

时效由下列三要素构成：①一定事实状态的存在，所谓的事实状态是指占有财产或者不行使权利等客观情况；②该事实状态持续达到法定期间，即占有财产或者不行使权利等客观情况无间断地经过法定期间；③发生一定的法律后果，即引起民事权利义务关系的变化，当事人或取得权利，或丧失权利，或其权利丧失法律保护，或权利的内容发生变化。由此可见，时效是引起民事法律关系发生变化的客观现象，乃是民事法律事实制度的重要组成部分。

2. 时效的种类

（1）取得时效和消灭时效。依照民事时效的前提条件和法律后果不同，民事时效可以分为取得实效和消灭时效。取得时效是指占有他人财产，持续达到法定期限，即可依法取得该项财产权的时效。取得时效因事实状态必须占有他人财产，故又称"占有时效"。消灭时效是指因不行使权利的事实状态持续经过法定期间，即依法发生权利消灭或权利不受法律保护后果的时效。我国民法未规定取得时效制度，只存在消灭时效的相关概念，我国民法仿效苏联民法典，沿用了"诉讼时效"的称谓。②

（2）普通时效与特殊时效。依照民事时效适用的对象不同，民事时效可以分为普通时效和特殊时效。对于一般民事法律关系都可适用的时效为普通时效，对于特殊法律关系才能适用的时效为特殊时效。

时效作为特定民事法律关系设立、变更和终止的事由，属于民事法律事实。时效以特定行为状态的持续存在为内容，与当事人意思表示无关；同时与事件也不同，因为事件往往是指一定客观状态的发生，而时效往往是一种客观状态的持续；固时效既不属于行为，也不属于事件，而属于与行为和时

---

① 参见史尚宽：《民法总论》，中国政法大学出版社2000年版，第620页；郑玉波：《民法总则》，中国政法大学出版社2003年版，第488页；施启扬：《民法总论》，中国法制出版社2010年版，第326页；王利明：《民法总则研究》，中国人民大学出版社2012年版，第715页；魏振瀛主编：《民法》，北京大学出版社、高等教育出版社2010年版，第190页；屈茂辉主编：《中国民法》，法律出版社2014年版，第217页。

② 《法学研究》编辑部：《新中国民法学研究综述》，中国社会科学出版社1990年版，第189页。不过遗憾的是，《物权法》并没有规定取得时效，这实为其规定的不足。

间共同构成民事法律事实三大组成部分之状态的持续。

3. 时效种类的立法体例

关于时效种类的立法体例存在两种主义：①统一立法主义。法国、日本等国民法采用统一立法主义的主张，将取得时效和消灭时效统一规定。例如，《法国民法典》在第三编取得财产的各种方法中专设第二十章，统一规定取得时效和消灭时效。《日本民法典》在第一编总则中设时效于第六章，共分三节：第一节为时效通则，第二节为取得时效，第三节为消灭时效。②分别立法主义。德国和我国台湾地区民法采用此主张。在《德国民法典》第一编总则中，设消灭时效于第五章；另在第三编物权的第三章中，规定取得时效。

我国现行立法中没有规定取得时效。经过几十年的论争，我国学者现在已普遍赞同在物权法中规定取得时效。① 可以预见，我国未来民法典关于时效制度采取的是分别立法主义。

（二）时效制度存在的理由

时效制度是一项古老的制度。它起源于罗马法的《十二铜表法》，经过两千多年的发展，已为现代各国民法所接受，它长久存在的理由主要有如下几点。

（1）尊重长期存在的事实状态，并使之合法化，尽早结束权利不确定的状态，有利于稳定以该事实状态为前提而构筑起来的社会关系和法律关系，保障交易安全。②

（2）消灭时效使未履行债务的债务人免除债务履行义务，取得时效使真正的所有者丧失所有权，时效制度使事实状态的受益者避免了道德的谴责。所以，时效制度的存在可以督促当事人及时行使权利，以免因证据灭失而不利于当事人举证和法庭调查。

（3）权利上的沉睡者，不值得保护。时效制度的存在，使权属明确、物尽其用、货畅其流，增进了物的效用，有利于促进市场经济的发展。

---

① 关于取得时效的论争，参见《法学研究》编辑部：《新中国民法学研究综述》，中国社会科学出版社1990年版，第186–189页；刘心武主编：《中国民法学研究评述》，中国政法大学出版社1996年版，第275–281页。

② 李群星：《法律与道德的冲突——民事时效制度专论》，法律出版社2011年版，第14页。

二、诉讼时效的概念与种类

（一）诉讼时效的概念与特征

诉讼时效是指权利人在法定期间内不行使权利即丧失请求人民法院保护其民事权利的权利的法律制度。

此处所称之法定期间，即为诉讼时效期间。在此期间内，债权人可以向债务人主张其权利，超出此期间，债务人即可以时效届满而抗辩，在《民法总则》上是胜诉权消灭（如第188条），在《最高人民法院关于审理民事案件适用诉讼时效制度若干问题的规定》（以下简称为法释〔2008〕11号）上是抗辩权产生（如第1条）。在德国、日本以及我国台湾地区与其对应的制度称为消灭时效，其法律效果为期间经过权利的消灭。我国的诉讼时效制度较好地平衡了当事人的利益，具有以下特点。

1. 诉讼时效是民事法律事实

诉讼时效的经过会导致民事法律关系的变动，因而在性质上诉讼时效属于民事法律事实之一种。在民事法律事实的分类中，诉讼时效既不属于行为，也不属于事件，而是属于状态的持续。

2. 诉讼时效制度具有强制性

法律赋予诉讼时效以法律警察性质的宗旨，即要求债权人为公共利益做出牺牲。[①] 由此决定，诉讼时效的规定属于强制性规定，当事人不得以协议排除其适用，在中国也不得以协议变更法律关于诉讼时效的规定，包括当事人不得约定延长或缩短诉讼时效期间，不得约定诉讼时效中止、中断的事由。当事人违反法律规定，约定延长或缩短诉讼时效期间、预先放弃诉讼时效利益的，人民法官不予认可（法释〔2008〕11号第2条）。

3. 法官不得主动援引

诉讼时效制度的主要目的在于督促债权人在诉讼时效期间内行使权利，超出这一期间债务人就取得了时效届满而拒绝履行的抗辩权。此一抗辩权作为私权之一种，是否行使自然取决于债务人自己，其既可以行使，亦可以放

---

① 〔德〕梅迪库斯：《德国民法总论》，邵建东译，法律出版社2000年版，第93页。

弃。故而，人民法院在审理民事案件时，没有义务审查待决案件是否已经超出诉讼时效，人民法院不得主动适用诉讼时效的规定。

（二）诉讼时效的种类

诉讼时效一般分为普通诉讼时效和特别诉讼时效。

1. 普通诉讼时效期间

普通诉讼时效期间又称一般诉讼时效期间，是指在一般情况下普遍使用的诉讼时效期间。《民法总则》第188条规定："向人民法院请求保护民事权利的诉讼时效期间为三年。法律另有规定的，依照其规定。"3年的诉讼时效即普通诉讼时效。

2. 特殊诉讼时效期间

特殊诉讼时效期间又称特别诉讼时效期间，是指法律规定的仅适用于某些特殊民事关系的诉讼时效期间。对某特殊的民事法律关系，只要法律有特殊诉讼时效期间规定，就应当首先适用，而不得优先适用普通诉讼时效期间的规定。

我国民事立法对特殊诉讼时效期间的规定有以下五类：①90天的时效期间。《中华人民共和国海商法》第257条第1款后段规定，就海上货物运输向承运人要求赔偿的场合，在时效期间内或时效期间届满后，被认定为负有责任的人向第三人提起追偿请求的，时效期间为90日。②180天的诉讼时效期间。《铁路货物运输合同实施细则》第22条第1款规定，承运人同托运人或收货人相互间要求赔偿或退补费用的时效期间为180天。《航空货物运输合同实施细则》第25条、《公路货物运输合同实施细则》第20条、《水路货物运输合同实施细则》第31条第1款都规定了180天的诉讼时效期间。③1年诉讼时效期间。《中华人民共和国海商法》第257条第1款规定，就海上货物运输向承运人要求赔偿的请求权，时效期间为1年。第260条规定，有关海上拖航合同的请求权，时效期间为1年。④4年诉讼时效期间。《合同法》第129条前段规定，因国际货物买卖合同和技术进出口合同争议提起诉讼或申请仲裁的期限为4年。⑤5年诉讼时效期间。《中华人民共和国保险法》第26条第2款规定，人寿保险的被保险人或受益人向保险人请求给付保险金的诉讼时效期间为 5 年。①

《民法总则》第 188 条规定："诉讼时效期间自权利人知道或者应当知道权利受到损害以及义务人之日起计算。法律另有规定的，依照其规定。但是自权利受到损害之日起超过二十年的，人民法院不予保护；有特殊情况的，人民法院可以根据权利人的申请决定延长。"20 年的诉讼时效期间为一种长期诉讼时效期间。与此类似的有，《中华人民共和国海商法》第 265 条规定，有关船舶发生油污损害的请求权在任何情况下时效期间不得超过从造成损害的事故发生之日起 6 年。

对于《民法总则》第 188 条规定的 20 年期间，多数说认为是最长诉讼时效期间②，少数说主张为除斥期间③，新说则采取权利最长保护期间的看法。④

诉讼时效的期间、计算方法以及中止、中断的事由由法律规定，当事人约定无效。当事人对诉讼时效利益的预先放弃无效。

三、诉讼时效的起算

根据《民法总则》第 188 条的规定，诉讼时效期间从权利人知道或应当知道权利受到损害以及义务人之日起计算。权利人知道或应当知道自己的权利遭到侵害，这是请求法院保护其权利的基础，从这一时间点开始计算诉讼时效期间，符合诉讼时效作为权利人请求法院保护权利的法定期间的本旨。知道权利遭受了侵害，指权利人现实地于主观上已明了其权利被侵害的事实的发生；应当知道权利遭受了侵害，指权利人尽管于主观上不知道其权利已

---

① 许多的立法例规定的一般时效期间较长，而特殊时效期间则较短。但在我国现行法上则不存在这样的规模和模式，有相当数量的特殊诉讼时效期间长于普通诉讼时效期间。

② 金平主编：《民法学教程》，内蒙古大学出版社 1987 年版，第 152 页；陈国柱主编：《民法学》，吉林大学出版社 1987 年版，第 120 页；李由义：《民法学》，北京大学出版社 1988 年版，第 162 页；寇志新总编：《民法学》，陕西人民出版社 1998 年版，第 269 页；王利明：《民法总则研究》，中国人民大学出版社 2003 年版，第 725－726 页；魏振瀛主编：《民法》，北京大学出版社 2007 年版，第 198 页；梁慧星：《民法总论（第三版）》，法律出版社 2007 年版，第 246－247 页。

③ 马原主编：《中国民法教程》，人民法院出版社 1989 年版，第 198 页；佟柔主编：《中国民法学·民法总则》，中国人民公安大学出版社 1990 年版，第 321 页。

④ 郭明瑞、房绍坤、唐广良：《民商法原理（一）·民商法总论·人身权法》，中国人民大学出版社 1999 年版，第 329 页；王利明主编：《民法》，中国人民大学出版社 2006 年版，第 193 页。

被侵害的事实，但他对权利被侵害的不知情，是出于对自己的权利未尽必要注意的原因。

我国《最高人民法院关于审理民事案件适用诉讼时效制度若干问题的规定》规定了几种特殊请求权时效期间的起算问题，主要有如下几种。

（1）分期履行之债权的诉讼时效起算。当事人约定同一债务分期履行的，诉讼时效期间从最后一期履行期限届满之日起计算。

（2）未约定履行期的债权的诉讼时效起算。未约定履行期限的合同，依照《合同法》第61、62条的规定，可以确定履行期限的，诉讼时效期间从履行期限届满之日起计算；不能确定履行期限的，诉讼时效期从债权人要求债务人履行义务的宽限期届满之日起计算，但债务人在债权人第一次向其主张权利之时明确表示不履行义务的，诉讼时效期间从债务人明确表示不履行义务之日起计算。（《最高人民法院关于审理民事案件适用诉讼时效制度若干问题的规定》第6条）

所谓可以确定履行期限的，包括以下情形：①依据交易习惯可以确定履行期。例如，甲向乙糕点店订购月饼，明确指出要用于中秋节赏月，但未明确交付月饼的时间。于此场合，依据该合同的目的和生活习惯，应认定交付月饼的最后日期为中秋节白天。如果糕点店未于中秋节白天以及之前交付月饼，那么，诉讼时效期间自农历八月十六起算。②债务人主动提出履行，且双方定有固定期间的，该期间届满时债务人却未履行的，诉讼时效自该期限届满的次日起计算。③当事人协商一致，约定一个明确的履行期限或期日的，债务人于该期限或期日届满未履行债务的，诉讼时效自该期限届满的次日起算。如果协商不成，任何一方提出了一个合理的履行期间场合，诉讼时效期间自该合理期间届满时开始起算。④债权人向债务人主张一次，债务人当即明确拒绝，而该拒绝含有将来也不履行债务的意思，那么，债务人的该拒绝行为构成拒绝履行，诉讼时效期间应从该拒绝之日的次日起算，而不论债权人是否规定有宽限期以及该期限是否已经届满。⑤在债权人向债务人主张履行债务，债务人未明确拒绝的情况下，双方预定有履行债务的宽限期，不论该期限是期日还是期间，那么，在该期日或期间届满时无论债务人是否明确拒绝履行债务，只要在客观上债务人不履行，诉讼时效自该期间届满的次日起算。①

(3) 合同撤销后的返还财产和损害赔偿请求权的诉讼时效起算。合同被撤销,返还财产、赔偿损失请求权的诉讼时效期间从合同被撤销之日起计算。(《最高人民法院关于审理民事案件适用诉讼时效制度若干问题的规定》第 7 条第 3 款)

(4) 不当得利返还请求权的诉讼时效起算。返还不当得利请求权的诉讼时效期间,从当事人一方知道或应当知道不当得利事实及对方当事人之日起计算。(《最高人民法院关于审理民事案件适用诉讼时效制度若干问题的规定》第 8 条)

(5) 无因管理所生债权请求权的诉讼时效起算。管理人因无因管理行为产生的给付必要管理费用、赔偿损失请求权的诉讼时效期间,从无因管理行为结束并且管理人知道或者应当知道本人之日起计算。本人因不当无因管理行为产生的赔偿损失请求权的诉讼时效期间,从其知道或者应当知道管理人及损害事实之日起计算。(《最高人民法院关于审理民事案件适用诉讼时效制度若干问题的规定》第 9 条)

(6) 附条件的债权请求权的诉讼时效起算。附条件的债权请求权,该条件成就仅仅使法律行为生效,但债务履行期尚未届至的,诉讼时效期间不开始起算,只有待债务履行期届满时债务人仍未履行债务的,诉讼时效期间自次日开始起算;该条件成就时不仅使法律行为开始生效,而且债务的履行期也已经届满的,诉讼时效期间自该条件成就的次日开始起算;该条件成就时,法律行为开始生效且履行期也届至,但未届满的,诉讼时效期间则非自条件成就时起算,而是自履行期届满的次日起算。

(7) 附期限的债权请求权的诉讼时效起算。附期限的债权请求权,该期限的届至仅仅使法律行为生效,但债务履行期尚未届至的,诉讼时效期间不开始起算,只有待债务履行期届满时债务人仍未履行债务的,诉讼时效期间自次日开始起算;该期限届至时不仅法律行为开始生效,而且债务履行期届满的,诉讼时效期间自该期限届至的次日开始起算;该期限届至时,法律行

---

① 崔建远:"无履行期限的债务与诉讼时效",载《人民法院报》2003 年 5 月 30 日,第 3 版。

为开始生效且债务履行期也届至,但未届满的,诉讼时效期间则非自该期限届至时起算,而是自债务的履行期届满的次日起算。

(8) 不登记物权场合的物的返还请求权的诉讼时效起算。有学说和司法解释认为适用诉讼时效的规定。若采纳这种意见,则物的返还请求权的诉讼时效期间的起算点应为,无权占有成立且物权人请求无权占有人返还而无权占有人拒不返还之时。

同理,占有人返还请求权的诉讼时效期间的起算点应为,无权占有成立且占有人请求无权占有人返还而无权占有人拒不返还之时。

(9) 无民事行为能力和限制行为能力人维权的诉讼时效起算。我国《民法总则》规定,无民事行为能力人或者限制民事行为能力人对其法定代理人的请求权的诉讼时效期间,自该法定代理终止之日起计算。未成年人遭受性侵害的损害赔偿请求权的诉讼时效期间,自受害人年满18周岁之日起计算。

四、诉讼时效期间的中止、中断和延长

(一) 诉讼时效的中止

(1) 诉讼时效期间的中止,又称诉讼时效期间不完成,指在诉讼时效期间进行中,因发生一定的法定事由使权利人不能行使权利请求权,暂时停止计算诉讼时效期间,待阻碍时效期间进行的法定事由消除后,继续诉讼时效期间的计算。诉讼时效制度的目的,在于使不行使权利者承担不利后果。但权利人不行使权利并非出于怠惰,而是因为不得已的事由时,使权利人承担与怠于行使权利者同样的不利后果,未免有失公允。因此,时效立法中设立了中止制度,以求平衡。

(2) 诉讼时效中止的法定事由。依《民法总则》第194条的规定,在诉讼时效期间的最后6个月内,因下列障碍,不能行使请求权的,诉讼时效中止:①不可抗力;②无民事行为能力人或者限制民事行为能力人没有法定代理人,或者法定代理人死亡、丧失民事行为能力、丧失代理权;③继承开始后未确定继承人或者遗产管理人;④权利人被义务人或者其他人控制;⑤其他导致权利人不能行使请求权的障碍。自中止时效的原因消除之日起满6个

月，诉讼时效期间届满。

此处所谓"不可抗力"，依《民法总则》第 180 条，是指"不能预见、不能避免且不能克服的客观情况"。德国的民法判例和学说区分损害赔偿法中的不可抗力与消灭时效法中的不可抗力，认为消灭时效法中的不可抗力，是指任何一种请求权人要回避其影响的事件，如重病、意外事故或一个事先无法预见的交通中断等。这种事件使权利人即使通过最大的、竭尽全力的努力也不能进行权利追诉。这里的不可抗力，不一定要求是"来自外部"的事件，并且，请求权人的很少过失就排除了不可抗力。[①] 这更为合理，值得重视。

对于所谓"其他导致权利人不能行使请求权的障碍"，有学说认为，可有如下情形：①当事人双方有婚姻关系，夫对于妻或妻对于夫，其形式权利不困难，但因相互信赖以至对权利行使多不计较，基于伦理的考虑，有学说认为婚姻关系的持续为诉讼时效期间中止的事由。②当事人之间有法定代理人关系。监护人为被监护人的法定代理人，监护人对被监护人的权利通常因法定代理关系的存在而不能实现，故有学者认为当事人之间有法定代理关系的，也是一种诉讼时效期间中止的事由。[②]

（3）诉讼时效可以中止的时间。关于诉讼时效期间何时才能发生中止的效果，或者说中止事由存在于什么时间段才发生诉讼期间中止的效果，立法例大致有两种模式：一种是在时效进行中的任何时间都可发生时效中止，如《法国民法典》；另一种是只有法定事由存在于时效期间的最后一定期限内才发生时效的中止，如《俄罗斯民法典》。《民法总则》采用了后一种模式，依《民法总则》第 194 条的规定，诉讼时效期间可以中止的时间，为诉讼时效期间的最后 6 个月内。在时效期间最后 6 个月前的期间内发生法定中止事由的，并不能使诉讼时效期间中止，因为权利人还有足够的时间行使权利。只有中止事由发生于期间的最后 6 个月时，才可使诉讼时效中止。因为此时发

[①] 参见《德国联邦最高法院民事裁判集》第 70 卷第 235、239 页和第 17 卷第 199、201、205 页相关论述；转引自〔德〕拉伦茨：《德国民法通论（上册）》，王晓晔、邵建功、陈建英等译，法律出版社 2003 年版，第 342－343 页。

[②] 魏振瀛主编：《民法》，北京大学出版社 2007 年版，第 200 页。

生中止事由,可能导致权利人无足够的时间行使权利。

(4) 诉讼时效期间中止的法律后果。诉讼时效期间中止后,中止的期间不计入时效期间内。待中止事由消除之日起满 6 个月,诉讼时效期间届满。

(二) 诉讼时效期间的中断

诉讼时效期间中断,是指在诉讼时效进行期间,因发生一定的法定事由,已经经过的时效期间统归无效,待时效期间中断的事由消除后,诉讼时效期间重新计算。

依据《民法总则》第 195 条规定,有下列情形之一的,诉讼时效中断,从中断、有关程序终结时起,诉讼时效期间重新计算:①权利人向义务人提出履行请求;②义务人同意履行义务;③权利人提起诉讼或者申请仲裁;④与提起诉讼或者申请仲裁具有同等效力的其他情形。

1. 权利人向义务人提出履行请求

权利人向义务人明确提出履行义务的请求,客观上改变了权利不行使的事实状态,以使诉讼时效中断(《最高人民法院关于审理民事案件适用诉讼时效制度若干问题的规定》第 10 条)。一般而言,权利人向义务人提出履行请求,义务人不履行,当事人才会通过诉讼方式解决。因此,权利人向义务人主张权利是引起诉讼时效中断的最常见原因。需要注意的是,权利人向义务人提出请求时,应采取书面或其他有证明的方式进行,以避免因证据不足而使诉讼时效中断不被认可的情况发生。即只有符合法律要求的"提出请求",才能引起诉讼时效的中断后果。①

依据《最高人民法院关于审理民事案件适用诉讼时效制度若干问题的规定》第 10 条的规定,《民法通则》第 140 条"当事人一方提出要求"指代以下情形:①当事人一方直接向对方当事人送交主张权利文书,对方当事人在文书上签字、盖章或者虽未签字、盖章但能够以其他方式证明该文书到达对方当事人的;②当事人一方以发送信件或者数据电文方式主张权利,信件或者数据电文到达或者应当到达对方当事人的;③当事人一方为金融机构,依照法律规定或者当事人约定从对方当事人账户中扣收欠款本息的;④当事人

---

① 梁书文主编:《民法通则贯彻意见诠释》,中国法制出版社 2001 年版,第 147-148 页。

一方下落不明，对方当事人在国家级或者下落不明的当事人一方住所地的省级有影响的媒体上刊登具有主张权利内容的公告的，但法律和司法解释另有特别规定的，适用其规定。

2. 义务人同意履行义务

这是义务人通过一定的方式向权利人做出愿意履行义务的意思表示。义务人做出该承认行为，意味着对权利人权利存在的认可，该认可行为使当事人之间的权利义务关系得以明确和稳定，因而法律规定义务人同意履行义务为中断诉讼时效的法定事由之一。义务人以口头或书面方式对权利人或其代理人做出通知、请求延期给付、提供担保、支付利息或租金、清偿部分债务等行为，在法律上均构成认可债权人的权利存在。《最高人民法院关于审理民事案件适用诉讼时效制度若干问题的规定》对债务人同意履行的方式予以界定。义务人做出分期履行、部分履行、提供担保、请求延期履行、制定清偿债务计划等承诺或行为的，应当认定为《民法通则》第140条规定的当事人一方"同意履行义务"（《最高人民法院关于审理民事案件适用诉讼时效制度若干问题的规定》第16条）。但是，在诉讼中，义务人为达成调解协议或者和解的目的而为义务承认，其后调解或者和解不成的，该同意不影响有关权利的诉讼时效。[①]

3. 权利人提起诉讼或者申请仲裁

权利人向人民法院提交起诉状或者口头起诉的，诉讼时效从提交起诉状或者口头起诉之日起中断（《最高人民法院关于审理民事案件适用诉讼时效制度若干问题的规定》第12条）。故只要其向法院提交起诉材料或者口头起诉，就应认定为诉讼时效的中断事由，而无须等待法院受理。[②] 起诉的性质为权利人的主张权利保护的行为。基于这种性质，应对提起诉讼做扩张解释，使其不仅包括权利人向法院起诉的行为，而且包括权利人具有同样性质的其他行为，如向有关行政机关提出保护权利的请求、向法院申请强制执行、依督促程序向法院申请支付令、向仲裁机构申请仲裁、向人民调解委员会请求

[①] 梁展欣主编：《诉讼时效司法实务精义》，人民法院出版社2010年版，第120页。

[②] 张雪梅："诉讼时效司法解释所涉主要问题论析"，见王利明主编：《判解研究（2008年第5辑）》，人民法院出版社2009年版，第19页。

调解等。但权利人起诉后又自行撤诉，或因起诉不合法被法院依法驳回的，不构成提起诉讼，不能使诉讼时效中断。起诉表明权利人正在积极地行使自己的权利，使诉讼时效失去适用的理由，因而使诉讼时效中断。

另外，《最高人民法院关于审理民事案件适用诉讼时效制度若干问题的规定》第13、14、15条规定了与提起诉讼具有同等诉讼时效中断的效力的行为：①申请仲裁；②申请支付令；③申请破产、申报破产债权；④为主张权利而申请宣告义务人失踪或死亡；⑤申请诉前财产保全、诉前临时禁令等诉前措施；⑥申请强制执行；⑦申请追加当事人或被通知参加诉讼；⑧在诉讼中主张抵销；⑨权利人向人民调解委员会以及其他依法有权解决有关民事纠纷的国家机关、事业单位、社会团体等社会组织提出保护相应民事权利的请求；⑩权利人向公安机关、人民检察院、人民法院报案或者控告，请求保护其民事权利的。

（三）诉讼时效的中止与中断的区别

（1）发生的事由不同。诉讼时效中止的法定事由出自当事人的主观意志所不能决定的事实，中断的法定事由为当事人的主观意志所能左右的事实。

（2）发生的时间不同。诉讼时效中止只能发生在时效期间届满前的最后6个月内，中断可发生于时效期间内的任何时间内。

（3）法律效果不同。诉讼时效中止的法律后果是不将中止事由发生的时间计入时效期间，中止事由发生前后经过的时效期间合并计算为总的时效期间；而诉讼时效中断的法律效果是于中断事由发生后，已经经过的时效期间全部作废，重新开始计算时效期间。

（四）诉讼时效的延长

诉讼时效的延长是指诉讼时效期间届满以后，权利人基于某种正当的理由，向人民法院提起诉讼时，经人民法院调查确有正当理由而将法定时效期间予以延长。《民法总则》第188条规定："诉讼时效期间自权利人知道或者应当知道权利受到损害以及义务人之日起计算。法律另有规定的，依照其规定。但是自权利受到损害之日起超过二十年的，人民法院不予保护；有特殊情况的，人民法院可以根据权利人的申请决定延长。"可见，诉讼时效的延长发生在诉讼时效期间届满之后。如果权利人未能行使权利是由某种特殊的情况造成的,人民法院可根据具体的情况酌情延长诉讼时效。关于那些情况属于人民法院可以延长诉讼时效的特殊情况,法律未做规定,也难以做出具体规定。司法实践中人民法院应以是否涉及最大利益或是否有重大影响为判断的基本依据。

五、诉讼时效的效力

对于对诉讼时效届满后的法律效果,不同国家有不同的观点,主要有五种主张。

(1) 实体权消灭主义。采此种立法例的,将诉讼时效的效力规定为直接消灭实体权利。[①] 其典型代表为《日本民法典》,该法第167条规定,债权因10年间不行使权利而消灭;债权或所有权以外的财产权,在20年间不行使而消灭。

(2) 诉权消灭主义。该主张由德国学者萨维尼首倡,他认为,诉讼时效完成后,其权利本身仍然存在,仅诉权归于消灭。诉讼时效届满后的权利,因诉权消灭不能请求人民法院为强制执行,称为自然债务。《苏俄民法典》采此立法例,该法第44条曾规定,"超过法律规定的期限(诉讼时效)起诉权就消灭"。

(3) 胜诉权消灭主义。我国学者的主张,《民法总则》即采此种立法例。其根据在于该法第188条:"向人民法院请求保护民事权利的诉讼时效期间为三年。法律另有规定的,依照其规定。"加之该法第192条规定:"诉讼时效期间届满的,义务人可以提出不履行义务的抗辩。诉讼时效期间届满后,义务人同意履行的,不得以诉讼时效期间届满为由抗辩;义务人已自愿履行的,不得请求返还。"这表明诉讼时效期间届满,实体权利本身没有消灭,只是该权利失去了国家强制力的保护,或者说是丧失了胜诉权。此时,义务人自动履行义务的,权利人可以接受。

这种胜诉权消灭主义与前述的诉权消灭主义有何区别?胜诉权消灭以后,

---

① 屈茂辉主编:《中国民法》,法律出版社2014年版,第220页。

实体权利本身并没有消灭，只是该权利失去了国家强制力的保护，而成为一种自然权利。此时，债务人自动履行义务的，权利人可以接受。因为时效毕竟是一种"良心规定"，不履行债务的债务人，尽管时效已经届满，如果认为享受时效利益，于道德、良心不忍，从而放弃时效利益，承认债务的存在或者主动履行债务，应当承认其效力。如果义务人以自己不知道关于诉讼时效的规定为由，向人民法院起诉要求返还，人民法院不予支持。起诉权乃是程序意义上的诉权，时效届满后权利人丧失的是胜诉权而不是起诉权。时效届满，当事人向人民法院起诉时，只有符合《中华人民共和国民事诉讼法》关于起诉的规定，人民法院就应当受理，这样才能查清时效是否届满，是否存在能够引起诉讼时效中止、中断的法定事由，是否有可以延长时效期间的正当理由。所以，《民法总则》的胜诉权消灭主义相比于《苏俄民法典》的诉权消灭主义显然是一个很大的进步。

（4）请求权消灭主义。该说主张时效期间经过，消灭的既不是起诉权，也不是胜诉权，而是请求权。《德国民法典》即采此说。该法第194条第1款规定，请求他人作为或者不作为的权利，因时效而消灭。

（5）抗辩权发生主义。此说由德国学者欧特曼提出，他认为，时效完成后义务人取得拒绝履行的抗辩权。如义务人自动履行，视为放弃抗辩权，该履行行为有效。[①]

对于诉讼时效届满后的法律效果，《民法总则》第192条明确规定："诉讼时效期间届满的，义务人可以提出不履行义务的抗辩。诉讼时效期间届满后，义务人同意履行的，不得以诉讼时效期间届满为由抗辩；义务人已自愿履行的，不得请求返还。"对此，我国绝大多数学者认为现行司法采取胜诉权消灭主义。但是也有一些学者持不同意见，理由是最高人民法院于2017年颁布《最高人民法院关于审理民事案件适用诉讼时效制度若干问题的规定》。其第1条前段明确规定，"当事人可以对债权请求权提出诉讼时效抗辩"，第22条规定："诉讼时效期间届满，当事人一方向当事人作出同意履行义务的意识表示或者自愿履行义务后，又以诉讼时效届满为由进行抗辩的，人民法

[①] 梁慧星：《民法总论》，法律出版社2001年版，第269页。

院不予支持。"该规定第 21 条又规定:"主债务诉讼时效期间届满,保证人享有在债务人的诉讼时效抗辩权。保证人未主张前述诉讼时效抗辩权,承担保证责任后向在债务人行使追偿权的,人民法院不予支持,但主债务人同意给付的情形除外。"综合这些规定,有部分学者认为我国诉讼时效届满后的法律效果实际上采抗辩权发生主义。

六、诉讼时效的适用范围

诉讼时效的适用范围是指依法应当适用诉讼时效的权利的范围。根据《民法总则》的有关规定以及民法原理,诉讼时效的适用范围应当做以下划分。

(一) 适用诉讼时效的请求权

1. 债权请求权

债权请求权包括基于合同债权的请求权,例如,履行请求权、损害赔偿请求权、违约金请求权、利息请求权;基于侵权行为的请求权,主要是损害赔偿请求权;基于无因管理的请求权,包括必要费用请求权、损害赔偿请求权;基于不当得利的请求权,主要是不当得利返还请求权;其他债权请求权,如防卫过当、避险过当的赔偿请求权。

2. 物权请求权

物权请求权即基于物权而发生的请求权。适用诉讼时效的物权请求权包括:返还财产请求权和恢复原状请求权。返还财产请求权又包括返还被非法占有的财产的请求权,返还抵押物、留置物请求权,返还遗失物请求权,以及合同无效或被撤销后的返还请求权。恢复原状请求权,在无法恢复原状时转变为损害赔偿请求权,应当适用诉讼时效。

(二) 不适用诉讼时效的请求权

(1) 物权请求权中的排除妨害请求权、消除危险请求权、所有权确认请求权。

(2) 侵权行为请求权中的停止侵害请求权、排除危险请求权、消除影响请求权。

(3) 基于身份关系的请求权,如抚养费请求权、赡养费请求权、离婚请求权、解除收养关系请求权。

（4）基于财产共有关系的请求权，如分割合伙财产请求权、分割家庭财产请求权。

（5）基于相邻关系的请求权，如停止侵害请求权、排除妨害请求权、损害赔偿请求权。

（6）基于合伙、联营、合资关系的请求权，如收益分配请求权、股息支付请求权。

（7）基于投资关系产生的缴付出资请求权，基于储蓄关系、债券关系的请求权，如存款和利息支取请求权、债券还本付息请求权。[①]

第四节　除斥期间

一、除斥期间的概念

除斥期间，又叫预定期间，或称不变期间，是指权利预定存续的期间。预定期间届满，便发生权利消灭的法律后果。例如，《合同法》第55条第1项规定，具有撤销权的当事人自知道或应当知道撤销事由之日起1年内没有行使撤销权的，撤销权消灭。此处的1年期间，即为除斥期间，而非诉讼时效。

除斥期间是一种法律事实，除斥期间届满，该权利即归因于消灭，或使既有的法律关系变更，或使其消灭，或使其确定为某特定的法律关系。

除斥期间相对于诉讼时效来说，其强制性为弱，因为某些除斥期间允许当事人约定。例如，《合同法》第95条规定，当事人可以约定解除权行使的期限；当事人没有约定，法律也没有规定的，经双方催告后在合理期限内不行使的，解除权消灭。

除斥期间相对于诉讼时效来说，所管辖的权利较为单一、固定，基本上是一种除斥期间对应着一种形成权。

---

① 梁慧星：《民法总论》，法律出版社1996年版，第242－243页。

二、除斥期间的分类

（一）法定除斥期间与约定除斥期间

除斥期间依其产生的基础而分为法定除斥期间和约定除斥期间。所谓法定除斥期间，是指法律明文规定的除斥期间。属于此类的除斥期间，包括《合同法》第55条、第75条等规定的除斥期间。所谓约定除斥期间，是指法律授权当事人约定而产生的除斥期间。属于此类的除斥期间，包括《合同法》第95条规定的除斥期间。

这一分类的法律意义主要在于，诚实守信原则介入的程度不同，在约定的除斥期间不明确或过长的，可依据诚实守信原则等加以限制。例如，《合同法》第95条没有明确解除权行使的期限，当事人也未事先约定的，解除权人在相当长的时期内没有行使解除权的意向和表露，在客观上已使相对人以为解除权不会行使，从而以该合同项下的权利义务为基础又从事了新的交易。在这种背景下，法律再认可解除权的行使，会给相对人造成不小的损害，甚至影响到善意的第三人。有鉴于此，主审法官应当限制此类解除权的行使。

（二）严格的除斥期间与减弱的除斥期间

值得提及的是，德国民法学说将法定除斥期间分为严格的除斥期间和减弱的除斥期间，认为应依除斥期间在条文上规定的形态而决定，可否适用消灭时效中断或完成的规定。在减弱的除斥期间，依法律的规定，可以准用消灭时效的规定，就约定的除斥期内，在某些方面给予类似消灭时效的待遇。[①]

这种分类的法律意义主要在于，在某些情况下，把解除权及其行使与违约责任两者受时间限制的问题联系起来加以考察。在法律、当事人双方均未规定解除权的除斥期间、当事人也未催告的情况下，若认定无论经过了多长期间解除权都可以行使，在给付的返还、违约责任等已经罹于时效时，就会形成如下局面：守约方一方面行使解除权将合同解除；另一方面请求违约方

[①] 1943年上字第3143号判例，1940年上字第867号判例；转引自黄立：《民法总则》，中国政法大学出版社2002年版，第500页。

返还给付、承担违约责任时遭到时效完成的抗辩，致使解除的预期效果落空。换言之，"解除权原本是债务不履行的效果之一，所以，在原债务因时效而消灭时还剩下一个解除权，颇显滑稽"①。为了改变这种局面，令解除权的行使或存续受制于返还给付、违约责任的时效期间，即在返还给付、违约责任已经罹于时效的情况下，解除权归于消灭或不得行使。

当然，对此，我们也不宜评价太高，因为诉讼时效的完成只是债务人可以对抗债权人的请求，给付返还、违约责任的本体并不消灭，如果解除权也受制于诉讼时效，解除权是归于消灭呢，还是继续存在但不得行使？不好回答。此其一。债务人明知诉讼时效已经完成，却不行使时效完成的抗辩权，甚至主动地履行其债务或承担损害赔偿责任，于此场合，债权人一方面接受债务人的给付及承担的责任；另一方面解除合同，使自己不再受该合同的束缚，放手开展新的交易，仍然具有积极的意义。可是，按照返还给付、违约责任已经罹于时效时解除权消灭或不得行使的模式，则达不到这种目的。此其二。②

---

① 〔日〕星野英一：《日本民法概论·Ⅳ.契约》，姚荣涛译，刘玉中校，五南图书出版公司1998年版，第88页。
② 崔建远："解除权问题的疑问与释答（上）"，载《政治与法律》2005年第3期，第37－41页。

后　记

民法总论作为民商法理论的基础，是市场主体参与市场经济活动的基本法律规范。本书系统阐述了民法的调整对象和基本原则、民事法律关系、民事主体、民事权利、民事法律行为、代理、民事责任、时效等民法基本制度，并从理论和实务两方面对上述基本制度做了较为详尽的阐释。

在内容设计上，本书以民事法律关系为基石安排全书体例，共分为五编，即民事法律关系和民法、民事法律关系的主体、民事法律关系的客体、民事法律关系的内容和民事法律关系的变动。关于"民法的基本原则"，本书删除了权利不得滥用原则，其原因一是与《民法总则》保持一致，二是该原则与公序良俗原则和绿色原则的价值取向具有交叉性。关于"民事法律关系主体"，鉴于《民法总则》较之《民法通则》的规定已有显著变化，所以本书对自然人、法人及非法人组织的体系重构也做了相应调整。关于"民事法律关系客体"，在物、有价证券、智力成果之外，本书补充了行为和人身利益两部分内容，以适应现代社会行为和人身利益已然成为越来越重要的民事法律关系客体的时代需求。

本书的三位编著者均为多年从事民法教学与研究的教师，为本科生和硕士研究生独立讲授民法相关课程。具体分工如下：费艳颖（第三章、第四章、第五章、第六章、第九章、第十章），张万彬（第一章、第二章、第十一章），王越（第七章、第八章、第十二章）。本书撰写过程中，余扬横波、赵夏青、卜凡孔、赵亮、任文华、郝娜六位研究生做了大量的资料收集与整理工作。刘筱童、杨文杰、李嘉美和单雨四位研究生参与了文字校对工作。

　　本书由主编和副主编统稿，由主编定稿。

　　本书系教育部本科教学工程项目、大连理工大学教育教学改革基金项目的资助成果。本书的编写参考了国内相关学者的学术研究成果，本书的出版得到了大连理工大学和知识产权出版社的大力支持，在此一并表示感谢！